中村菊男

政治の非合理性に挑んだ改革者

清滝仁志

啓文社書房

はしがき

日本の政治が欧米と異なる点として、自民党一党優位が指摘されるが、さらに①中道左派の政治勢力が弱い、②中道左派の知識人が政府の政策形成や保守論壇での議論に貢献していることが挙げられる。

①については、とくにヨーロッパにおいて社会民主主義（本書では民主社会主義という）政党のイギリス労働党、ドイツ社会民主党、フランス社会党が政権を担ってきた。グローバル化やパンデミックで社会格差が問題となると、民主社会主義的政策の要求が出てきているが、日本にはそれに対応する政権担当可能な政党がない状況にある。

②については、一九八〇年代まではその傾向がはっきりしていた。代表例は昭和五十三年（一九七八年）の関・森嶋論争である。この時期は旧ソ連の軍事拡張が懸念されていた。ロンドン大学の森嶋通夫《もりしまみちお》教授は非武装中立主義を支持し、ソ連侵攻の際に（降伏の）白旗と（歓迎の）赤旗を掲げて降伏すれば、戦争の惨劇を避けられると主張した。これに対し、早稲田大学の関嘉彦《せきよしひこ》教授は共産主義国の好戦的現実を指摘し、自衛力整備と日米同盟によって自主

防衛を充実すべきと反論した。

関は保守派でなく、民主社会主義研究会議（民社研）の議長であり、民社党から参議院議員になった人物である。安全保障において正面から非武装中立論を批判したのが、保守派知識人でなく、社会主義者であったのは、日本の知的状況を示している。戦後日本において現実主義的政策は、民主社会主義関係者に相当程度依存していた。民社党の支持は、民間労組関係などに限定されていたが、知識人の影響力は保守支持層ばかりか政府・自民党にも及んだ。

現在においても、民社研の後身組織である政策研究フォーラムの機関誌『改革者』をみると、憲法改正、安全保障強化、規制緩和、原発再稼働の主張を展開している。保守系の総合雑誌が感情的な中韓批判や安倍元首相礼賛などに終始しているのと比較すると、むしろ本格的保守雑誌のような内容である。中道左派が保守的とされる政策を現実的に展開するのは日本ならではの論壇風景である。

なぜ、このようなことが起きるのか。一つは、中道左派の知識人は民主社会主義運動に結集しながらも、社会主義のイデオロギーに拘束されなかったことがある。彼らに共通するのは、日本社会における前近代的保守主義を克服するために西欧的社会科学を現実政治に適用すべきと考える一方で、マルクス主義に批判的な点であった。政治の担い手として民主社会主義を標榜する民社党の躍進に期待したものの、党派色はあまりなかった。とくに安全保障・外交という国家利益について党派対立を超えていた。

もう一つは、政府・与党が政策策定を官僚機構に依存し、保守派知識人が教育など一部を除き、政策に関与する機会がほとんどなかったことである（知識人を積極的に活用するようになったのは大平正芳内閣以降のことであろう）。保守派知識人が文学者に多かったのもそのためである。政府・与党がとくに安全保障政策において妥協的で曖昧な主張にとどまっていたのは「官僚知」に依存する事情があった。「吉田ドクトリン」と呼ぶ向きもあるが、明確な防衛指針を国民に提示したわけでなく、その曖昧性を中道左派の知識人に批判されていた。

こうした知的状況について、河合栄治郎の自由主義を研究してきた筆者は、関をはじめ河合門下によってつくられた社会思想研究会による民主社会主義運動の影響を想定していた。旧民社党の綱領は、関が起草したものであり、「個人の尊厳」、「個人人格の自由な発展」など河合の自由主義を反映していた。しかし、河合の主張は哲学的かつ抽象的であり、関の説く民主社会主義は格調高いが、実際の政治運動の理念として迂遠《うえん》なところがあった。河合の自由主義の思想が、ストレートに現実主義的知識人に継承されたとは言い難い。行政改革や規制緩和は河合的発想からは出てこない。もっと現実主義的な議論をおこなう知的潮流があるのではないかと考え、たどりついたのが中村菊男であった。

政治思想史研究者の筆者は、河合、関、猪木正道《いのきまさみち》は知っていても、中村の名前は政策研究フォーラムに関係するまで知らなかった。その後も政治評論をおこなう選挙制度専門家と考えていた。

二〇一九年に中村菊男生誕百年を迎え、その生涯と業績について調べる機会があり、『改革者』十一月号で論文「民主社会主義者　中村菊男の学問と実践」を発表し、翌年、民社協会で報告をおこなった。その研究・調査の過程で、この人物が中道左派の現実主義的議論に関係しているのではないかと考えるようになった。中村は民主社会主義を唱えているが、既存の社会主義のイメージはまったくない。日本でよくみかける感情的議論や党派的主張とは無縁である。小泉信三に代表される慶應の自由主義の伝統を意識し、自由の抽象的論議でなく、時事問題について、学問的知見に拠って現実主義的見解を次々に表明していた。実践的学者の中村が中道左派の（保守的）ねじれを解明する鍵となると考えた。

中村は膨大な著作と論文を残したが、その多くは過去の時事問題を対象とした評論や啓蒙・教科書的な書物であり、主張を把握するのは、河合や関のような思想家に比べ困難が大きい人物である。公共知識人といわれるこのタイプの学者を外国では結構見かけるが、日本にはあまりいない。

こうした人物を対象とする場合、主張以上に学識をもとにした知的ネットワーク形成という人脈関係に注目する必要がある。中村菊男の活動は、民主社会主義の名のもとに保守を含む多様な議論を受け入れることにつながった。本書では、中村菊男という人物を通して、中道左派の現実主義的知識人の活動を解明していきたい。

中村菊男　政治の非合理性に挑んだ改革者

目次

はしがき　3
はじめに　17
第一章　その知的形成と学問研鑽……23
鳥羽・伊勢における若き日々　24
慶應予科での文学渉猟　29
政治学科における学問研鑽　34
手塚豊に明治法制史を学ぶ　36
精神の父　加田哲二　38
板倉卓造の演習に入る　41
米山桂三に政治心理学を学ぶ　46
潮田江次に私淑する　48
政治概念論争の展開　52
第二章　政治の実践経験……63
衆院選に立候補する　64
落選を経験する　70

選挙の経験は役に立ったか？　76
盟友松本の政治活動　77
市長選で父の選挙参謀となる　80
政治心理学の応用　83
政治学者による選挙マニュアル　89

第三章　日本政治史の研究

第三章　日本政治史の研究……97
初の著書『政治学』を出す　98
政治史学者としての中村　101
唯物史観の批判　104
明治憲法の機能に着目する　107
民法典対立をめぐる学問論争　109
福澤諭吉研究　116
統治者としての政治家研究　119
伊藤博文：明治憲法の偉大な運用者　121
星亨：波乱万丈の民権政治家　125
民主社会主義者の伝記　130

第四章　明治憲法体制の解釈……139
昭和初期の議会政と軍国主義　140
天皇制ファシズムはなかった　147
明治国家体制はファシズムの道なのか　149
天皇制による無責任構造はあったのか　151
戦争をもたらしたものは何か　158
中村における日本政治史　159
第五章　政治心理学と政治文化論……167
政治心理学の嚆矢　168
新しい学問としての政治心理学　171
人間とは理性的なのか？　174
統治としての政治の視点　177
政治文化論の関心　180
日本文化の本質　182
無私と気　184
日本的なものについての探求　186
人間の政治学　188

経済発展は保守政権を揺るがすか？ 190
日本人の政治体質とは？ 192

第六章　民主社会主義運動の実践 …… 199

共産主義はなぜ広がったのか？ 200
青年はなぜ共産主義に惹かれるのか？ 205
共産党批判は攻撃の対象 207
民主社会主義運動の開始 210
民主社会主義連盟の創設 214
社会党統一をめぐる論戦 220
統一社会党での左右対立 227
民主社会主義研究会議の創設 233
武藤光朗の活躍 237
関嘉彦による民主社会主義運動の発展 239

第七章　民主社会主義の展開と戦後知識人批判 …… 249

民主社会主義の啓蒙活動 250
向坂理論の批判 255

民社党にも苦言を呈する 258
進歩的文化人の知的態度 261
現実を無視した安全保障論の批判 263
戦前に通じる進歩的文化人の発想 264

第八章　憲法改正と安全保障問題……269

民主憲法か、押し付け憲法か？ 270
解釈憲法学の異常と憲法改正の困難 272
安保改定に賛成する 275
安保は中ソを刺激するか 276
岸首相の「下手な」政治を批判 277
日本は中立主義を取りうるか？ 278
自衛隊批判の背景 280
現実主義安全保障論 282
『日米安保肯定論』の刊行 283
中立論争は不発に終わる 286
民社党の安全保障政策を批判する 287
小選挙区・比例代表並立制の提唱 291

沖縄密約事件に助言する　298
沖縄基地問題研究会の委員となる　300
文部省大学設置審議会の委員となる　302
政治評論家の使命　303

第九章　伊勢志摩と中村政治学……311

伊勢志摩と古代史解釈　312
記紀と津田歴史学　315
邪馬台国は重要ではない　319
伊勢神宮の起源とは？　321
研究の原点としての本居宣長　325
中村菊男の皇室観　330
学生との鳥羽市の政治調査研究　334

おわりに　中村菊男の人と思想……347

突然の最期と全力の生涯　348
豊かな生活を送る　350
マルクス主義と自由主義　352

中村のめざした学問とは？　353
教育者としての中村　354
民主社会主義のもとでの結集　356
民主社会主義を越えて　358

あとがき　361

中村菊男略歴　364
鳥羽市地図／志摩地域広域地図　366
民主社会主義団体の変遷　367
中村菊男の単著一覧　368
人名索引　373

はじめに

ロンドンのハイゲイトにカール・マルクスの墓がある。頭だけの像が石碑の上に載っている奇妙なものであるが、日本人がよく訪れるという。昭和三十四年（一九五九年）夏に訪問した日本からの政治学者がいた。彼は帰り道で次のように考えた。

今日、民主主義の発達した諸国においてどれ程の御身の学説の信奉者があるか。例外は日本だけだ。御身は偉大な学者であり、私は貧弱なる一学徒にすぎない。御身のような学問の体系をわたくしは樹立することができない。しかし、御身の学説がいかに現実とあわないものであるかを実証的に指摘することはできる。その仕事を自分はやり遂げる。[1]

この政治学者とは、慶應義塾大学教授の中村菊男（一九一九–一九七七）であった。当時三十九歳。五十七歳で亡くなるまでに膨大な著書と論文・評論を発表していた。数え方にもよるが、著書は五十六冊、共著六十八冊であった。パンフレットまで入れると数限りない。[2]実践政治でも活躍し、戦後第一回の衆院選挙に立候補したり、民主社会主義運動のブレインとして活躍した。大学においても政治の逸話や実情を独特の口調で話す講義は評判であり、政治評論では自己の所論をわかりやすく忌憚《きたん》ない言葉で展開した。さらに研究指導者としても多くの後進を育てた。

世間的にみると五十七歳とは早逝《そうせい》であるが、本人には人生をやり尽くした満足感があったようである。周囲にもそうもらしていた。亡くなる二年前、三島由紀夫に触れながら自分の運命について示唆するような記述がある。愛する故郷の歴史と文化を描いた『伊勢志摩歴史紀行』の最後で次のように語った。

とにかく、死ななくともいい人を急に失ったと思うが、しかし、パッと咲いてパッと散った三島氏の人生の区切りのよさに、私はたまらなくうらやましさを感じてならない、それはいつまでも生きて老醜をさらしたくないと思う自分の切なる願いからである。[3]

三島の思想や行動には同意していなかったが、華々しい人生の終わり方には興味をもっていた。

本人の意志は別にして中村の逝去は皆から惜しまれた。最後の演習生は授業が途中で終わったが、彼らは今でも師を慕い、墓参を欠かさない。もっと長く生きていれば、左翼社会主義も後退し、現実的改革者として、さらに活躍の場が広がったであろう。一歳上の中曽根康弘（田中角栄も同年）が首相になったのは中村が亡くなって五年後のことであった。中村が創設に加わった民主社会主義研究会議は、昭和五十五年（一九八〇年）から翌年にかけて文藝春秋社から『大系民主社会主義』全六巻を刊行した。民主社会主義研究の集大成といえる事業であったが、中村が健在ならば重要な役割を果たしたであろう。ただ、伊勢湾の美しい景色とともに記した前掲書の叙述をみると、満足な仕事をしたという感慨も読み取ることができる[4]。

中村は同時代においては知名度が高い学者であったが、今では知る者は少なくなった。著作はほとんど絶版である。彼と面識がある者にとって中村は民主社会主義の政治評論家としての印象が強い。民主社会主義運動、そして民社党についての世間の関心が薄らぐにつれて、話題に出される機会も少なくなった。

研究者としては、政治史・政治心理学・政治文化論・労働運動史の多方面に多くの業績があった。急逝直後、いろいろな人々が彼の各分野における活躍を語っていたが、さまざまな活動ゆえに後世代にはかえって学者としての実体がつかみにくくなってしまっている。[5] それぞれの研究分野で先鞭《せんべん》をつけるが、深化するよりも後進に委ね、自分は新たな道を開拓していくという研究スタイルであった。旺盛な実践活動や社会評論の背景に地味な学術的研鑽の基礎があったことはあまり知られていない。

その人物像を理解するには、マルクスの墓前帰りの言葉が鍵を握るであろう。先述の言葉の前に中村は次のように語っていた。

御身の学説を信奉する人々は、あるはその影響を受けた人々はいつでも皆反対できない前提をもってくる。たとえば『平和』運動がしかりだ。『平和』に反対だという人はこの世界に一人もいないであろう…反対のできない前提をもってきて、それをスローガン化し、大衆におしつけているという手法は御身を先祖とする陣営の人びとのとる常套《じょうとう》手段である。[6]

この言葉を考えると、マルクスの主張そのものを論駁《ろんばく》するというよりも、その影響が強い戦後の知的潮流への対抗心が広範な知的探求と実践活動の原動力となっていたことがわかる。歴史・政治・社会を型にはめて機械的に解釈する社会科学的発想を幅広い視点から批判し続けた。その知的活動の根底には、実際に生きる人間に対する関心があった。それはどの研究分野においても共通する。実践政治でもそうであった。人間性を踏みにじる不寛容な権力主義には党派を問わず、批判的であった。

この学者の広範な知的活動全体を網羅するには膨大な作業を要する。門下が試みた伝記が途中で終わってしまったのもそのためであろう。とくに実践活動まで、すべてを把握するのは困難である。政治家との交渉など表に残っていないものもずいぶんある。

本書では中村菊男の研究活動を中心に、彼を取り巻く知的世界と思想形成の関係に焦点を当てたい。その過程でその政治学の特徴と意義を明らかにできるであろう。広範な業績を整理するには、研究の基本的枠組としてその概念を追求した政治学、具体的政治現象として、過去を分析した政治史、同時代を調査した政治心理学、そして両者の背景となる政治文化論との分類にしたがって検討すれば、この人物の思考の内容を最も理解できるのではないか。そのようにして民主社会主義を超えた自由主義政治学者としての中村の姿を明らかにしていきたい。

〈註〉

1　中村菊男『議会政治と大衆行動』（有信堂、一九六〇年）一四〇頁
マルクスの墓参の状況は次の文献に掲載。中村の感想は「墓石の上に青銅の胸像がのっかっているので、ギョウギョウしくてよくない」、「ちょうど獄門の首がのっかっているようで気味が悪い」、「墓石だけが馬鹿に大きく…体裁が悪い」と散々である。マルクスの墓参に日本人が一番多いかも知れないと言っている。中村菊男「マルクスの墓を訪ねて」『外国の良さ日本の良さ』（池田書店、一九六一年）一二四－一二五頁。

2　城島了『オーウェルと中村菊男　共産主義と闘った民主社会主義者』（自由社、二〇〇二年）一二六－一三一頁。この文献は、中村をジョージ・オーウェルと比べたエッセイであり、著書リストを掲載している。主として共産主義との対抗者という面に注目している。

3　中村菊男『伊勢志摩歴史紀行』（秋田書店、一九七五年）二四二頁

4　一九七一年の大学院生によるインタヴューでも「自分としてはもう思う存分のことをやった」「あらゆることをやった」「もうやらなかったことはほとんど何もない」と述べていた。もっとも、その後に十冊以上も著書を出していた。東京菊友会『中村菊男先生　その人と業績』（一九七三年）八九頁

5　中村の評伝で最も詳しいのは次の雑誌連載論文であるが、中途で終わっている。中村勝範「中村菊男・人と思想（一）～（十九）」『改革者』（民主社会主義研究会議）一九七八年一月号～一九七九年十二月号所収

6　中村菊男『議会政治と大衆行動』一四〇頁

第一章

その知的形成と学問研鑽

鳥羽・伊勢における若き日々

中村菊男の前半生の伝記的事実は、自身が多く語っている。学者という比較的単調な職業の割にはよく自己を語っている印象がある。それは自作の小説執筆にも及んでいる。これらの文章をもとに知的形成をたどってみる[1]。

中村は、大正八年（一九一九年）十一月十一日に三重県鳥羽町《とば》（現・鳥羽市）で生まれた。秋に生まれたので菊男で、祖父は彼を「菊の男爵」と言っていた。鳥羽は戦国時代には九鬼水軍の根拠地であり、幕末には稲垣氏三万石の城下町であった。海沿いの小高い丘にある鳥羽城からは湾を取り囲むように島々が点在し、渥美半島も視野に収める天然の良港であった。江戸時代には米の回漕寄港地として伊豆下田とともに知られた。この地は志摩国として独立し、海に生業を求める進取の気風があり、隣接する宇治山田（伊勢市）とは異なっていた。近藤真琴（攻玉社創設者）、門野幾之進（千代田生命創設者）・重九郎（大倉組幹部）兄弟など東京で活躍した名士も多く、実業家も多く輩出した。門野幾之進は慶應義塾に十四歳で入塾し、十六歳で教師を務め教頭にもなった。城下の端には門野記念館と、慶應の小泉信三が揮毫《きごう》した碑がある。

鳥羽における最大の成功者は真珠王の御木本幸吉《みきもとこうきち》であった。城下のうどん屋の主人から事業を成功させた。鳥羽城の崖下に彼の博物館がある島が浮かんでいる。これは城跡に鉄筋コンクリート三階建の小学校建設に寄付した見返りに御木本が入手したものである。中村にはなじみの島であり、中学校の頃までよく泳いで渡っていた。新装（昭和四年、一九二九年）直後の小学校にも通っていた。

中村の祖父と父は鳥羽港を囲むように浮かぶ答志島《とうしじま》の出身であった。伊勢湾で最大の島であり、島内に答志、和具、桃取という三集落があり、答志の出身である。伊勢海老など海産物が豊富であった。答志島は人口も多く、今でも鳥羽市における有力な地域である。青年になると地域の世話人のところに寝泊まりする「寝屋子《ねやこ》制度」が現在でも残り、島全体の結束が強い。

祖父の与助は初代の答志村長で、後に県会議員となった。水産業界で活躍したという。父の幸吉は慶應義塾の普通部出身であり、鳥羽町議、そして県会議員となり、昭和二十九年（一九五四年）に菊男の支援もあって初代の鳥羽市長となった。彼は海産物問屋「中幸」を経営する事業家でもあり、鉄工場も所有していた。

自宅は城下の港に近い場所にあり、漁師や仲買人から海産物を買い付け、関西を中心に、時には東京あたりにも出荷していた。中村は少年の頃から商人、漁師、海女、船員、日雇い労働者などと接触していた。彼らはきわめて素朴でタテマエにこだわらない素直な人々であったが、カネの話や卑猥《ひわい》な話もよくしていた。母が自宅に海産物を持参した漁師や海女の応対をし、彼はその傍らで金銭の取引を手伝っていた。海に生きる男女の話はすさまじいばかりの露骨な猥談が多かったが、母がこれらの人々の影響を厳しく警戒したこともあり、逆にそうした話には潔癖になったという。およそ学問的雰囲気とは縁遠い環境であり、書店は文具店をかねた小さなものしかなかったが（今も変わっていない）、『少年倶楽部』の講談もの、山中峯太郎の軍事小説や『キング』の大衆小説に読みふけった。後年の講談調の話し方はそれゆえではないかと自覚していた。

商売の出入りに加え、政治の会合も多かった。小学二年の頃から選挙に関心をもつようになった。父は尾崎行雄（慶應出身）の支援者であった。「憲政の神様」といわれた尾崎が自宅に泊まった際、震えるような感激をもって迎えた。中村が朝の挨拶をすると尾崎は頭を撫でてくれた。「尾崎のような偉い政治家になろう、選挙に出て国会議事堂で大演説をしよう」と思った。尾崎は政友会と民政党の党派対立の中で超然と「群鶏の中の一鶴」という印象があった。

もっともその翌年、政治家志望をうち砕くような事件が起きた。父が県議選に落選したのである。中立で立ったのが災いして、与党民政党の選挙干渉を受け、選挙違反の検挙者も出た。得票が予想よりもかなり少なかったことに衝撃を受けた叔父が血を吐いて倒れたり、ならず者が家に来てすごんだりした。母はもともと選挙が大嫌いであり、父の立候補にも反対していた。後に中村にも「政治家になるなら親子の縁を切ってくれ」としばしば言っていた。中村は研究者となってから、政党の腐敗に対する反感から軍部が進出したと分析していたが、そこには幼い時からの体験の裏づけがあった。

鳥羽は、連合艦隊がしばしば神宮参拝と戦技訓練のために入港し、街はそのたびに盛り上がった。「陸奥」「長門」の軍艦を見学したが、軍人になろうという者はあまりいなかった。

宇治山田中学校に入学したのは、昭和七年（一九三二年）であった。名門中学校であるが、不況の年で志願者が少なかった。国鉄参宮線《さんぐう》で鳥羽から山田（現在の伊勢市駅）まで通学していたが、この車中で上級生が敬礼を強制し、従わない時には学校で制裁していた。後に民主社会主義運動をともにおこなった和田春生《わだはるお》（全労会議書記長）は、学年が一つ上で鳥羽商船学校に山田から通っていた。秀才という評判を聞きつけ、中村が鳥羽駅で挨拶をしたことから、立ち話をする仲になった。[2] 中学校は規則が厳しく、国家主義全盛時代の聖地にあり、その影響はひときわ強かった。神宮参拝や参宮に来た皇族の出迎え、見送りもあった。

中村は政治家を志して弁論部に入った。津市の石水会館で開かれた中学校弁論大会にも出た。この会館は陶芸家としても知られる実業家の川喜田半泥子《かわきたはんでいし》がつくった三重県初の総合文化施設であり、昭和五年（一九三〇年）にできたばかりであった。ここで中村は「アジアの情勢と現代青年の使命」という話をした。この晴れの場での出来がよくなかったということもあり、暇さえあれば演説の練習に励んだ。自宅裏の鳥羽城跡の山上が練習の場であった。この場所に立つと、崖下の海に伊勢湾の島々を睥睨《へいげい》することができ、天下国家を語るには格好の地である。さらに海に小舟を繰り出し、船上で演説した。自分の声だけが響き、エーゲ海で語る古代ギリシアの雄弁家の気分を味わった。さらに通学の汽車のデッキでも練習した。なぜか、ここでの演説が一番よかったようである。鶴見祐輔、永井柳太郎、中野正剛は雄弁中学生にとっては憧れの的であり、尾崎行雄や浜田国松（廣田内閣の寺内陸相との問答で有名）の政談演説会に年齢を隠して参加した。三十歳になったら代議士に立候補しようと考えていた。

昭和十一年（一九三六年）に県庁主催の満州・朝鮮旅行に参加した。二週間で清津、羅津、吉林、新京、奉天、大連、旅順、平壌、京城、釜山と主要地を廻った。日清・日露戦争の戦跡や旅順の要塞も見学した。この経験は日本政治史、とくに満州事変などの研究をする上で貴重であった。

この頃から軽い肺尖《はいせん》に罹患し、医師の診断で一年間、愛知県の渥美半島・福江にある叔父の家で療養した。昼過ぎに熱が上がるくらいで、静養して注射を打てば治るといわれていた。この地は三河湾に面し、鳥羽とは指呼《しこ》の距離である。島崎藤村の「名も知らぬ遠き島より　流れ寄る椰子《やし》の実一つ」の詩の舞台である伊良湖岬に近く、遠浅の砂浜は鳥羽とは違った景色であった。療養中、藤村の詩や石川啄木、与謝野晶子の歌に親しんだ。中学時代の政治家志望も次第に薄らいでいった。健康に自信がなく、上級学校の進学のことがつねに念頭にあった。

慶應予科での文学渉猟

昭和十三年（一九三八年）の春に慶應の予科に入った。小泉信三塾長、西本辰之助法学部長、板倉卓造政治学会長がいた。地方の中学出身者にとって慶應入学は中世からルネサンスの幕開けにたとえられるものであった。三田の学舎界隈に学生向けの洋服屋が百二十五軒もあり、都会の学校は洗練されていると思った。大陸での戦争が始まっていたが、東京は華やかに見えた。

父は、政治学科の「超弩級《ちょうどきゅう》」の林毅陸《はやしきろく》、板倉卓三教授の話をよくしていた。実際に彼らと接することになり、とくに板倉は生涯を決定づける恩師になった。入学式後の政治学科の歓迎会は感動したが、日吉にあった予科はスパルタ式の中学校に比べて講義がのんびりしていて、最初は雑談やら珍妙な「訓示」が続いた。受験から解放され、政治家熱が再燃した。新聞記者になって修行し、三十歳になったら代議士に立候補し、尾崎行雄のような演説をしたいと思った。そこで一学期の終わりに『三田新聞』に入った。

予科時代にとりつかれたように文学書を次から次へと読んでいった。そこには後述するある事情があった。一冊の本を丹念に読むのではなく、やたらにたくさん読んだ。一日に一冊読む時期もあり、暇さえあれば本を読んでいた。『三田新聞』の編集に携わり、著名作家を訪問していた。『三田新聞』は学内の情報を伝えるよりも、各界の名士の論説を掲載する新聞であった。作家訪問がきっかけで純文学に親しむようになった。佐藤春夫邸に原稿依頼をした時の光景は次の通りである。

> ジーッと対座したまま十分間ぐらい、同氏はなにも言われずに横向き加減に一点を見つめられている。私もなにも言わずに、同氏の顔をじいっと見つめていた。しばらくして「書こう」と言われたので、ほっとしたが、なんとなく重苦しく、佐藤氏の印象は軽快とはいえなかった。[3]

ただ同然の原稿料であったが、佐藤はきちんと文章を書いてくれた。

文学は岩波文庫を読んだ。文庫本の星（岩波文庫は定価に応じ星印を付与）が増えるたびに一つひとつ自分の心の糧が増えていくような気がした。フランスのゾラ、バルザック、フローベル、モーパッサンやロシアのトルストイ、ドフトエフスキー、ツルゲーネフの作品を渉《しょう》猟《りょう》した。『戦争と平和』を夏休みの帰省で読み切ると、大変感銘を受け爽快な気分になった。

日本文学も読みふけった。漱石、鴎外、鏡花、花袋などの代表的名作を読んだが、慶應ゆかりの永井荷風はとくに好きな作家であった。一年の二学期はじめに『濹東綺譚』の文章の巧みさに打たれると、彼の作品を何でも求めて読んだ。古典にも範囲は広がり、『古事記』、『日本書紀』、『万葉集』、『枕草子』、『堤中納言日記』とさまざまである。

現代文学も読んだ。石坂洋次郎、佐藤春夫、石川達三、阿部知二、火野葦平、尾崎士郎など作風や内容にかかわりなく読んでいる感がある。田園調布にあった石坂洋次郎の家を訪問したことがあった。後に中村は『若い思想の旅路』という自作小説を出したが、石坂調の甘い青春小説であった。

当時、旧制高等学校の学生に流行していた出隆《いでたかし》『哲学以前』、三木清『歴史哲学』、倉田百三『愛と認識の出発』、西田幾多郎『善の研究』にも目を通した。教養主義の著作はあまり興味がわかなかった。阿部次郎の『三太郎の日記』『秋窓記』はむさぼるように読んだ。他の哲学書と違い、断片的なエッセイ風の思索に惹きつけられたのである。学生の教養主義ブームのきっかけになった河合栄治郎の『学生叢書』では白樺派を除くと現代小説は勧めておらず、後に民主社会主義運動をともにした河合門下生の読書とずいぶん異なっていた。

マルクス主義の文献には早い段階で触れていた。予科一年の『三田新聞』の御殿場での夏合宿は、知らぬ間にマルクス主義の読書会になっていた。卒業生の別荘に集まり、『唯物弁証法講話』や『資本論入門』のようなテキストを読んだ。共産党の地下活動を知らず、「アカは国賊」との言葉を疑わない学生であった。眠りをさそう勉強会であったが、年齢が近い者が文献に精通し討論したのを見て、いかに自分が勉強していないかと痛感した。勉強熱心な学友があまりいなかったこともあり、読書会で学問的雰囲気に初めて触れ、興奮を感じた。書物の内容は難しくてわからなかったが、負けん気と好奇心からマルクス主義の文献を読んでみようという気になった。そのうちに自分が左翼的になっているのに気づいたが、マルクス主義者になったとは思わなかった。軍国主義的な中学校から自由な雰囲気にひたったことで権力への抵抗に関心をもったにすぎなかった。

昭和十二年（一九三七年）秋からの人民戦線事件で労農派マルクス主義者が一斉に検挙され、その関係で御殿場の合宿に参加していた数名が逮捕された。一斉検挙があるという仲間の話に衝撃を受けた。楽しい東京生活から暗黒の淵に落とされる恐怖を感じた。逮捕の可能性が本当にあったかは不明である。濫読の習慣はこれをきっかけに始まったようである。「本による修養」として滝に打たれるごとく本を読むことを意識した。

『三田新聞』絡みでもう一つ事件があった。ソ連のスパイであったゾルゲの摘発である（昭和十六年、一九四一年）。『朝日新聞』の尾崎秀実邸に原稿依頼に訪れたことがあり、歓談し名刺を渡していた。それで尾崎逮捕の報に肝を冷やした。

中村は、もともと唯物論における歴史の単純化・公式化・二者択一性に同調しえなかった。人間活動を抽象的に歴史の一端として扱い、階級対立に還元する見方に不満をもった。人間観・社会観としてマルクス主義は相容れなかった[4]。後年、中村は左翼文献を読んだ経験を振り返っているが、最初は難解でよくわからず、二回目は明解でその論理に魅せられ、三回目にはきわめて単純で公式主義的で浅薄なことに気づき、なんで自分はこんなつまらないことにこだわっていたのかと反省させられたという[5]。生きた人間の活動に並々ならぬ関心をもった彼にとって、社会法則を万能のように適用するマルクス主義は異質なものであった。ありのままの人間を描く文学を乱読したのはその反動であろう。

予科三年の頃から歴史に興味をもち、学部に進学しても明治維新からの政治家の伝記を読みふけった。伊藤博文、大隈重信、陸奥宗光、小村寿太郎などであった。福澤諭吉の著作は随想にいたるまで全部読んだ。

こうした濫読ぶりをみると関心が散らばり過ぎる印象があるが、予科三年次に本居宣長についての論文を執筆した。これが学内の懸賞で入選し、河上徹太郎の称賛を受けた。多読の中にも、教員との交流の中で学問的方法論を身につけていった。

政治学科における学問研鑽

中村は、学部（政治学科）に進学すると本格的に政治学を研究した。後に研究生活を振り返り、学問を文字通り「学び、問う」ものと言った。「学び」は「真似び」に由来し、「先輩のしたことを真似る」、「先人の業績を研究し、それに習うこと」である。さらに学んだことで疑問が出る。この解消が「問う」ことであった。[6] 先人の業績を踏まえた上で自己の学問を構築していく方法を重視していた。学部では師との学問的交流が深化した。文学渉猟の時代から専門書をひたすら読む生活が始まった。

当時の慶應は、中学校と比べて、だらしない連中が多いという印象があり、あまりアカデミックではなかった。勉強に熱心な中村は諸教授に認められていた。私学出身の研究者が限られていた当時、早くから母校の教員候補として期待され、教えを受けていた。それに応え、予科の頃から旺盛な向学心で「慶應の先生の書いたものはどんな本でも必ず読む」と決意し、経済学部の小泉信三、高橋誠一郎、加田哲二、野村兼太郎、法学部の板倉卓造、林毅陸、伊藤正徳などの著作はたいてい読んでいた。[7]

慶應の学者は学問とともにジャーナリスティックな活動も展開していた。官学の教授が難解晦渋《かいじゅう》な専門的論説を総合雑誌に載せていたのと違い、彼らは福澤諭吉創設の『時事新報』を舞台に本格的評論を出した。学問的基礎の上に一般人にも理解できる社会評論をくり広げるスタイルは先師に見習ったところが大きい。芦田均（後に首相）のような実務家も出講しており、外交史で、いろいろな外交情報に接し、生きた学問を学び、刺激になった。[8]

中村が接した最も有名な教授が塾長の小泉信三（一八八八－一九六六）であった。リカードの価値論を研究する経済学者として業績を残し、マルクスの労働価値説をめぐってのマルクス主義者の河上肇や櫛田民蔵との論争でも注目された。昭和八年（一九三三年）に四十五歳で塾長となり、学生の中村には遠く眺める存在であった。塾長としての「端麗なる容姿。荘重なる口調」は歌舞伎役者のようであった。「人格的魅力、学識、巧い文章…発言の内容」の魅力は絶大で、中村の「あこがれ」の的であった。その反面、学校の管理者として学生の服装から頭髪のことまで、直接生活指導することには反感を覚えていた。さらに交遊していた左翼学生の影響もあって在学中は敬遠していた。当時の慶應は自由主義的な教育姿勢が諸方面から攻撃の的となり、学内規律に真剣にならざるを得ない状況があった。自由から統制に切り替えた小泉塾長への学生の反発があったのは想像できる。大学の存続に悪戦苦闘する小泉の苦労はわからなかったのであろう。

戦後に教員となり、民主社会主義運動に携わるようになって、小泉の昔からの著作を読み返した。学識の深さと広さに敬意をもち、改めて学恩を受けたと感じるようになった。とくにマルクス主義批判において『共産主義批判の常識』（昭和二十九年、一九五四年）など立場を同じくした。昭和二十四年（一九四九年）にマルクス主義経済学者の向坂逸郎《さきさかいつろう》（九州大学教授）の小泉批判に憤然として、人身攻撃は雑誌の品位にかかわると雑誌編集部に投書したところ、無断で紙面に載せられた。向坂からは名指しで攻撃された。その後小泉と直接に言葉を親しく交わす関係となると、小泉は鳥羽を訪問したり（その時門野幾之進の碑を揮毫）、慶應中退の中村の父を塾員に推薦したりしてくれた。

手塚豊に明治法制史を学ぶ

予科の頃から親しくしていたのは手塚豊（一九一一－一九九〇）であった。彼は明治法制史の研究者であった。昭和三十三年（一九五八年）に『明治初期刑法史の研究』で博士号を取得し、全十巻の著作集もある。政治学科の教員になったのは戦後であった。出会ったのは中村が予科三年の時であった。塾内文化団体連盟・日吉支部の常任委員となった時に手塚は予科学生部の学生主事補であった。中村が書いた予科祭のパンフレットを特高が問題にしていないか手塚に相談し、仲良くなった。明治法制史の研究に着手していた手塚の家を毎週訪ねて夜を徹して学問を語った。民法制定史を法律学者と論争するなどの学問的下地は、専門家の手塚の手ほどきによるものが大きい。

生活面でも相談相手でもあり、予科生の中村に学問の道に携わることを勧めていた。大学卒業間近になって、助手に残るか政治家になるか迷っていたところ、「その学才をもってすれば、将来大成する」と学校に残ることを勧められた。大学院生となった中村は、高砂にあった遠縁の農家に転居したが、野菜を自転車に乗せて手塚に届けた。

手塚によれば、中村は予科の頃から政治的であった。文化団体連盟の委員は「学内の一種の〝政治〟活動」であった。伝書鳩研究会に名目だけの籍を置き、その幹事となり、委員選任の資格を得た。連盟会長は学生主事の井原紀であった。国家社会主義者の高畠素之傘下の五人男の一人と呼ばれた。中村はこの主事と親しくしていた。これが後に民社党に関係するようになったきっかけではないかと手塚は推測していた。井原には『マルクシズムの知識』、

『マルクスの唯物史観』という著書があり、「反共情報」という雑誌にも寄稿していた。もっとも中村が井原に言及することは皆無であり、知的影響は定かではない。手塚は後に法学部の同僚となったが、中村が教授会で独特の理論にもとづく正々堂々の議論を展開し、一部に煙たがられていたのを、先輩として温かい目で見守っていた。[9]

精神の父　加田哲二

手塚と並んで中村と最も付き合いの深かったのは、加田哲二（一八九五－一九六四）であった。[10]大学で学んだだけでなく、戦後の民主社会主義運動をともにおこなった。中村のどんな問いにも解答を与えてくれる存在であった。

本名は忠臣、本郷区の湯島天神町に生まれた。経済学部教授であり、社会経済思想をはじめ、社会学、殖民政策、戦争論と学問の範囲は広かった。中村によれば、戦前の慶應出身の学者でこれほど多くの著作を出し、多方面に活躍した学者はいなかった（戦後も皆無であろう）。研究分野が違うが、その著作は全部読んでいた。

加田はアダム・スミスの価値論の研究から始め、やがて関心が社会思想に向かい、『独逸経済思想史』（昭和六年、一九三一年）を出した。そこではカウツキーやヒルファディングなどマルクス主義の経済社会思想にも言及している。同時期に日本やドイツの国家社会主義を批判的に論じていた。一九三〇年代後半からさかんに新聞や雑誌で活躍し、近衛文麿を支えた昭和研究会に所属し、東亜共同体論を唱えた。大日本言論報国会の理事を務め、海軍省嘱託として上海に派遣された時に終戦を迎えた。こうした経歴から戦後公職追放となった。戦中に右傾し国家主義者となったと評する向きもあるが、当時の状況をも考えねばならない。

加田の評価は中村にも関係するので多少詳しく述べてみる。たとえば、加田の昭和十七年（一九四二年）の論文「経済的に見た大東亜戦争」は経済学からの現状分析であった。アメリカは日本の経済崩壊をめざしていると警告し、東南アジアの経済資源の確保が戦争の帰趨《きすう》を決めるが、日本には輸送の問題があると分析した。戦争の展開を予想したといえる内容であった。[11] 同年の著書『人種・民族・戦争』は、大仰な表題であるが、三項目について豊富な知識にもとづいた歴史的解説を加える内容であった。当時唱えられていた人種論も科学の装いをもつプロパガンダ・イデオロギーにすぎないとマルクス主義者のカウツキーを引いて説明した。ナチス批判とも解釈できる。[12]

加田は、五・一五事件後に挙国一致内閣が成立したことを議会主義の観点から批判していた。政党政治の腐敗を攻撃するのにファシズム、国民主義、独裁の主張が高まっていることに警告を発した。政党批判者に対する無批判を許すべきでないとし、これらの勢力が「国民全体の利益」を抽象的に論じて議会政治を否定する動向を批判した[13]。結局のところ、この人物の知的活動の全貌は計り知れず、解明は手付かずである。

加田と学問的に本格的に付き合い始めたのは、学部三年生の時にマスコミ関係者の会の懸賞論文で最高位となった時である。テーマは「中華民国におけるアメリカの鉄道利権活動」であった。審査委員長が加田であった。中村を高く評価し、学生として最高の段階に達しているとまで称賛した。後年、加田の姪と結婚することになり、加田とは親族としての付き合いとなった。

戦後、加田は慶應の教授を辞め、藤沢・鵠沼《くげぬま》に蟄居《ちっきょ》した。加田が公職追放を受けた「閉門五年」の時期にも中村は月に一度のペースで訪問していた。当時の世論や中村の助教授としての立場からみると、大胆な行動といえる。朝から晩まで学問から時事評論、学者の批評などさまざまなことを話し込んだ。この間、福澤諭吉研究を勧められ、最初の学術書を出した（その後に加田も福澤諭吉研究の本を出した）。進退に関する重要な相談もし、「精神的父子というべき関係」とも言っている。加田は中村の父の市長選挙にも応援に出向いた。中村が演説で聴衆を煽るとたしなめもした。民主社会主義運動では二人は一緒に活動した。若くして中村が運動の中心となったのは本人の能力もあるが、加田の人脈があったからではないかと推測される。追放解除後、山口大学教授（山口まで通勤）、読売新聞論説委員、日本大学教授を歴任した。

中村の知的生活の流儀は加田と共通するところが多い。加田は多作を学内で批判されたが、「学者の生命は学殖にあり、その学殖は世に問われてこそその真価を発揮すべきものである」との信念をもって書き続けた。中村が加田を評した「むつかしい内容をやさしい文章をもって表現するのにたくみであった」、「学問に対する情熱」、「時勢の動きを判断する洞察力」、「たくみな比喩をもってするユーモラスな批評」という言葉は中村自身にもあてはまるものであった。

板倉卓造の演習に入る

研究者としての直接の恩師は、板倉卓造（一八七九－一九六三）であった[14]。慶應義塾の政治科（後に法学部政治学科となる）といえば彼の名が思い浮かぶほど知られていた。普通部から理財科に入学したが、政治科が創設されると転科し、第一回卒業生となった。明治三十六年（一九〇三年）に卒業後すぐに普通部で英語を教え、明治四十年（一九〇七年）から三年間、英米仏に留学した。この際、ロシア革命に遭遇した。その後、三十数年もの間、政治学と国際法を担当した。教員の傍ら『時事新報』の論説委員あるいは主筆としてイギリス流の自由主義的論陣を張り、戦後は社長にもなった。総合雑誌に論文を出すことはなく、ジャーナリズムとしての新聞にこだわった。『時事新報』の後身である『産経新聞』は亡くなった際、板倉の社葬をおこなった。

林毅陸（外交史担当、衆院議員にもなる）とともに政治科における「超弩級」の板倉は「明治的人間像ここにあり」という貫禄をもっていた。「大物教授としての剛毅な風格をもち、何物をもおそれない言論的勇気とその反面柔和な性格をもっておられた」とは中村の板倉評である。

政治学の授業では、帝国大学のようにノート筆記を学生にさせたこともあったが、アメリカ政治学の教科書を毎年変えて用い、自分で訳しながら独自の見解を加えていくという方法を採っていた。S・リーコックの『政治学基礎』、R・N・ジルクライスト『政治学原理』、J・W・ガーナー『政治学と政府』という同時代の著作を取り上げた。十数種類使ったという。現在ではほとんど知られていない学者であるが、リーコック（モントリオールのマギル大学教授）はカナダの国民的作家であった。政治学よりも文学作品で知られている。シカゴ大学で『有閑階級の理論』のヴェブレンの下で学び、政治経済学が専門であった。板倉は、ときどき自著の『国民政治時代』、『国際紛争史考』、『政治家史論』にあるような時事的話をしていた。講義はおだやかで、ゆっくりとした口調であったが、無作法な学生には雷を落とすように怒っていた。

講義の最終回に、板倉は「本書を使って政治学の講義をしてきたが、諸君自身の見解に基づいて自分の政治学を打ち立てるべきである」と語った。中村は唖然としたが、「これが自由主義的な学風かと思った」という。

中村は板倉の研究会（慶應では演習のこと）に入った。学部二年の九月からであったが、太平洋戦争が開始され、卒業が半年繰り上がったので、通ったのは一年だけであった。研究会を実施しなくなるとの噂がでたので、あわてて板倉に入会希望を直接伝えたところ、テーマを書いて出すように言われた。校舎の入り口で五つばかりテーマを書いたものを見せると、「これとこれは僕にできるが、他は駄目だ」と言ってとりあえず入会は許された。できるといったのは「現代独裁政治論」と「マキァヴェリーの君主論について」であった。前者を研究テーマにした。この出会いは中村が研究者になることにつながったばかりでなく、出征をも回避できた。「かけがえのない恩人」と評するのも理解できる。

研究会は三人であったが、実質は二人で二、三週に一度の報告をおこなった。旧目蒲線の不動前にある板倉の自宅を訪れ、膨大な蔵書の中から独裁政治についての書物を借りていった。報告はかなりつらいものであったが、読書が進むにつれて報告が待ち遠しくなっていった。自分が調べたことに板倉が批評を加えてくれることが楽しかった。もう一人の学生も主権論を真面目に研究しており、板倉は二人を懇切丁寧《こんせつていねい》に教えていた。「私の政治学研究はこのときの教えが土台となっているというべく、いまだに博士の教えを祖述し、講義においてもそれを受け売りしているような状態である」と回顧している。

板倉はかつて大杉栄殺害事件を明らかにするなど硬骨漢として知られていた。講義においても、ヒトラー、ムッソリーニ、スターリンの独裁政治を批判した。当時は大学に特高が潜入する時代であったが、「自由主義が一番いいものである」と公言していた。学生であった中村は、勇気ある言論に敬服しながらも、板倉の言動にしたがっていると時勢に取り残されるのではないかとのあせりもあったという。

中村の卒業論文は「現代政治動向論」というテーマで独伊ソの独裁政治の比較研究であった。参考文献は百数十冊に及んだ。学生としてできる限りのことをし、勉強を楽しくできたという。

卒業前、板倉に大学に残ることを勧められた。一度は断った。自分を認めてくれたと感激したが、自分は学者としての才能が乏しいと考え、大成する自信がまったくなかった。新聞記者か公務員になって修行してから三十歳になったら代議士という夢をまだもっていた。

『毎日新聞』を受けようとして教授に推薦状を求めたが書いてくれなかった。新聞社に合格したが（満州国官僚試験にも合格したが、こちらは行く気がなかった）、周囲の者が学校に残ることを勧めた。とくにある親友が森永キャンデーストアに呼び出し、泣かんばかりに中村を説得した。彼は、皆が戦場に行く中で大学の学問の伝統を絶やさないように、との願いを語った。友の説得により翻意し、板倉に助手志願を話した。教授は「思い直したか」と、にこっと笑ったという。この親友は卒業後まもなく病死した。板倉は「中村君は筋がいい」と公言しており、最有力教授の引きを得たのは中村の学者人生を保障するものであった。

教授会で助手採用が決まった直後に、手塚に「死ぬ気でやります」と報告した。才能がないので、死ぬ気でやらないとできないと思ったという。もとより戦地に行く学友のことも念頭にあったのであろう。結局、大学院特別研究生制度の新設があり、中村は特別研究生となった。二年の徴兵猶予の特別待遇を与えられ、終戦まで研究に没頭することができた。当初、私立大学が対象でなかったが、小泉信三の尽力で研究生制度に早慶が加えられた。堂々とした体格であった中村は卒業と同時に岐阜の歩兵連隊に入営することが決まっていた。この部隊の半数はサイパン島に派遣されている。こうしたこともあって死ぬ気で勉強した。

大学院のテーマは「思想戦の政治心理学的・政治社会学的研究」であった。助手として日本政治史を研究するつもりであったが、戦時の特別研究生採用ということもあり、宣伝戦の研究をおこなうことになった。板倉には「政治心理学的方向において、政治学の新しい境地を広げるべきである」と言われた。師の期待通り、政治学の視野を広げることにつながった。もっとも板倉は大学財政の都合で昭和十九年（一九四四年）三月に退職を余儀なくされた。

その後も自宅を訪問しては時局を語り合い、中村が衆院選に立候補する際にも相談に訪れた。「政治心理学のプラックティス」かと、にこっと笑いながらも、政党から立候補すべきだと言われた。地盤の関係で社会党に入ることができなかった。そのことに板倉は不満であったようである。板倉は新聞社の仕事をしながらも読書を続けたが、加田と対照的に寡作であり、著書を出すことを好まなかった。中村の流儀と違っていたが、新作を届けるたびに丁寧な激励の手紙を送ってくれた。

米山桂三に政治心理学を学ぶ

大学院で政治心理学を指導したのは米山桂三（一九〇六－一九七九）であった。この教授は学部卒業後すぐに助手となり、ロンドン大学、ベルリン大学などに約四年留学した。イギリスのウォーラスに注目するなど政治宣伝、世論に関心をもっていた。昭和十八年（一九四三年）に『思想闘争と宣伝』、昭和二十一年（一九四六年）に『民主政治と世論』を出した。前者は中村が指導を受けた時期の著作である。思想がどんなに深遠でも宣伝がなければ勝利できないとし、それを科学的に分析した。戦後、日本新聞学会（後に日本マス・コミュニケーション学会と改称）の創設にも尽力した。社会学分野に関心を広げ、工場や漁村などの社会調査にも従事し、昭和三十年（一九五五年）に『社会調査―労働・工場・農村』、昭和三十五年（一九六〇年）に『産業社会学序説』を出した。米山の政治心理学の研究は、慶應において中村とその門下の堀江湛《ほりえふかし》に継承された。

戦時中に「戦争宣伝」というと体制迎合のようであるが、実際は逆であった。ナチスの全体主義的宣伝では国民が心から承服する世論形成ができず、次第に国内戦線は弱体化し、世論の支持を受けているイギリスが勝つのではないかと考えた。さらに昭和十八年（一九四三年）十一月に国民学校で、研究の内容を講演し、戦争を続けるべきでないと話したところ、米山は憲兵に連行された。空襲を予期し、早くから家族を疎開させ、家がもぬけの殻だったので余計に疑われた[15]。

米山はリーゼントの髪型に派手な背広を着てスポーツカーで来学するなど独特の存在感があった。気性が激しかったらしいが、中村との関係は良好で、総選挙に立った時は応援演説のために鳥羽に駆けつけていた（選挙直前の助教授昇進も米山なくしてはありえなかった）。中村は米山のもとで学んだ際、心理学の勉強のため医学部にも出かけていた。彼の政治心理学の著書や評論の記述には米山の宣伝・世論研究の影響がみられ、戦後すぐに実施した選挙調査は、社会調査の先駆者であった恩師に拠るところが大きい。後年も米山は世論研究の立場から安保改正騒動を分析する評論を出すなど、中村の時事評論にも刺激になったのではないか。

潮田江次に私淑する

中村の政治学研究は、大学院時代に政治学の基礎を確立し、政治史と政治心理学・政治文化論の専門に展開した。政治史は手塚、政治心理学は米山の指導があり、政治文化論は独自のものであるが、加田の社会経済思想や社会学の影響もあった。これらの研究は同時進行的であったが、政治学の概念についての探求が根底にあり一貫していた。

中村が既存政治学と考えるものは、オーソドックスで国家を基本にしたものであった。帝国大学のドイツ国法学的なものでなく、板倉のもとでの勉強もあり、英米的多元主義を前提にしていた。彼の政治評論は、論点を羅列する傾向があり、主張がつかみにくい面があるが、政治学の概念から派生しているとみると理解できる。安保防衛政策や民主社会主義、さらに政治家の評価もそうであった。

研究者となり、板倉の「自分の政治学を打ち立てるべきである」との言葉に従い、自分で政治学の体系をつくることをめざしていた。その過程で依拠したのは、政治哲学の講座を担当していた潮田江次《うしおだこうじ》（一九〇一―一九六九）であった。

潮田は、福澤諭吉の外孫（末娘の子）として三田で生まれた。政治科二年の時、コーネル大学に留学し、帰国後、一年ほど講師を務めて、すぐに四年あまり英独に留学した。イギリスではラスキを慕ってロンドン大学の聴講生となり、その後ハイデルベルクで哲学を研究した。帰国後、助教授、そして教授となった。昭和二十二年（一九四七年）からは約十年間塾長を務めた。

中村が潮田の名前を知ったのは予科の時であり、学士号さえない肩書を不思議に感じたからである。無口で社交的なことを好まない人柄らしいと思った。

潮田は、日本政治学史における政治概念論争で知られている。この論争は京城帝国大学の戸澤鉄彦教授が大正十二年（一九二三年）の『国家学会雑誌』に「政治学疑義」を連載したことに端を発する。

昭和十一年（一九三六年）に潮田が論文「所謂「国家外の政治現象」に就て」において国家政治現象説の立場から、戸澤の国家外政治現象説を批判した。それに対し、戸澤が「政治学の研究対象としての政治学」で反論した。論争は昭和十八年（一九四三年）頃まで続いた。潮田が慶應の『法学研究』、戸澤は東大の『国家学会雑誌』でそれぞれ主張を展開した。

中村は論争について「同時代の政治学徒に刺激をあたえた」、「この論争を通じて政治学研究の眼を開かれ、学問的情熱を高ぶらせた」と回顧した。[16]「学者らしい学者」と評し、戸澤批判は「ち密な論理と激しい調子で」、「豊かな語学力を利用する外国文献の読解力は正確であり、相手が甘く見たらひどい目にあうような内容であった」とする。この師は「寡黙寡作」で派手なことを好まなかったが、内面に満々たる闘志を抱いているように見えた。密接な関係になったのは大学院時代のことである。たびたび質問したが、ぽつりぽつり答えたり、黙って返事をしないこともあり、口が重い印象があった。

政治概念論争を収めた『政治の概念』（昭和十九年、一九四四年）を教授からもらったが、赤線を入れるための本を別に買い、灯火管制のもとで精読した。もっとも、わからない箇所もありながらの読書であった。中村は『慶應義塾百年史』での政治学科の解説において、この本を「政治学の研究にはいろうとするものにとって必要な方法論がのべられている」、「わが国の学会に貢献するところが大きい」と絶賛した。[17]

潮田は寡黙な教授であったが、戦時中、『三田政治学会誌』で痛烈にナチス批判を展開した。あまりに激烈な文章であったために検閲で全面削除になったこともあった。戦争末期には「東亜共栄圏」の政治関係を論じた論文が問題となり、警察が学生に聴取し、教授の思想傾向を調査したこともあった。中村は「言論的勇気にほとほと感心させられ」、「自由主義者の真骨頂ここにあり」と教授の姿を感じ、「とうとうとして左傾するときでも右顧左《うこさ》べんせずみずから信ずる『自由の道』を歩まれる教授の姿は尊くもあった」と回顧した[18]。

中村は、政治学体系の構築にあって、教授のノートを暗唱するくらい読み込み、政治概念論争を研究し、潮田学説を中心に政治についての基本的見解をまとめるように心がけた[19]。潮田の追悼論文で中村は「『政治概念』の構成にあたって潮田江次教授の学説の影響を決定的に受けた」とし、政治概念論争の成果を発展させていく義務と責任が後進学徒にあるとまで言っていた。学問の継承を言及するのは潮田に対してだけである。中村の政治学の内容を理解するには政治概念論争は重要である。

政治概念論争の展開

日本の政治学はとくに帝国大学においてドイツ国法学の一分野であった。東京大学の紀要が『国家学会雑誌』となっているのはその伝統である。大正になって英米の多元主義国家論が導入され、法学から政治学の独立をめざす流れの中で、国家の外に政治現象の本質を求める説が出現した。必ずしも国家に関連するものでなく、国家以外の集団にも政治現象がみられるとする。

潮田は「国家外の政治現象」に政治学の焦点を当てる傾向に対して、その原点ともいえる戸澤の論文を批判した。国家と関わりのない団体の維持や運営に政治を認めることを否定した。政治の概念規定にあたって国家との関連を必須のものとした。温厚な潮田であるが、論争では相手がきちんと反論しないのに対し、激烈な言葉を投げかけた。

これ以上に教授から此事に就き何の言明も伺へない場合には、我々は教授が全面的に自己の非を認めて閉塞されたものと看做《みな》すことを明にして置く…只管《ひたすら》もとの儘《まま》の陣地に據《よ》って防がうとするのでは、何としても無理な企てになるのは必定である。朝に一塁を抜かれ夕に一皆《いっさい》を屠《ほふ》られ、副将は討死し三将は擒《とりこ》となる。それでゐて一向に援兵を差向けるでもなく布陣を改めるでもない。ただ崩れ跡に應急の竹矢来を廻らし、破れ口に在り合わせの枯草を詰めるばかりに多忙奔走してをる。これでは城の命数は日を以て算《かぞ》へるばかりである。[20]

自説の理由を明確に示せずに国家外政治現象説にこだわる戸澤に発した一文であった。『平家物語』の暗唱を得意にする中村にとって、この学問論争は血沸き肉躍るものであったのではないか。自身でも何度か論争を挑んだことがあった。

概念論争に対して、後世の評価は芳しくない。政治学者の丸山眞男《まるやままさお》は論文「科学としての政治学」（昭和二十二年、一九四七年）で否定的に論じた。この丸山の論文は、戦後の日本社会における現実科学としての政治学を提唱し、従来の政治学が現実の認識において立ち遅れていたことを批判したとして注目された。立ち遅れの例として、丸山はこの概念論争を次のように述べた。

過去の政治学界を久しくにぎわしたテーマたる、政治概念と国家概念といずれが先行すべきかという論議からして、ひとは現代の政治に対して、いかなる実質的寄与を引き出すことが出来るであろうか。[21]

丸山はこの論争を政治か国家かの先行関係と理解し、政治現象の本質を問題にする論争の本筋とは異なっている。

蝋山政道《ろうやままさみち》の『日本における近代政治学の発達』（昭和二十四年、一九四九年）は丸山による既存政治学の批判を受け、先輩の政治学者としての反論であった。その中で政治概念論争を取り上げているが、潮田の問題提起に対しては否定的であった。「異説の方法論自体については殆ど理解していない」とし、「反対論の出発点である『国家外政治現象』という命題がいかに本質的な問題から逸脱した、不適当な命題である」とした。つまり国家外の現象ということをことさらに強調して批判の対象に仕立て上げたと批判したのである。集団現象説は「政治は何等かの意味における国家と関連していることは第二義的に当然予想されている」のにもかかわらず、国家外現象と決めつけたという議論方法に問題があった。そして潮田の議論について、政治と国家との関連を必然的とする政治国家現象説からの一批判としている。[22]

蝋山の指摘は、政治か国家かの先行関係に単純化した丸山と相まって、政治概念論争が過去の衒学《けんがく》的論争として過小評価されることにつながった。この論争はドイツ国家学と英米政治学が対立するという流れの中での論争と概括的に理解されてしまい、政治学的意味が看過された。ドイツの影響が強い帝大系の戸澤が英米的な集団現象説に立ち、英米の影響に立つ潮田がドイツ国法学的な国家現象説を採るという逆転現象があり、論争は単純なものでなかった。[23]

中村は潮田の議論の本質を「政治はかならず国家に関連して起こってくる現象であり、それ以外には政治現象は考えられない」とし、「教会や労働組合や学校のような国家以外の他の団体（集団）に形式上同じようなことがみられても、それは国家に関連する現象とは目的がちがうから政治とは認めがたい」と考える。この限りでは蠟山が批判するように政治の国家現象説を奉じているようにみえる。

重要なのは、なぜ潮田が政治を必ず国家に関係するものと限定的に考えるかである。彼は「政治の本質は行為の形式や態様に求められるべきでなく、行為の目的によって判断せられるべきである」としている。問題の中心はこの点であった。集団現象説の場合、行為の単なる形式や態様から政治を規定するのであり、それゆえに政治が国家以外の集団にも現れ、国家における政治は政治の一種にすぎなくなる。蠟山のいうように集団現象説が国家をも対象にしているかどうかは問題の本質でない。丸山や蠟山のように政治か国家かの問題に単純化し、伝統的な国家現象説に区分されるのは潮田の本意でなかった。政治概念規定には行為の意味が重要であり、目的から考察することで国家に特殊性を見出すことになる。

中村は「潮田説を自分の立場で発展させていきたい」という願いをもっていた。「国家の正しい位置づけをおこなう任務をもつものこそまさに政治学であり、国家外政治現象説、ないし集団現象説ではそれができない」と確信していた。

政治を国家と切り離して考えることは、とくに戦後の知的風土では肯定的にとらえられた。戦前の国家主義やドイツ国法学的政治学の反発から国家を過小評価し、社会における市民や諸団体の独自の活動に注目する。その分析のためにアメリカの行動科学が導入される。政治心理学を専攻している中村は、政治学と諸科学の区別がなくなる状況に危機感をもち、潮田説に対するこだわりが強まった。

中村は「国家の役割を無視ないし軽視し、ときにはそれを抹殺しようとする戦後の風潮に対して抵抗を感じ」ており、「国家の正しい位置つけがなされていないことからくる混乱に対処しようとする考え方があった」と語る。そして「国家の正しい位置づけをおこなう任務をもつものこそ政治学」であると断言した。[24] 国家外現象説が「社会の組織化」や「共同意志の作成」という抽象的機能を政治現象とみなし、政治学の対象とするのは歴史的実態から遊離し、とくに社会学との領域を曖昧にする。[25] 当時、政治学に学際的研究として社会学的知見を導入することが目立っていたが、社会心理学が先行している政治心理学分野の現状や社会学を研究していた加田哲二との知的交流から、政治学との違いを認識していたのではなかろうか。

戸澤は、政治の本質を支配服従関係とすることで科学的分析の対象となると考えていた。この関係には必ずしも国家の存在を前提としない。さらに「人を動かす」ことに焦点を当てることは、政治学を労働者階級の権力奪取のための戦略・戦術とするマルクス主義と親和的である。政治の中心が権力獲得のための機会主義的手段に矮小《わいしょう》化することになりかねない。戦後の一時期、政治科学を唱える知識人がプラグマティックという言葉をしきりに使っていたことにも通じる。哲学や思想を重視した戦前の知的風潮への反動でもあり、こうした傾向は他の社会科学にもみられた。

戦後、名古屋大学に転じた戸澤は、マルクス主義政治学者として知られるようになった。国家を「一つの階級がある生産関係を維持するという目的に合致するように、社会生活を統制する組織」とし、階級支配の道具として位置づけた。政治を支配服従関係とする延長であり、戦前の主張と矛盾はしない。さらには共産主義体制の進化によって国家が消滅するとしたスターリンの理論さえ肯定した。[26] 選挙や政党の役割を限定的に考え、労働運動や市民運動の活用を権力奪取の一手段と考えていた労農派マルクス主義者と中村が対峙したことを考えると、政治概念を単なる術学論争と済ますことはできないであろう。

潮田は、政治の主体である「国家団体」が、政治の客体である「国家社会」の維持改善をおこなうことに政治現象を求めた。蠟山はこの定義の曖昧性を問題にしていた。中村はそれを発展させて政治を「国家社会の秩序維持と福祉増進を目的とする行為」とした[27]。そして「国家的統合の機能である」とさまざまな箇所で語った。「how to govern ということを除いて政治学は考えられない」とする。国家社会という共同生活の場を維持改善にするにあたり、国内の対立抗争を克服するのに統治をおこない、外部の対立抗争を克服するのに外政をおこなうのであった[28]。秩序維持のための安全保障と、福祉増進のための民主社会主義を重視したのはこの政治観の反映といえる。

中村は戦前の政治概念論争が方法論争に終始した現実について「政治学自体の学問的立ちおくれを示すものである」とは認めていた。他方で、戦後の政治学について「具体的な政治の進展についての理論的基礎付け」を追求するにあたって「具体的客観情勢の分析にうとい」と批判した[29]。彼の関心は、やがて具体的な事象に向かった。潮田説から出発して「政治の概念」を確立し、基礎の上に人間を中心とする政治研究をおこなうことで自己の政治学の発展を考えた。国家は人間がつくったものであり、組織・機構・制度だけでなく、それを運営する人間の問題も欠いてはならないという[30]。政治史、政治心理学・政治文化論と政治をめぐる人間的なものを研究の中心にしていくことになった。

〈註〉

1　中村の伝記的事実は、東京菊友会の前掲書や『政治学を学ぶために』（有信堂、一九七四年）を参照。小説は中村菊男『若い思想の旅路』（根っこ文庫太陽社、一九六七年）を参照。

2　上條末夫「中村菊男先生との奇しき因縁」、「海の男　和田春生」刊行世話人会編『海の男　和田春生　民主的労働運動と民主社会主義の灯台』（民社協会、二〇〇一年）一三二－一三三頁

3　中村菊男「私の読書体験」『学生生活方法論　学習・リポート・ゼミ』（慶應通信、一九七四年）一四七頁

4　民主社会主義研究会議編『民主社会主義とは何か』（社会思想研究会出版会、一九六〇年）三一頁

5　中村菊男「私の読書遍歴」『政治学を学ぶために』一二八頁

6　中村菊男「政治学の性格」前掲書、五七－五八頁

7　東京菊友会、前掲書、一五頁

8　前掲書、一六頁

9　手塚豊「中村菊男君を憶う」『法学研究』（慶應義塾大学法学研究会）一九九七年八月号、九一頁

10　加田の経済学や社会学の業績については次の文献を参照。原田哲史「忘れられた経済学者―加田哲二とドイツ経済思想史」、池田幸広・小室正紀編著『近代日本と経済学　慶應義塾の経済学者たち』（慶應義塾大学出版会、二〇一五年）二九三－三一九頁。川合隆男「加田哲二」、川合・竹村英樹編『近代日本社会学者評伝』（勁草書房、一九九八年）三九六－四〇一頁。

11　加田哲二「経済的に見た大東亜戦争」『国民知識』一九四二年一月号（国民経済研究所）所収

12 加田哲二『人種・民族・戦争』（一九四二年、慶應通信）六五－六六頁

13 加田哲二「政党的な超政党的」『経済往来』一九三二年八月号（『経済往来』一九九五年七月号に再録）、一五二－一五四頁

14 中村は、板倉について「板倉卓造博士逝く」との追悼文を書いている（『政治学を学ぶために』所収）インタヴューをもとに『慶應義塾百年史　別刊　大学編』（慶應義塾、一九六二年）の政治学科の説明において板倉の業績や人となりを詳述している。手塚、米山、潮田の伝記についても参照。

15 米山桂三「マス・コミの使命」『新聞研究』一九七一年八月号、五－六頁

16 中村菊男「政治学の性格に関する考察―潮田江次教授の「政治概念」を継承して―」『法学研究』一九七〇年十月号、三五頁

17 『慶應義塾百年史　別刊　大学編』一八三頁

18 中村菊男「潮田江次教授の思い出」『政治学を学ぶために』一七〇頁

19 中村菊男「政治学の性格」、前掲書、五九頁

20 潮田江次『政治の概念』（慶應出版社、一九四四年）四〇〇、四〇六頁

21 丸山眞男「科学としての政治学」『丸山眞男集　第三巻』（岩波書店、一九九五年）一三五頁

22 蝋山政道『日本における近代政治学の発達』（新泉社、一九六八年）一九六－一九九頁

23 通説に対して、追悼論文では中村の前掲論文を含め、論争における潮田による解釈の意義が論じられた。堀江湛「潮田政治学における政治概念論争の意味―新カント派科学方法論の演じた役割―」、根岸毅「「政治概念論争」における潮田学説―その特異な意義と限界―」前掲『法学研究』掲載。戸

澤と潮田における政治概念論争の具体的内容を整理したものとして次の文献を参照。大塚桂『近代日本の政治学者群像　政治概念論争をめぐって』（勁草書房、二〇〇一年）一六九－一八四頁

24 中村菊男『政治文化論―政治的個性の探究―』（東洋経済新報社、一九七六年）四頁

25 中村菊男『政治学』（世界書院、一九四八年）一〇頁

26 戸澤の政治理論の展開は次の文献を参照。田口富久治「中・後期の戸沢政治学の展開」『日本政治学史の展開―今中政治学の形成と展開―』（未来社、一九九〇年）三二七－三六五頁

27 中村菊男『政治文化論』一二頁

28 中村菊男『政治学』三六頁

29 中村菊男『政治学』一三頁

30 中村菊男「政治学の性格に関する考察」三九－四〇頁

第二章　政治の実践経験

衆院選に立候補する

中村菊男は、昭和二十年（一九四五年）四月に結婚し、終戦の詔勅は慶應義塾の塾監局前の広場で聴いた。戦時中は奉安庫《ほうあんこ》の重要書類を守るために宿直していた。空襲警報が鳴ると書類を担いで防空壕に駆け込んだ。終戦の際、「自由が訪れた」と感じた。生命が助かり、言論が自由になり、軍人や警官も威張らなくなると嬉しかったが、占領軍の不安もあった。

この年の十月に法学部の助手となった。二十七歳であった。戦争も終わり、安心して勉強できる環境になったが、衆議院選挙に地元から立つという話がもちあがってきた。三重県議の父から、友人の浜地文平代議士が追放になりそうだということで、地盤を受け継いだ「身代り候補」としての出馬を勧められた。「学校に残ったときにはもう政治家になるまいと思っていた」と大学院進学時には政治家になる気はなくなっていたが、周囲は執拗に出馬を勧めた。政治家と政治学者の両方をやればいいと言われたものの、最後まで逡巡した。高熱で寝込んでいた時に父が病床に来て、どうしてもやれと決断を促した。そこで、迷いがあったものの出馬を決意した。中村自身、「終戦当時の異常な雰囲気」でかつての政治家志望がよみがえった。「日本再建のためにロマンチックな希望を成し遂げようとする野望」をもった。[1]
この総選挙は第二十二回衆院選挙で、戦後初、帝国議会最後の選挙であり、公示は昭和二十一年（一九四六年）三月十一日、投票は四月十日であった。二十歳以上の男女普通選挙が実現し、大選挙区制限連記制で、全県選挙区の定数九に対し、四十八人が立候補した。有権者は二人の候補者名を記入した。資格審査があり（占領時代とあって申請の翻訳料が三百円かかった）、その上で二千円を供託し、立候補できた。中村は告示日の二日目に届け出をした。無所属で出馬し、肩書きは「慶大助教授、二十八歳、志摩郡鳥羽町」とある。実際の助教授昇格は四月一日であった。前年十月に助手になったばかりだが、法学部教授会は中村の立候補に配慮したという。

中村が身代わりを務めた浜地文平（一八九三―一九八六）は、度会郡の出身で水産業会長をも務めていた。中村の父幸吉は旧制中学校の同級生であり、浜地の選挙事務責任者を務めた関係であった。昭和十三年（一九三八年）の総選挙で立憲政友会から当選した。昭和十七年（一九四二年）に大政翼賛会推薦で再選し、それが追放事由となった。五十四歳であった。追放解除後、代議士に復帰し、自由民主党に属した（計八回当選）。河野一郎派に属し、保守思想家の安岡正篤《やすおかまさひろ》とも親しかった。後継者は労相や官房長官となった藤波孝生である。

浜地は、総選挙に立候補するつもりであった。「私はもう当選するのが目的ではない。選挙場裡において自分の信念を吐露して、国民に、選挙民に堂々不満をぶちまけ、潔く進退を決したい」ということで、真剣に選挙の準備をしていた。物資不足の中、葉書やビラも用意していた。しかし一月四日に突然の追放指令に遭った。[2] 地盤維持のために代理の候補を立てる必要に迫られ、中村に声がかかった。

急遽の立候補とあって地盤継承は順調とは言い難かった。新聞による公示直後の情勢分析は「古豪川崎の起否不明　新人の地盤争奪が興味」とあり「旧人は地盤関係でなお隠然たる勢力を張っている、追放された前議員の浜地、田村、馬岡の三氏のあとを誰が襲うか」が焦点であった。「水産業会に立篭もった浜地の地盤」に「石原氏の…勢力が相当喰込むだろうし、中村菊男がこれを狙っているとみる、地理的に見てこの地盤争奪は他の候補と入り乱れての興味の中心である」と予想していた。[3]

この「石原氏」とは、自由党の石原円吉（一八七七－一九七三）のことである。当時七十歳であった。水産業界に影響力をもち、「三重県の漁民が「漁民の父」と慕っていた」人物である。町長を手始めに県議を二十数年務め、議長も経験し、「三重県議会史そのもので、県議会の主」とも言われた。国政転出を狙っていたが、腹切り問答の政友会代議士の浜田国松（一八六八－一九三九）がいたため、地方議員にとどまっていた。浜田が亡くなった後、昭和十七年に国政進出を図るも、次点に終わり、選挙違反で拘留もされた。この時の選挙では、自由党公認となり、浜田の息子が選挙参謀を務めていた。[4] 結局、石原はこの選挙を含めて連続三選し、伊勢志摩国立公園の指定に尽力し、顕彰碑も建立されている。水産業界では浜地の先輩にあたるが、浜地の追放解除後の選挙で落選したところをみると、この総選挙では浜地がもっていた水産業界の票をかなり獲っていたようである。

中村は師の板倉卓造から社会党での立候補を勧められたが、選挙区事情もあって難しかった。浜地は保守系であり、また社会党の県支部の中心がなく、党からの候補者が九名と乱立していた。新聞によると「どの候補にあっても公認だと自称している」とか、「本部に三百円の党費を納めたら公認だ」との噂もあった。[5] この選挙で進歩党から当選した川崎秀二（後に厚相）は「実際に本部から公認してもらったのは田中佐武郎氏唯一人で、その他は勝手に社会党を名乗っていただけだ」と回想していた。[6] 追放された代議士の子息で慶應の学生であった田村元（後に衆院議長）はこの時、自称社会党の候補者（足立梅市）を支援していた。足立は次回の総選挙から二選するが、最左派に属し、昭和二十三年（一九四八年）に脱党の後、社会党再建連絡会という独自組織を結成した。候補者乱立の選挙で無所属は不利であり、政党の公認を急遽受ける者も出たが、中村は無所属で押し通すしかなかったようである。

新聞に掲載された中村の政見は学究らしく格調の高い内容であった。当時の政治に対しての考えがよくわかる。

「水産業を振興　電化施設拡充」

二八歳の私が先輩有力者に伍し逐鹿選に出馬致した所以《ゆえん》は古き指導者の独善、横暴により敗戦という未曽有の憂き目を蒙《こうむ》りました祖国日本が一日も早く列国の信頼と尊敬を受くるに足る国に致したいとの念願にほかありません。慶應大学を卒業後同大学院において政治心理学を専攻、現在同校法学部助教授を拝命致しておりますので民主主義に基く新日本の議会政治確立のための若い者のもつ情熱をブチ込み得る理想を把握していると自負しております。

すなわち天皇制を護ることはもちろんでありますが、政治の軌道を思ひ切つて民主主義に切り替へ、経済面におきましても生産の増強並に統一的な価格体系を以てこの飢餓インフレを克服し、少数の金持でなしに一般大衆の福利を徹底的にはかることによつて共に真の楽しみを享《う》くることの出来る体制を整へ戦災者、復員軍人の失業対策に万全を期し、下級俸給生活者、産業労働者の性格の確保に渾身の勇を振ひたいと思ふ、特に国内の電化並に科学に基づく新しい民衆の文化施設を都鄙《とひ》を通じ拡充均等化し、農家の努力を最も効果的に利用することによつて農村生活の安定と向上を企図し果しなき大洋に海の幸を求める水産業の振興策を考究、実現したい。[7]

このように民主主義政治の確立を使命とするのみならず、民主社会主義的政策の実現も念頭にあった。これに比べると、他陣営の政見は見劣りする。たとえば、自由党の石原円吉は「農業教育の施設拡充」を掲げ、生活に立脚した政治、内閣閣僚は国民の使用人などと訴えた。社会党の唯一の当選者であった澤田ひさは、婦人投票を強調し、勤労所得税の廃止を公約に掲げていた。中村の主張は見識・格調ともに他候補と段違いであった（尾崎行雄は後援会が勝手に擁立し、政見発表はなかった）。選挙には慶應の米田桂三教授が応援にかけつけた。

　選挙演説の第一声は鳥羽の劇場でおこない、天皇制の存続と戦後の再建政策を訴えた。そこでは日本はなぜ戦争に突入したか、なぜ敗れたかを説明し、民族復興の中心としての天皇制の維持を主張すると、割れるような拍手が起こった。

　しかし主張が立派であっても有権者に理解され、投票に結びついたかは疑わしい。中村の強みとしてはむしろ若さが評価された。新聞では「若い勢力の代表として中村菊男氏の二十八歳、渡辺勝氏の二十七歳は兎《と》に角《かく》若さに対する人気だけはある、新有権者の青壮年層をねらっているのだろう、これも有力の看板の一つである」と評されていた。[8]

落選を経験する

中村は、この選挙でカネがかかることを実感し、後の評論でも日本の選挙においてカネがかかりすぎることを問題視していた。実際にどれくらいかかったのか。地元紙は「選挙運動と候補者の苦悩　新人は顔が無い　紙代も出ぬ法定運動」の見出しで実態を紹介していた。有権者が八十万人として十万人に文書を送る場合、切手代が葉書だと五千円、封書だと一万円、封筒が一枚五銭、印刷代が一枚三銭とみると文書戦だけで二万三千円かかるという。選挙会場は一日四カ所廻るとして、一カ月に百二十カ所確保しなければならない。自動車借賃が闇値で一万円、ガソリン代はドラム缶三本で一万五千円、自転車三台千五百円という。事務所は二カ所、運動員は少なくとも十人必要で、また食費として米四俵一万円、薪炭二十俵で五千円、その他に味噌、醤油、番茶が要る。運動費を総計すると「どうしても二十万円を要する」という。[9] 当時の二十万円とは現在の六千万から七千万円くらいの価値である。当時は物資不足で闇値で取引きされ、しかも新円切り替えで現金の確保もままならない状況であった。

もっとも、この総選挙で自由党の石井光次郎（後に通産相・衆院議長）は福岡県の選挙区で二万円しか使わなかったという。自由党の公認料が一万円、朝日新聞社の退職金の一万円で賄った。公定の選挙費用が四万円くらいであった。[10] 選挙費用は個人差がかなりあり、大野《おお の》伴睦《ばんぼく》（後に自民党副総裁）の回想では、昭和五年（一九三〇年）当時、「五当三落」で五万円あれば当選、三万円では落選といわれ、なんとか自分で三万円を調達し、後を補った[11]とあり、かなりの個人差があった。中村の選挙が清潔で称賛されたというならば、石井くらいの費用で収めたのではないか。しかし、内務省出身で朝日新聞社長を務めた人物ならまだしも、知名度のない若手ではかなり支障が出たであろう。

中村は、後に選挙運動を祭りに譬《たと》えた。大勢がタダ飯、タダ酒を呑みに来るというのは自身の体験であった。選挙費用を説明した先の記事では「結局候補者は真面目にやるものほど運動は地味で消極的にならざるを得ない、一番安い方法は街頭演説だ、絶対的強力な方法はその政治家としての人物である」と締めくくっていた[12]。

戦後最初の選挙であり、選挙権が拡大したものの、三重県では盛り上がらなかったという。公示直後の地元紙は「踏みだした民主の第一歩　乱立候補に面喰ひ」との見出しで有権者の一商人の言葉として「気乗りのしない何だか間の抜けたような選挙」で「今日まで名も聞いたことのない人が多い、代議士としての資格のある人かどうか、それすらわからない、正直に男らしく気にいらねば棄権した方がましだ」と紹介した[13]。数日後の「選挙戦線腕比べ繰り出す候補のあの手この手」との記事は次のように述べていた。

演説会はいまのところ入りが悪い、村の会場ではせいぜい四、五十人というところだが、これは有権者に選挙熱がないのが最大の原因である、つぎは候補者が無名で魅力を感じないという、そのくせ宇治山田に鳩山自由党総裁が乗込むときいて市民は氏の演説に期待している。[14]

政見を訴える中村にとって、演説会が盛り上がらないのは不利であった。しかも鳩山は地盤を争う石原の応援に来た。演説会の関心の低さは全国的であり、地元の同窓会が肩入れした大物候補の石井でさえ誰も来ていないとか、七、八人とかいう場面もあったようである。[15]

選挙の二週間前の記事では「低調な選挙戦　結局は旧勢力の手中にか」との見出しで「本県の棄権率は婦人で六、七割、男子で三、四割と見る、この率でなるほどと思うようでは県民の政治への関心がなさけない」と嘆いていた。「社会党の勢力は分散して大衆の人気が浮動している」一方で、「本県に特異な選挙の性格は保守勢力の依然たる強みである」と指摘した。そして「前代議士の立候補者三名は全国的に珍しく…新人の中にも強力な地盤に立つ旧勢力の代表者が多く、元代議士、現県議、名望家、門閥などが多い進歩、自由両党の勝利を予想する玄人《くろうと》筋がある」とした。地盤を継承した中村は旧勢力の代表者ともいえなくないが、他候補は政党公認の地元有力者であった。「〝県民性と選挙〟は本件の場合興味ある研究課題として開票の結果が待たれる」との結論は、奇しくも以後の中村の学術対象につながるものであった[16]。

四月十日に実施された総選挙の結果は次の通りで、中村は十三位であった。

当	尾崎行雄	前	無	163084票
当	伊藤幸太郎	新	無	104449票
当	長井源	前	進	42360票
当	九鬼紋次郎	前	進	41874票
当	川崎秀二	新	進	40672票
当	澤田ひさ	新	社	39085票
当	松田正一	前	進	38754票
当	石原円吉	新	自	36535票
当	田中久雄	新	諸	35718票

次	水谷昇	新	自	35338票
	足立梅市	新	社	32278票
	田山八十吉	新	進	28663票
	中村菊男	新	無	26784票
	増田亮一	新	自	25381票

（以下略）

新聞の予想通り、尾崎行雄を含む前職四人が当選した。いずれも大政翼賛会非推薦議員であった。長井は進歩党（後に改進党）の中心人物で、後に名張ぶどう酒事件の弁護士も務めた[17]。九鬼は四日市の実業家出身、松田は津市議、県議を勤めた叩き上げの政治家で米内光政内閣の政務次官の経歴があった（戦前の政務次官は希少であった[18]）。

新人をみると、伊藤は人口の多い県北の長島町長であり、川崎は父の克が前衆院議員で伊賀地方の強固な地盤を継承していた（その息子も後に地盤継承）。澤田は中部婦選獲得同盟会長であったが、新聞は社会党というより「婦人候補者への好奇的投票と見るのが至当」と分析していた（次回に落選[19]）。田中は関西大学雄弁会出身で、大学世界弁論大会において雄弁家の三木武夫（明治大学代表、後の首相）を破ったこともあり、当選後、新憲法の審議で無所属を代表し、本会議で演説したほどである。鐘紡で武藤山治の秘書を務めた後、地元で新日本建設同盟という団体をつくって選挙に挑んだ。自転車で走り廻り、団体の青年が手弁当で働いていた。以後五回当選した。[20] 中村と浮動票を争ったのは田中と見られる。

開票には数日かかり、次点の水谷が当選したとの誤報もあった。中村は惜敗とも言い難いが、人口の多い北部（津・四日市・桑名）の開票が進んでない段階で当選圏内の九位に入り、地盤で大量得票、善戦と報じられていた。[21] とくに父の出身地の答志島では千二百票中、千百五十票を獲得していた。県全体の大選挙区で人口の少ない南部の地盤では限界があった。それを有力者に侵食され、しかも同じく南部を地盤とした有名人の尾崎が大量得票した。浜地の地盤（制限選挙の一九四二年に二万一千二百七十票）を十分固められなかったようである。

この選挙結果に対して、地元紙は「濫立候補者に反省の要はないか」の見出しで批判した。候補者乱立が混乱を招き、「真に有為の人材が出なかった」、「いくらか頭のおかしいと思われるもの」がいたと辛辣《しんらつ》であった。「政治的訓練の全くできていない婦人有権者」を批判し、また「五里霧中のうちにでたらめな投票」で尾崎行雄や社会党婦人候補に票が集中したという。「地盤や看板が有力な武器となって投票をごまかしたり、お涙頂戴の同情戦術で有権者の情を刺戟した」とした。[22]

選挙の経験は役に立ったか？

中村はこの選挙で尾崎行雄のような理想選挙をめざした。幼少期から尾崎行雄のきれいな選挙運動をみて憧れと尊敬の念を抱いていた。支持者が選挙資金を工面し、手弁当で応援し、派手なビラなど一枚も貼らずに言論で勝負した。立候補したのもこの伝統を引き継いでいこうとする「夢」があったからだという。しかしそれは「はかない夢」であった。「尾崎の理想選挙は尾崎でなければできず、他の何者が真似しようと思ってもそれは不可能なことであった」とわかった[23]。

後の政治評論において政治経験のない者が半可通に政治家を批判することを戒めていたが、この選挙は自身にとって重要な人生経験であった。理想選挙をおこない、「お宅の選挙くらいきれいな選挙はない」と言われたものの、「カネがないということがいかに辛いものか」、「選挙はカネがなければいかん」ということを痛感した。立候補前に父から「選挙を一回やれば人生のあらゆる体験を得るぞ」と言われた。たしかに「人の心の頼みがたきをいやというほど知らされた」のである。地盤があっても「力がないと人がついてこない」、「力さえあれば人はついてくる」、「世の中は力がなければだめだと思った」という。力とは候補者としての「ひとつの格」、「重み」であった。[24] 尾崎は力があったので有権者が集まったし、古参の候補者が多かった三重の選挙ではより強く感じたのではないか。

この選挙の経験は学問や民主社会主義運動に生かされることになった。病み上がりの中で離島をめぐり、選挙戦の最中に息子を亡くしたことは生涯忘れられないものであった。百冊の政治書を読むよりも一度選挙に立候補すれば選挙のことがわかると豪語していた。

以降、選挙に立候補しなかったのは、本人によれば、占領下の制約を受けた政治家に限界を感じたのが原因という。次回の総選挙は県南だけの中選挙区となったが、労働組合とつながりがない中村が社会党候補となるのは難しく、父や浜地の縁がある自由党でも現職の石原がいるので無所属の立候補を余儀なくされたであろう。

盟友松本の政治活動

この選挙で社会党から当選した松本七郎（一九一一－一九九〇）は、慶應義塾の先輩であり、民主社会主義運動において盟友であった。北九州の松本・安川財閥出身である。中学校時代に兄の勧めで、自由主義者河合栄治郎の著作に親しみ、慶應義塾大学に入ってから、イギリス労働党に本格的に関心をもった。名門出身で英語も堪能ということで将来を嘱望されていた。政治家をめざし、当面の目標として新聞記者となることを望んだ。昭和十年（一九三五年）頃の新聞界は混乱しており、父の知り合いの緒方竹虎（朝日新聞主筆、戦後に副総理）も勧めなかった。迷っていたところ、板倉卓造に大学に残るように言われ、昭和十二年（一九三七年）から昭和十六年（一九四一年）まで研究室で過ごしながら、慶應の予科や高等部で教えた。中村が政治心理学を専攻したのに対し、松本は民主社会主義に直接関係する英国政治史、イギリス労働党を研究していた。学者になる気はまったくないものの、戦争の悪化で政治家になる機会もなく、実業家の父の縁で、終戦時には黒崎窯業（本社は福岡県八幡市）の東京事務所長になっていた。

松本はイギリスのような社会主義政権ができるであろうと予期し、社会党からの立候補をめざした。財閥家の彼には自由党に知己があったが、社会党にはなく、恩師の板倉卓造を通じ高野岩三郎を紹介してもらった。板倉は日本がスウェーデンのような方向にいくほかなかろうと言ったという。緒方竹虎に相談すると「あんたが社会党な。面白い」と賛成してくれて安部磯雄、賀川豊彦を紹介してくれた。社会党入りには高野から紹介された河野密がとくに力になってくれ、北九州の田原春次、伊藤卯四郎を紹介してもらった。昭和二十年（一九四五年）十一月の結党大会には河野と参加した。地元の北九州で衆院立候補をめざしたが、財閥の子弟で親類縁者に自由党関係が多いとあって県連の公認がなかなか取れず、中央の松岡駒吉、平野力三らの尽力で社会党公認候補となった。福岡県では、戦前の無産政党の流れで社会党が強く、複数候補の一人に松本を入れる余裕があったとみられる。彼もカネのかかる選挙が腐敗の原因と考え、清潔な選挙をめざした。選挙は労組から運動員が出て、父の会社関連の票も掘り起こし、連記制で伊藤、田原と組み、中村よりは恵まれていた。

昭和二十五年（一九五〇年）に後輩の中村と、民主社会協会を設立した。昭和二十八年（一九五三年）に落選したのを機に政治家から手を引こうとしたが、相談した中村が引退に反対した。その間、慶應大学で「ロシア革命史」、「国際社会主義運動史」を教えたという。中村の推薦もあったのであろう。同時に、ロシア語を学んだこともあり、その後、ソ連を訪問し、日ソ親善協会の初代理事長を務めるなど代表的なソ連通政治家となった。[25]

この政治家は、民主社会主義に造詣が深かったが、政治家を続けていくうち左傾した。社会党分裂時には右派社会党に属したが、左右統一後、左派の佐々木更三派に入った。昭和三十五年（一九六〇年）の安保国会では政府を厳しく追求し、論客として知られた。理由なく侵略する国はないので非武装であるべきと主張するなど、この頃になると、中村と意見が乖《かい》離《り》した。民社党が分かれた後、民主社会協会を民主主義協会と改称し、事実上、松本個人の選挙後援会にしていた。党では山本幸一（国対委員長、副委員長）とずっと行動をともにし、やがて佐々木派から離れ、構造改革論者の江田三郎派に属した。松本の政治的変化は「思想的・信条的の変化というより、社会党という政党のあり方、選挙区の実情がそうさせた」との説もあった[26]。

松本の福岡県第二区（麻生太郎元首相もこの選挙区であった）は、八幡製鉄所と筑豊炭田を抱え、定数五名のうち三名が社会党という時期もあったが、労組出身でない上に、彼の地盤に配慮していた伊藤卯四郎も民社党に移り、昭和四十五年（一九七〇年）以降、何度も落選した。名門出身ゆえに知事や市長候補として取り沙汰され、ようやく北九州市長選に立った時はすでに時機を逸していて、落選した。出身・学識・能力の割にそれを生かす政治的地位に恵まれなかった。中村がもし衆院選に当選していれば民主社会主義にどの程度貢献できたのか興味深い。

市長選で父の選挙参謀となる

中村は落選以降、著書を出すなど研究者生活に戻っていた。民主社会主義運動にも加わっていた。

昭和二十九年（一九五四年）十一月に地元の鳥羽町が周囲の村を合併して鳥羽市となった。十二月の市長選には中村の父幸吉が出馬することになり、菊男が選挙参謀となった。地元の事情を知らないまま急遽立候補したのと違い、状況を理解し客観的な立場で選挙を展開できた。この時は民主社会主義連盟の理事長であった。

中村は、総選挙落選後、蝋山政道、辻清明、鵜飼信成《うかいのぶしげ》といった東京大学グループの選挙調査チームに加わり、昭和二十四年（一九四九年）と昭和二十七年（一九五二年）の総選挙の社会調査をおこなっていた。東京都の城東地区と府中地区の都市と農村を対象に立候補者、地域有力者、組合幹部にインタヴューした（中村は農村担当）。労働者、農民、一般市民に大別し、彼らの政治意識を、労組、農協、企業などの職場の組織や町内会、防犯協会などの街の制度が交錯する社会構造との観点で明らかにするものであった[27]。

中村はこうした調査の経験を積んで父の選挙に臨むことになったのだが、この選挙を政治心理学の応用と位置づけていた。この選挙の詳細は「二階堂健」の仮名を用い、雑誌『民主社会主義』に小説形式で「ある市長選挙の記」として九回にわたって連載した[28]。

公示前の新聞では、合併に尽力した鳥羽町長の家田鋼吉、三重県の志摩事務所長であった白井秀三郎、元県議の幸吉、前出の衆院議員の石原円吉など五人の名が予想候補者として挙がっていた。幸吉は「噂の人だが御本人は知らぬ顔、しかし消息通は『出るぞ』と断言している」とされていた[29]。結局、「出馬確実」とされた町長は出ず、白井と幸吉の一騎打ちとなった。

白井は五十一歳。三島由紀夫の『潮騒』の舞台となった神島出身で、三重師範学校を卒業し、長らく小学校教員を務めた後、県庁に入り、選挙直前には志摩郡の事務所長であった。市街地に支持者が多いとされた。他方、幸吉は六十二歳。答志島出身で慶應義塾普通科出身、県議を二期務め、日本水産業会専務理事で漁村方面に支持が多かった[30]。白井は有力旅館主の弟で、兄は早くから自館における地元民の供応などで支持固めを図り、町に地盤をもつ家田町長（市長事務取扱）の支持も得ていた。

中村は、関西で開催された日本政治学会に出席したついでに帰郷し、応援演説でもするつもりでいたところ、支援者の会合に招かれた。そこで図らずも選挙参謀になったところから話が始まる。

中村は最初は、参戦に慎重であり、「最高策戦会議」で相手陣営のスパイ潜入を危惧《きぐ》し、本業の学者の立場から「絶対に合法の線を護る緻密な会議の運営方法を考え」、「中共の話などを語りながら如何に人心をキャッチするかの政治心理の講義めいたものをやった」にすぎなかった。言葉に慎重を極め、もどかしく奥歯に物がはさまったような話をした。

力を入れ始めたのは、小学校の同級であった元助役から選挙事情を聞いた後であった。相手がカネを使いすぎるし、幸吉がカネを使わないという極端な選挙をやっているので、幸吉が危ないという。また意外にも母親が熱心に選挙に取り組んでいるとも聞いた。もともと母親は中村自身の立候補も含め、親族が政治家になることを嫌っていた。この母が積極的であったことが、参戦の後押しとなった[31]。大学で三日間講義し、四日間選挙運動をし、夜行で東京に帰るという状況であった。

政治心理学の応用

鳥羽は七千人くらいの市街地に農村と漁村が合併した寄せ集めで三万人の市になった（現在、市域は同じで二万人を割っている）。「離れ離れの小島」を含み、両候補は島部出身であった。対立候補の白井の兄は中村清代議士（自由党）の有力支援者であった。この議員は内務省の警察畑を主に務め、戦後、三重県副知事となり、昭和二十三年（一九四八年）の総選挙で当選した。中村によれば、「かなり金に物をいわせてこの辺り一帯に新興の地盤開拓」をしたという。白井の立候補は代議士の地盤固めで、中村父子に縁の深い浜地文平代議士（当時は民主党）との代理戦争とみられていた。市内の得票は中村清が浜地より優勢で、代理選挙と受け取られるのは不利とみた。そこで「新聞報道を逆手にとって有利な体制をつくろう」と考えた。政治心理学における「陽性転換」という原理を応用することにした（彼の用法では政治において積極的視点を打ち出す意味であった）のである。代理選挙ということを否定し、複雑な構成の新鳥羽市において党派や派閥争いをもち込むと市政がますますやりにくくなるということを強調した。

さらに吉田内閣が造船汚職で評判を落とし退陣し、鳩山内閣が成立した直後であり、自由党に対する批判が強いことを利用した。「保守的とはいえ、市民自身の内部にひそむ権力に対する抵抗意識はたかまっている」、「この抵抗意識をかき立てる心理操作が必要である」とし、「この選挙を如何に政治心理学の原理を応用しながら闘うか」を心に留め、「自分の学問上の研究にとってもプラスなように考えた」という。[32] この経験は自身の過去の選挙にまして研究の貴重な応用機会であった。

自陣営をみると支援者はさまざまであり、風俗、習慣、方言も違っていた。同志の「心理的統一」を図る必要があり、そのために選挙スローガンを考えた。「①飲ませ食わせの選挙か、公明選挙の中村（文中では仮名の二階堂）か」、「②官僚市長か、土地に馴染みの中村か」、「③代議士のカイライ候補か、独立独歩の中村か」というものであった。もっとも、「事務所から放送アナウンスする者がいない」、「中村が演説を起草するも演者がしゃべれない」、「十一時過ぎでもおはようございますと挨拶をする」など、心許ない選挙であった[33]。社会党候補の応援演説をした経験から、候補者の人柄や人格的魅力が重要であるとはわかっていたが、幸吉は老齢であり、青年や婦人に魅力的であるか疑わしい。そこで選挙における「浪曲的」と「競馬的」面にかけた。前者は県議選に毎度立候補して毎度落選して気の毒という同情票であり、後者は競馬で本命が強過ぎると、弱者に同情するアンダードックの面である。中村は米大統領選で奇跡の大逆転を果たしたトルーマンを例に挙げている。この二つの心理の応用は日本の選挙に不可欠であるという[34]。

中村は、事前に地域の問題を聴取し、演説を情感に訴える調子で「グングン引っ張り」、政策よりも人々が無条件に共鳴する郷土意識に訴えた。冷静なはずの彼も、幼年の頃から世話になった婦人が涙ながらに話すのをみて、自身の目頭が熱くなり、涙ぐんでしまった[35]。「政治心理学のプラックティスだ」と言っていた彼も選挙が原理や原則で割り切れるものでないことを認識し、地元の老人に選挙情報のとり方などを尋ねた[36]。

地方の選挙はどぶ板選挙にならざるを得なかった。相手陣営の演説会に旧知の社会党の県議会議員が加わっていると聞くと、知り合いの労組役員に頼んで陣営から引き離した。他方で婦人会や青年団に相手の浸透を許してしまっていた。また幸吉と仲がよくなくても集落の対立関係や代議士に面子《めんつ》を潰されたことから支援に廻る者もいた。応援運動をしてくれるものの、菓子代をつけ回しにされたり、風呂敷包みに謄写刷りの名簿を持参し、酒代を要求されることもあった。立会演説会が喧嘩の場になることも警戒しなくてはならなかった。初代市長選挙を暴力沙汰で汚点を残すことにならないようにしながら、弱みをみせない収拾法を工夫した。さらにこの選挙では民意の低さも実感した。演説に感動し、支持を得たようにみえても、買収による寝返りをたえず警戒しなければならなかった。一夜で情勢が変わった自身の経験もあった。候補者の名前を連呼して歩くのも政治心理学の実習とみれば慰めもつくと思った。

相手候補の情報を細大もらさず陣営に伝え、各地に流す情報戦も展開した。「助役のなり手がいない」、「兄の旅館が新市での業務を独占する」といった相手の漏らした失言や銘菓「赤福」を菰《こも》包みで配ったとか、旅館に捜査が入ったとの噂は有利に働いた。

白井陣営には自由党の衆院議長林譲治が来援した。事大主義の市民がなびくとの懸念をもつ者もいたが、中村は自信があった。市民の性格が保守的であっても「時勢の変化には目が蔽《おおわ》れない」と見た。市民の自意識は成長しており、これに訴える演説をすればよいと考えた。地方選挙には問題が多かったが、基本的には有権者に信頼をおいていた。だが林は応援演説で候補者の名前を忘れてしまった。大物投入も効果はなかった[37]。

娯楽の少ない地方において選挙演説は芝居のような催しでもあった。来援した江上武彦言語研究所長の演説は浪曲のようだと人気があった。江上は彼を「菊ちゃん」と呼ぶ仲であり、「親孝行させてください」と頼みこまれたので鳥羽に来て応援してもらった。[38]

中村も、とくに最後の演説会では熱弁をふるった。父が簡単に挨拶し、息子が主に話すというのは言語の専門家としての所長の助言であった。平家物語の有名な冒頭を吟じながら、吉田茂を驕《おご》れる平氏に譬え、「さしも権勢をほこりし吉田内閣は汚職、リベートあらゆる失政を行い、国民の前に野垂れ死にするように崩壊を致しました」と煽り、対立候補を壇ノ浦の平家の落武者に譬えた。相手そのものは「人格的にいっても温厚な立派な人」と称えながらも、「いかに人格的に優れていようと戸張（鳥羽のこと）の市政を一党一派のためにろう断しようとするものである限り、断乎として挑戦しなければならない」と「一代議士の地盤擁護」のための選挙を攻撃した。吉田自由党の官僚的政治を批判することで、市民の権力に対する抵抗意識を高め、相手候補者と一体視させる戦略は一貫していた。[39]

選挙を政治心理学の実践の場とし、さらに「政治教育のいい機会」とした。演説の内容はいろいろと変えたが、民主社会主義の筋を通すことだけは忘れなかった。外部の応援演説者も民社連から連れてきていた。[40] 強調したのは「愛の政治」であった。市民の融和によって豊富な自然資源に無限の頭脳資源を導入して開発をおこなうことを説き、党派政治がそれを阻害すると批判した。そして公明選挙に立つ自陣営に対して、相手陣営がその精神を踏みにじっているということに市民の意識を振り向けた。

候補者の幸吉自身、違反にうるさく、ビラ貼りや演説会の通知などに細心の注意をした。投票日前日に違法なビラ貼りに気づき、夜分遅くハイヤーをわざわざ雇って、それを剥がしに出かけてもらった[41]。

選挙は十二月十一日であった。中村は投票日の朝に鳥羽を発った。開票結果が判明するまで重苦しい気分は晴れなかった。選挙は幸吉の圧倒的勝利であった。投票総数一万四千八百六十二票のうち、中村が九千四百五十一、白井五千三百四十六であった[42]。幸吉は「当初から三千票は引き離すと確信していたこれほどとは予想外だった」とコメントしていた[43]。中村は過去の雪辱を果たしたが、自分では選挙に立つことはなかった。帰宅後、玄関に入るなり、妻に「俺は一生選挙をしないぞ」、「立候補しない」と宣言した。

中村は後々までこの選挙の勝利を政治心理学の実践であり、ことごとく成功したと言っていた[44]。市長選挙の翌年から学生を連れて、鳥羽市の政治の実態意識調査を実施した。政治の実践も学問の一つであった。

政治学者による選挙マニュアル

昭和三十三年（一九五八年）に中村菊男が出した『現代政治の実態』は教科書であるが、選挙活動の方法を具体的に説明しており、ユニークである。立候補希望者のためのマニュアル的記述がある。自身の選挙経験に加え、政治についての実地調査や保革の政治家にも事情を聴取した成果であった。この内容をいくつか紹介してみる。

選挙に立候補を決意してから公認にいたるまで、どのような過程をたどるのか。新人候補の例について次のように説明する。

新人が立候補しようとする場合は、まず、友人、縁故関係をたどって政党の領袖《りょうしゅう》のところに相談にいく。あるいは立候補しようと思う県支部ないし支部連合会の幹部のところへ話をして、党の選挙対策本部なり支部ないし支部連合会の意見をまとめてもらうよう依頼する。本人の経歴がよく、手腕を認められ、政治資金調達の見通しもある場合には公認は容易にとれる。

社会党の場合は、労働組合や外部団体の支持があれば有利という。組織による資金調達が容易とみられるからである。逆にいえば、組織をもたない新人が自分から立候補するのは困難である。労組からの候補者も党の下部組織が受け入れるかどうかが問題であり、下部組織が排他的であったり、労組のイデオロギーや人的関係の対立でうまくいかないことがある。[45]社会主義政党の人材供給の問題をどのようにとらえているかわかる記述である。

立候補が決まると、候補者は事前運動をおこなう。「年賀はがき」、「暑中見舞い」に始まり、祝電・弔辞や花輪、バス旅行の招待、演説会開催、組合・団体の推薦獲得や学校同窓会の挨拶などである。

そして選挙運動である。選挙事務所の場所選定に始まり、演説会や街頭演説、広告など説明は具体的である。街頭演説について「頭を下げた回数の多いほうに投票する」という「政治外的要素にもとづく投票行為」が増えたという。「大衆に親愛のもたれた候補者の当選者の当選する機会が多くなった」というのは、選挙の大衆化傾向を政治心理学的に分析した結果である。農漁村の非合法的な個別訪問にも触れているのは、鳥羽の経験があったからであろう。

投票の性格について、①組織票、②固定票、③浮動票、④同情票、⑤地元票と分類し、それぞれを説明している。候補者の出身地の地元票について詳しい。最重要票と考えた。地元の補助金や公共事業に期待した投票に加えて、自分の町から国会議員を出すことの誇りや親戚縁者の手前応援しないわけにいかない心理的投票にも注目している。組織票に頼る革新候補もこの地元票に依存している場合が多いというのは、選挙調査に依拠した記述である。

立候補に際して頼りになるのは、①親戚、②友人や同窓生、③利害関係をもつ人、④組織と順位づけている[46]。革新政党が政策に訴えても伸びない理由を冷静に観察していた。

地盤の培養の記述は具体的である。日本の現状では、人とのつながりを緊密にすることが地盤培養の決定的要素としている。それには「威厳 prestige」と「信頼 reliance」の獲得を必須とする。その方法はさまざまである。『現代政治の実態』で中村は次のような例を挙げている。

地方の政治的事件に活動するとか、労働組合運動のために骨を折るとか、演説会をしばしば催して共鳴者を得るとか、公共の催しに力を尽し、顔出しをするとか、多額の寄付金を公共団体に提供するとか、冠婚葬祭、私生活の面にいたるまで選挙人の現実的利害と接触し、選挙人、とくに地方有力者との関係を緊密にすることである。[47]

自身の選挙で「力」がないことを痛感したが、この実感を「威厳」と「信頼」という言葉にまとめていた。グレアム・ウォーラス（恩師の米山が戦前に翻訳）が合理的意見の表明よりも有権者への顔出し（show himself）が有効と述べたことを日本の実情に合わせて表現していた。

中村は、選挙を合理的に割り切っていた。多数の投票を得るために、人間の性向のあらゆる面の働きかけ戦術が有効におこなわれなければならないとする。選挙闘争は人間を媒介しており、民主主義の理論とは違った面が出てくる。政策の闘争でなく、人間の闘争である。理想型の民主主義、議会主義と、現実態としての選挙の矛盾を指摘した[48]。

選挙権の賦与は、国民に「権利能力」を与えたのであり、「行為能力」まで与えたわけでないという。民主主義の理論は、人間を平等とし、その人格を平等に尊重する基本的立場であるが、それは「人格の形式」であり、「人格の内容」でない。有権者が政治的に無恥・無関心であっても選挙権が与えられている現状を認識していた[49]。政治の理解には抽象的原理や制度だけでなく、政治心理学的アプローチが必要との見解はそこから出てくる。中村は、とくに人間の非合理性と具体的行動に関心をもっていた。

〈註〉

1 『中村菊男先生』一九頁

2 浜地文平先生を偲ぶ会編『浜地文平先生を偲ぶ』（皇学館大学出版部、一九八七年）、一二四－一二五頁

3 『伊勢新聞』一九四六年三月十六日

4 川崎秀二『三重政界の闘将たち』（内外政局研究会、一九七四年）六九頁

5 『伊勢新聞』一九四六年三月二十六日

6 川崎秀二『三重政界の闘将たち』一四二頁

7 『伊勢新聞』一九四六年三月十七日

8 『伊勢新聞』一九四六年三月十六日

9 『伊勢新聞』一九四六年三月十二日

10 石井光次郎『回想八十八年』（カルチャー出版社、一九七六年）三四四－三五〇頁

11 大野伴睦『大野伴睦回想録』（弘文堂、一九六二年）六七頁

12 『伊勢新聞』一九四六年三月十二日

13 『伊勢新聞』一九四六年三月十二日

14 『伊勢新聞』一九四六年三月十七日

15 石井光次郎『回想八十八年』三四五－三四六頁

16 『伊勢新聞』一九四六年三月二十六日

17 川崎秀二『三重政界の闘将たち』六〇-六一頁
18 川崎秀二『三重政界の闘将たち』五〇-五二頁
19 『伊勢新聞』四月十四日
20 川崎秀二『三重政界の闘将たち』九八-九九頁
21 『伊勢新聞』一九四六年四月十二日
22 『伊勢新聞』一九四六年四月十五日
23 中村菊男「普通選挙と尾崎行雄　中」、『改革者』一九七六年二月号七四頁
24 『中村菊男先生』二〇-二三頁
25 松本七郎・回顧と前進編纂委員会『求同存異　松本七郎・回顧と前進』(現代総合政策協議会出版局、一九七八年)四-六頁
26 沼田政次「民主社会協会の頃―松本七郎氏と私―」前掲書、九九頁
27 調査についてはそれぞれ蠟山政道等『政治意識の解剖』、『総選挙の実態』として公表されている『総選挙の実態』の調査手法のもつ問題等は、次の書評を参照。川口諦「蠟山政道等『総選挙の実態』」『農業総合研究』一九五五年十月号、三二五-三百三十六頁
28 市長選挙の概要については次の論文を参照。中村勝範「中村菊男　人と思想(十六)」『改革者』一九七九年八月号、一二三-一二九頁
29 『伊勢新聞』一九五四年九月十日
30 『伊勢新聞』一九五六年十一月二十六日

31 二階堂健「ある市長選挙の記（一）」『民主社会主義』一九五六年三月号、四〇 - 四一頁
32 二階堂健「ある市長選挙の記（二）」『民主社会主義』一九五六年四月号、四〇 - 四一頁
33 前掲論文、四二頁
34 前掲論文、四三 - 四四頁
35 二階堂健「ある市長選挙の記（四）」『民主社会主義』一九五六年六月号、四〇頁
36 二階堂健「ある市長選挙の記（三）」『民主社会主義』一九五六年五月号、四二頁
37 二階堂健「ある市長選挙の記（四）」『民主社会主義』四一 - 四二頁
38 江木武彦「愛情を純粋に現わした菊ちゃん」『改革者』一九七七年七月号、六八 - 六九号
39「ある市長選挙の記（完）」『民主社会主義』一九五六年十一月号、四二頁
40「ある市長選挙の記（八）」『民主社会主義』一九五六年十月号、四六頁
41「ある市長選挙の記（完）」『民主社会主義』四五 - 四六頁
42 前掲論文、四六頁
43『伊勢新聞』一九五六年十二月十三日。新聞では相手候補の名前を平井と誤報していた。幸吉は三期務め、四期目の選挙で敗れた。中村はこの選挙の立候補に反対していた
44 中村勝範「中村菊男　人と思想（十六）」一二八頁
45 中村菊男『現代政治の実態』二九三頁
46 中村菊男『政治学の基礎』（有信堂、一九六七年）一九一頁
47 中村菊男『現代政治の実態』三〇三頁

48 前掲書、三〇五－三〇六頁
49 前掲書、三二〇頁

第三章

日本政治史の研究

初の著書『政治学』を出す

中村菊男は選挙を終えた後、大学では法学部政治学科で政治心理学、日本憲法史、経済学部で政治学概論を担当した。特例で助教授に昇進したこともあり、翌年に手塚豊が自分より後に助教授となったのを大変気にかけていたという。

昭和二十三年（一九四八年）に初めての著書として『政治学』を出した。その内容は政治学概論の講義内容に政治心理学の講義の一部を加えて初学者用の教科書にしたものである。改訂版、全訂版を合わせて教養の政治学向けの教科書として約十年使用した。構成は次の通りである。第六編に政治心理学の領域を入れているところに特徴がある。

第一編　緒論
　第一章　政治学の対象と研究方法
　第二章　現代における政治学の任務
第二編　一般国家論

第三編　現代政治理論の二大潮流
第四編　各国政治組織の諸形態
第五編　政党論
第六編　政治運用論
　第一章　政治指導者の性格
　第二章　群衆心理統制論
　第三章　政治宣伝論
第七編　政治変動論

最初に自身の政治学の概念を明らかにしている。政治史、政治心理学などの研究はこの内容を踏まえて展開している。

　政治学においてもその研究の対象となるものは我々の体験する歴史的、具象的な事実に外ならないが、しかも又この場合一定の与えられた事実がその侭《まま》政治学の対象たるべき政治的事実として我々に認識されるのではない。我々が政治学に特有なる認識の規範を一定し、この規範の上に立って事実を観察する場合において初めて這般《しゃはん》の事実は政治学の対象たる政治的事実として成り立つのである。我々はこれを国家社会の秩序維持とその成員の福祉増進ということに求めるのを学史的にも理論的にも正統と考える。[1]

要するに個々の経験的事実は、国家社会の秩序維持と成員の福祉増進を目的とする現象として認識される場合に政治学の研究対象とする。歴史的、具象的な事実を政治史と政治心理学が扱うのである。

自身の政治学研究について、民主主義において「自己の立場をも主張するが、対手方の立場も認める寛容の精神」が必要となり、研究において「すべての思想傾向にふれつつ、如何なる過激な思想にも耐へ得る強い中庸の道を選ぶ」という決意を語っていた。

さらに政治学の拡大充実の必要性を訴える。「ギリシヤの古典哲学に発する学問社会の名門」であるが、今日の学問的水準が他の隣接科学に比較し、極めて貧弱で不十分とする。現実の政治生活の要求を満たす科学にするために新装と補強策が必要で、隣接する他の科学の領域からその成果を吸収しなければならない。その中で人間行為の内在的要因に関心を寄せていると述べた。今後、政治心理学の構築をめざし、「新政治学の発展方向が人間性是非の問題を中心として従来の政治学と社会心理学との交錯線上に沿って可能である」とした。[2]

改訂以降は言葉通り、政治心理学や現実政治の実態に力点をおいていた。昭和三十二年

（一九五七年）の『政治学教材』、昭和三十三年（一九五八年）の『現代政治の実態』、昭和四十年（一九六五年）の『入門政治学』（東洋経済新報社、一九六五年）と教科書を執筆する中で、自己の政治学の体系を整理していった。

政治史学者としての中村

中村の研究の中心は、明治以降の日本政治史であった。歴史を複雑な人間がつくりだした結果と考えた。観念的・抽象的概念をもって図式的に歴史を解釈する方法を批判していた。中村と民主社会主義運動をともにした野田福雄は「本領は政治史家にあったように思われる」とし、とくに人物の描写に特徴があったと回想した。

非情冷酷な政治という舞台に浮き沈みする人物、政治家の人間像に多大の関心と興味をもたれたのでなかろうか。人間の宿命ともいうべき不合理や不条理から目を放すことなく、しかも暖かい目をもってさまざまな人物の織りなす歴史をながめ、またそうした史眼をもって現代の政治家をも観察されていたようである。[3]

資料の地道な解読から具体的事実を解明し、昭和史においては関係者にインタヴューを実施して同時代の状況を明らかにするという、今のオーラル・ヒストリー研究も試みた。

この方法は、抽象的な専門概念を用いながら、歴史発展の法則性を検証しようとする当時の主流であった研究とは対照的であった。現在の歴史学では、逆に資料解釈にこだわりすぎて大局的視点が欠ける弊害が指摘されているが、中村の歴史研究は、非合理性を含んだ人間の行動に注目する政治心理学的手法をも組み合わせたユニークなものであった。

戦後、丸山眞男は日本の政治学が隣接科学に比べて立ち遅れていることを「科学としての政治学」で指摘したが、中村もまた政治学が「我々を取り囲む新しい世界の社会的、智的な背景に適応しなければならない」と考えた。その新しい政治学の発展方向として「政治現象を生起せしめる国家社会の歴史的変化の跡を顧み、就中《なかんずく》其の構造変化の状態に眼を注がねばならない」とした。新たなる理論を構成する場合、その原則や推論は事実に従属するのであり、国家社会の歴史的変動過程の分析が不可欠であると考えた。[4]

政治史分野での最初の著作は『日本近代化と福澤諭吉』(昭和二十四年、一九四九年)であった。その後、『近代日本の法的形成』(昭和三十一年、一九五六年)、『明治的人間像—星亨《ほしとおる》と近代日本政治—』(昭和三十二年、一九五七年)、『伊藤博文』(昭和三十三年、一九五八年)、『星亭』（昭和三十八年、一九六三年）など明治政治史に関する著作を出した。さらに戦前の政治体制について『昭和政治史』（昭和三十三年、一九五八年）、『満州事変』（昭和四十年、一九六五年）、『日本政治史読本』（昭和四十一年、一九六六年）、『天皇制ファシズム論』（昭和四十二年、一九六七年）、『近代日本政治史の展開』（昭和四十五年、一九七〇年）、『嵐に耐えて―昭和史と天皇―』（昭和四十七年、一九七二年）を刊行した。

明治政治史、それも法制史といった地味な分野を手がけたのは、手塚の影響があったのはたしかであるが、戦後の民主主義体制で出現した歴史観と関連があった。中村が問題にしたのは、戦前の国家体制を全面的に否定する知的態度であった。超国家主義、軍国主義の名のもとに一切を排除した。マルクス主義が復活し、こうした歴史観の基礎となった。そこに極端な天皇中心主義の皇国史観との共通性をみていた。皇国史観は美濃部達吉の天皇機関説を攻撃する国体明徴運動の頃から力を増し、価値体系に合わない学説を排撃し、異論をもつ者の意見を封じた。権力による言論弾圧以上に、民間においてこれに迎合し助成する雰囲気があった。「積極的にエモーショナルなかたちで時局に便乗するものが逐次あらわれ、その態度は排他的、かつ高圧的」であり、「軍部の虎の威を借りる傾向」がある「狂熱的な雰囲気」であった。当時、抗しがたい世間の「勢い」があった。唯物史観は占領政策に乗じて、かつての皇国史観のような「勢い」を得た。大日本帝国のあらゆる活動を断罪し、学界やマスコミ界に大きな影響を与えた。[5]

唯物史観の批判

中村は、昭和四十三年（一九六八年）に論文「国民の歴史的視角―日本近代・現代史の見方（陥没の時代を埋めるもの）」において政治史の研究方法を総括した。唯物史観にもとづく戦前解釈の問題を六点挙げた。

第一は価値の転倒である。過去に価値があるとされたことが否定され、それに反するものが逆に評価された。国家権力に抵抗した運動が過大視され、暴力的な自由民権運動、日露戦争当時の非戦論、大逆事件、小作争議、水平運動や共産主義運動が大きく取り上げられた。権力反権力の評価が逆転した以上に問題なのは、人間の行為を階級闘争から眺めることである。「人間の思考や行動のもつ多様な性格を否定してこれを単純化する」ことや「人間の価値追求の行為が一定のワクを通じてのみながめられ、そのワク外の行為は一切取りあげない」態度を挙げた。これでは「正しい歴史像はとらえられない」という。[6]

第二に、「絶対主義」や「ブルジョワ民主主義」という発展段階のパターンを事実解明に先行させる問題である。独占資本、支配的ブルジョワジーなどの抽象的な言葉で歴史現象を説明し、具体的事実の検証がなされなかった。たとえば、当時、学術論文でも頻繁に使われた独占資本の言葉についても、その概念を詳しく突き詰めていけばその実態が不明である。このような用語の濫用で歴史における複雑性を捨象してしまった。[7]

第三は、自国の過去を軽蔑することが進歩的であるとの風潮が生まれたことである。江戸から明治の転換期にも同様なことがあったが、戦後、過去の神話を天皇制権力の支配の道具とみなしたように自国の歴史をも蔑視するようになった。侮国の知的風潮が将来における文化の創造に悪影響を与えるのを憂慮した。[8]

第四はマルクス主義における「現象」と「本質」の区別である。自由民権の確立が「本質」ならば、資金集めのための強盗殺人などの破廉恥な行動という「現象」は取り上げない。「権力に対する反抗の担い手」に注目し「人民」の立場を描くには歴史の「本質」こそ重要とされた。この「本質」とは歴史法則と結びついていた。

中村は、各時代を歴史に貫くのがマルクス主義のような公式的・抽象的法則でなく、具体的な国民的性格と考えていた。一朝一夕で民族の個性、内面的な精神の伝統は変わらない。たとえば、明治憲法と現行憲法は内容がかなり異なるのにもかかわらず「不磨の大典」意識が変わらないことに注目した。[9] この関心はやがて政治文化論の研究として発展していった。

第五は太平洋戦争の反省に見られるように、現在的視点からの歴史の断罪的解釈である。人間の思考や行為には限界があり、歴史は一定の条件をもって成立するものである。人間の力ではどうすることもできない不可能な条件があり、歴史において「運命」的なことがある。後世の基準で当時不可能な行為を求めて、過去の行動を断罪することを戒めた。

第六はヨーロッパの発展段階説を日本と比較することである。とくにキリスト教の影響を受けた欧米文化の一元的対立図式を日本の政治にあてはめた場合、実態とかけ離れてしまう。たとえば、戦前の日本を独伊のようなファシズム体制であったと類型化することに批判的であった。[10]

中村は、具体的事実を丁寧に分析することによって、唯物史観やそれに影響された「科学」的歴史分析を実証的に批判した。歴史研究は「資料を中心に事実に即して研究されなければならない」のである。事実の推移を基本とし、諸事実間の相互関係性を究明する。「ある特定のあらかじめつくられた前提に事実にあてはめて解釈しようとする立場」は、その前提が間違っていると、次々に間違いが繰り返される。[11] 歴史は「複雑な人間がつくりだすその結果」であった。政治学を制度組織と人間の分析という観点から眺めていたのに対応し、明治史を法制研究と人物研究という二つの方向から進めた。

明治憲法の機能に着目する

中村は、戦前の国家体制を解明する上で、明治憲法を制度と機能の面に分けることの重要性を訴えた。「憲法の条文の上にあらわれている建前」、「制度的なもの」と「実際にどのように運営されたかの適用の問題」、「憲法がどのように機能したか」という両面からの検討であった。とりわけ政治学者として憲法の動態的面を重視し、条文解釈に拘泥する憲法学の現状に不満をもっていた。「わが国においてはヨーロッパ大陸法の解釈をとる法律学者が多く、憲法をその運用面からみようとする機能主義的傾向がいたってすくない」、「憲法を政治との関連においてとらえないで、条文どおり文理解釈をすることが本筋であるかのように考える傾向がある」と批判していた[12]。

文理解釈中心の憲法学は、唯物史観と結びつき、明治憲法の否定的評価につながったという。絶対主義や外見的立憲主義と断定し、法治主義・罪刑法定主義・基本的人権を無視した「反動支配の政治体制の道具」とみることになった。

中村は、政治史的観点から憲法運用の実際に焦点を当てた。アジアにおける最初の立憲国家となったのは日本だけであり、明治憲法は「神権的な天皇制」を基本にしているが、「運用いかんによっては近代化の方向に日本を向かわしめる上に役立つ要素をもっていた」のであった。憲法上「帝国議会」が存在しているかぎり、政党の出現は不可避となり、漸進的に国民の政治的役割が向上し、選挙権拡張も急速におこなわれた。自身の研究の中心はこうした憲法運用過程の具体的検証であった。戦前の国家体制を天皇制ファシズムなどの単純な概念に一括りにしてしまうことを実証的に否定した。

反動的憲法が戦争の破滅を導いたという当時の通説に対し、中村は立憲政治において政党政治が出現したものの、それを運営する国民の用意と準備が十分整っていなかったと解釈した。明治憲法のもとに民主主義はかなりの程度培われていた。むしろ、参政権拡張のテンポが非常に早く、国民の政治意識がそれにともなっておらず、さらに中国大陸における軍事問題に政党が知識をもたず、政治的に軍を統制する能力を欠いていたのであった。明治の藩閥政治家が軍事を統制する政治力をもっていたのに対し、昭和の政党は権力を乱用し、党利党略によって国民からの倫理的正当性を失い、軍事的危機に直面して軍部勢力が台頭したとする。[13]

憲法の文理解釈の弊害は、戦後にも存在し続けたという。中村は「英米法的素養のある者によって原案の起草された現行憲法はとくに英米法的感覚でとらえなければならないはずである」と訴えた。英米法学者である高柳賢三による憲法の動態的解釈の主張、すなわち「文理的・論理的解釈が唯一の正しい方法でなく、条章に関連性をもつ社会的事実に第一次的重要性を置き」、「プラグマティズム的・社会学的解釈方法の採用が必要である」との言葉を引用した[14]。現行憲法の運営についての検討は数々の時事評論で展開された。これについては後の章で述べる。

民法典対立をめぐる学問論争

中村の研究者としての主著は、明治の条約改正論議と法典編纂を対象にした『近代日本の法的形成』であった。法制史の分野に政治史の視点を取り入れた研究であった。民法制定にあたり、進歩的な旧民法派と反動的な新民法派の対立が存在したといわれていた民法典論争を実証的に分析した。そして階級対立に還元する従来の解釈を否定し、外交をめぐる政治対立の存在を明らかにした。

中村が明治政治史における最重要問題として注目したのは、条約改正問題であった。不平等条約は国際関係において日本の主権を制限するものであり、「国家の完全独立」を国民が等しく求めていた。「殖産興業」、「富国強兵」をはじめとする近代化政策は外国との対等な関係を実現するためのものであった。しかしその過程において「内的拡充」より「外的防御」を優先させることで近代国家体制が「著しくその性格を歪められて了った」という。民権を主張する自由民権運動が国家の強化をも唱えることになった。欧米の自由主義は国家に対し個人の権利を擁護するものであり、それ以上に国家の対外的拡張を優先した。国家の地位向上の願望は、福澤諭吉の政治思想にみられる民権と国権の二面性にも反映した。[15]

中村は条約改正をめぐる政治過程を分析する中で、法制史家と民法典論争をめぐって論戦を展開した。民法典論争は、明治二十年代に旧民法について施行か延期かをめぐって展開され、法学者のみならず、政治家も加わり、当時大きな問題となった。

法制史家でもない中村がなぜ民法に関心をもったのか。この論争は唯物史観にもとづいた明治憲法体制解釈の代表例であったからである。論争の一員であった穂積陳重《ほづみのぶしげ》（東京帝国大学教授）はこの論争を自然法的仏法学派と歴史法的英法派の対立としたが、後世代のマルクス主義法学者である平野義太郎（東京帝大教授）は階級イデオロギーの対立を見出した。自由主義と反封建的専制主義、官僚法学のブルジョワ自由派と、封建主義を再建しようとする政治的反動主義が対峙したとの解釈が通説となった。[16]ボアソナードの影響を受けた仏法学者の編纂した旧民法が進歩的であり、施行派がブルジョワの階級利害に立っていたのに対し、旧民法の施行に反対した延期派は、保守的反動的であるとした。陳重の弟の穂積八束《やつか》（東京帝大教授）の「民法出でて忠孝亡ぶ」という言葉はその対立の象徴として引き合いに出された。

　ブルジョワ自由主義と専制主義者との対立図式は、マルクス主義者における労農派と講座派との資本主義論争において重要であった。つまり明治国家をブルジョワ支配とみるか絶対主義支配とみるかの革命路線の対立である。労農派はブルジョワ階級を打倒する社会主義革命を求めたのに対し、講座派はまず絶対主義体制を市民革命で倒し、その後、社会主義革命をめざすという二段階革命を提唱した。唯物史観での歴史的変動の基本問題は生産手段の所有形態であり、私有法規である民法典の性格は重要問題であった。戦後、平野の講座派的解釈を松山商科大学の星野通教授が踏襲した。民法論争をヨーロッパ文化摂取の合理主義的、革新主義的な進歩主義と、国権主義的国家主義、封建的藩閥主義の社会的政治的イデオロギー対立と解釈していた[17]。

　中村が問題視したのは、民法編纂過程の原資料が公開され、当時の具体的事情が明らかになった後も、現実に目を向けずに依然として社会経済史的観点から日本資本主義の構造分析と民法典論争を機械的に結合していることであった。旧民法は封建的要素をかなり残していたが、内容を精査せず、編纂過程を無視して進歩的「ブルジョワ法典」と規定することを批判した[18]。手塚豊の協力を得て慶應所蔵の村田保（民法典論争の当事者）の文書を用いながら、星野に論争を挑んだ。慶大法学部の紀要に論文を次々に発表した。「民法典論争の性格」

（『法学研究』二五の一〇、昭和二十七年、一九五二年）、「旧民法と其の性格」（『法学研究』二十六の二、昭和二十八年、一九五三年）、「旧民法と明治民法―星野通教授を駁す」（『法学研究』二十八の一〇、昭和三十年、一九五五年）であり、『近代日本の法的形成』にまとめられた。

丹念に原資料を読み込んだ中村の民法典論争解釈は、従来のイデオロギー的解釈を否定するものであった。ブルジョワ民主主義派と保守的封建的国権主義者の対立はそもそも存在せず、施行派もまた旧民法における個人主義的性格を否定し、進歩的と自認したわけでもなかったことを示した。

論点は次の通りである。

第一に、旧民法案の第一草案はブルジョワ自由主義とされる要素があったが、途中で内容が一変し、公布案（旧民法）は封建的反動的といえるものであった。

第二に実定法制定をめぐって、仏法学派と英法学派の法典編纂の主導権をめぐる感情的・功利的対立があったのに加え、立法過程における権限外の元老院の介入もあって編纂者の間から延期派の同調者が多くなった。

第三に民法施行問題は条約改正をめぐる政治対立に発展した。国権確立のために条約改正とそのための法典編纂を急ぐ藩閥政府と、条約改正の条件に法典を編纂するのは主権侵害であるとする民党が、それぞれ施行派と延期派に分かれたのであった。前者をブルジョワ的、後者を封建的とするのは、政治対立の実態に合わなかった。民権派がブルジョワ自由主義的法典に反対することになってしまう。以上のように民法典論争を階級対立の反映とすることを実証研究で否定した。

中村・星野論争について、戦後の家族法改正に携わった青山道夫（九州大学教授）などは従来のイデオロギー対立図式にこだわった。旧民法が封建的・反動的であっても施行派が進歩的でないと言えないとした[19]。法制史家の瀧川政次郎（九州帝大教授・國學院大学教授）は、「延期派も断行派［施行派］も、共に近世ナショナリズムの洗礼を受けた人達であるから、両者の間に階級的な立場があったと考えられない」とし「明治の民法典論争を正確な史料に基いて客観的に研究した」と評価した[20]。

中村はこの論争の趣旨について次のように述べた。

われわれがこの論争をはじめたのは、ひたすらに民法典論争史研究のよりよき発展を望むにほかならなかったからである。原資料の乏しい論争史観の欠陥を補って民法典論争の正しい把握をいたしたいと考えたからである。学術論争を「党派的」に利用することは明治二十年代の民法典論争の「愚」を繰り返すもので、われわれの絶対に避けたいと思っているところである。ましてや、この論争において斯学の先輩たる星野教授と雌雄を決して、教授を「屈服」せしめようという意図など少しもない。客観的事実を追究して正しい論争史を書くことが学問をする者の義務であると考えている。したがって新資料の発見により事実がくつがえされればわれわれはいつでも自説を撤回するにやぶさかでない。[21]

星野は「再び「民法典と松岡康毅の身分法論」について」（『松山商大論集』三の二、昭和二十七年）、「旧民法典人事篇の性格について—再び慶應大学中村教授に答う—」（『松山商大創立三十周年記念論文集』昭和二十八年）、「再説明治二三年民法人事編性格論」（『松山商大論集』六の二、昭和三十年）、「旧民法の性格論争—中村慶大教授との応酬について—」（『愛媛新聞』昭和三十年十二月二十九日、三十日）、「明治二三年民法と明治三一年民法—中村教授に答へ、中村教授にきく—」（『松山商大論集』六の四、昭和三十一年、一九五六年）において中村に反論していた。議論が条文解釈の論争となってしまい、法制史の議論から外れていった。二人の論争を評した法学者が文理解釈を強調し、「法典争議の歴史的、社会的意義を正しく掌握されねばならない」（青山）、「歴史の前進的意味を求めなければならない」（熊谷開作・龍谷大学教授）などの主張が出てくるにあたり、論争を打ち切った。中村は「『特定のとらわれた』、思考の次元のちがう人びととといくら議論をしても意味はない」とつくづく思ったとの感想をもらしている。[22]

中村は、民法典論争に加え、条約改正の政治的経緯を事細かに検証した。改正要求は、日本の急速な近代化を促進した政治的原動力であった。政治・経済・社会のすべての事象にわたって西洋に追いつこうとし、法典編纂はその一つであった。彼は近代化の過程におけるナショナリズムに注目していた。「日本的なもの」と「西欧的なもの」を区別する意識である。西洋化をめざしながら反発するという後進国に特有なものである。民法典論争においても欧化政策と国権論の台頭という政治的対立を見出した。[23]

とくに史実の探究の中で「型」でなく「政治史の動態面と流動的姿」をみていた。自由民権運動に対しても、この法典論争を具体的に分析することで、民権派が唱えた自由が「藩閥政府の圧制に対する抵抗」ではあっても「人間解放の理念を具体的な生活の面に生かす建設的な」ものではなかったことをみてとった。個人の道徳面や社会の生活面に自由を浸透させるものではなかった。唯物史観はもちろん、進歩主義的史観にもとらわれることがなかったのは実証的分析の成果であった。[24]

福澤諭吉研究

戦後、中村が政治史を手がけた端緒は、福澤諭吉の思想について明治政治史ないし政治思想における位置づけを研究することであった[25]。政治学研究の早い段階で『日本近代化と福澤諭吉』を出版した（後に『近代日本と福澤諭吉』として増補改訂）。

慶應義塾に学んだ中村にとって福澤は特別な存在であった。予科時代から著作に慣れ親しんでいた。政治家の伝記編纂にあたり、その人物を現代の視点から判断することを避けていたが、福澤には現代的意義や思想の時代的制約という言葉を用いた。「偉大なる思想家の研究は思想そのものの意義はもとより、その思想の現代に生きる意義が価値ありとせらる」というのである[26]。この人物は歴史的対象を越え、普遍的に思想の意義を示さねばならない特別の存在であった。この叙述態度は、小泉信三をはじめ慶應出身者による福澤関係著作に共通していた。

中村は福澤における「独立自尊」の精神を戦後における民主主義の正統論であり、正しき認識の基準になるとした。多数決を基本原理とする民主主義は、国民が高度の知性と良識をもつことが必須となる。福澤が批判した「国民の政治に対する無感覚と無責任」と「それに乗ずる指導者の独善」は、民主主義において最も忌むべき態度であった。戦後の政治状況について「政党や組合の指導者が、党の象徴や合言葉を通じて国民に情緒的訴えを為し、一般国民の批判的能力を無力ならしめることによって、容易に党の宣伝の犠牲に供せしめる」現象が見られ、「日本国民の間に痴鈍と無責任と明々白々たる悪弊に甘んじて黙視するの風」、「巷《ちまた》に横行する、民主主義の形ばかりを捉えて、その本質を理解していない立論」があると指摘していた。それらの克服にも福澤の思想の「人間社会にもつ本質的意義」の重要性を強調した[27]。福澤の自由主義的側面に注目することで形式的民主主義の横行を批判した。

福澤の歴史的評価は時代によってずいぶん違っていた。中村によれば、民権思想が警戒された戦時中には慶應関係者によって国権的主張がしばしば引用されていた。戦後はリベラリストの面が喧伝されたが、マルクス主義による公式主義的解釈も目立ち、進歩主義者、反動主義者、俗物と評価はさまざまであった。

中村は福澤の思想において民権論と国権論の統一的把握を重視していた。この思想家は、封建主義、絶対主義に対し、自由主義者として徹底的に言論で攻撃すると同時に、欧米列強の極東進出に抗し国権の確立を唱えた。この民権と国権の関係は、抽象的に論じるのでなく、明治政府の性格と国際関係の具体的内容を検討しなければならない。大隈重信が失脚した明治十四年（一八八一年）の政変において、福澤や門下が考えていたイギリス型の議会政治が排除され、ドイツ型の憲法政治が採用された[28]。政府は国粋思想（封建主義）とドイツ的国権主義（絶対主義）を統合し、封建的なものを未消化のままに国家権力を強化した不徹底な立憲主義に立っていた。そしてイギリス議会政思想やフランス人権思想の啓蒙思想家と対立していた[29]。

福澤は門下とともに政府の硬化した価値、イデオロギーの強要、官尊民卑、特権尊重、男尊女卑など激しく言論をもって攻撃した。しかし、革命をめざすものでなく、国民の啓蒙や自立によって「なし崩し的」に近代的方向にもっていこうとした[30]。他方で、諸外国の進出に対し、国力不足が心痛の種であった。「早く旧来の陋習《ろうしゅう》を脱し、文明開化の新主義によって諸事を一新し、文を修め武を講じ、上下協同して国権の拡張を謀る」ということを求めた[31]。福澤が急進的言論を展開する一方で政治的妥協がみられるのはこの二つの側面ゆえであるという。

福澤の思想におけるリベラリズムとナショナリズムの併存は、研究者によってしばしば論じられ、中村に独創的なものではない。政治観で隔たりのある丸山眞男の福澤観にも賛同している記述もある。中村の主な関心は福澤の思想的分析よりも、明治政府の政治史的解明にあった。蝋山政道は『日本近代化と福澤諭吉』を評し、普通の政治史叙述が多く、福澤の個性的役割の掘り下げが足りないと論じていた[32]。その批評を踏まえた増補改訂版でさえ、政治思想の分析より、背景の歴史についての記述が目立った。中村が研究の中心においたのは、日本がアジア最初の立憲主義国家でありながら、封建主義・絶対主義が残り、福澤やその門下の活動によって徐々に自由主義化していった政治状況であった。

統治者としての政治家研究

中村は少年時代から伝記を読むことが好きであり、政治史を研究するようになって、政治家や軍人の伝記や回顧録を欠かさず読んだ。明治政治研究について、自由民権運動から入ったことから野党を過大評価する影響を受けていたが、伊藤博文や星亨の伝記を書くことで見方が変わった[33]。

『伊藤博文』、『星亨』では、政治を動かす当事者の人間性や心理まで立ち入って明治憲法体制の実態を解明した。研究対象に伊藤、星を選んだのはどのような理由であろうか。この二人は多彩な人脈をもつ活動的で快闊な人物であった。自身と重なる資質に、共感をもったこともあろうが、明治国家を実証的に分析するにあたっての最重要の人物と考えていたからである。政治の基本を「how to govern」と考えた、この研究者にとって、在野の人物でなく統治に携わった人物が分析対象にふさわしかった。明治憲法発布当日における星亨と中江兆民の態度を比較したことに、その視点が表れている。その日に恩赦で出獄した星は帰宅までの道すがら憲法全文を食い入るように読んだのに対し、中江は「通読一遍唯だ苦笑する」のみであった。政治家としては現実と「取り組む」態度が正当であり、「冷笑する」態度は「政治評論家」であった。星が公職を歴任し、政治家として活躍したのに対し、中江はアルコール中毒で衆院をすぐに辞めた。[34] 中村は現実に「取り組む」星に関心をもった。

最も尊敬する政治家は、慶應出身で地元選出の尾崎行雄であったが、この人物は民権運動家として優れていても、閣僚として統治能力に欠けていることも理解していた。しかも野党の闘将を「憲政の神様」と呼ぶことに疑問をもっていた。この称号は実際に政権を担当して実務に携わった者の業績からいうべきものとした。[35] 慶應出身の民権家尾崎行雄や犬養毅でなく、毀誉褒貶《きよほうへん》のある政治的人間に注目したのは、統治を重視した政治観を反映していた。

中村は、政治家に「頭脳の回転率が早い」ことを求めた。「好ましい政治家」の型として、①国際情勢について豊富な知識と鋭敏な感覚、②政治家としての清潔さ、③勇気、④寛容の精神、⑤政治力、⑥折衝能力、⑦気易さとユーモア、⑧弁論、文筆の巧みさを挙げているが、[36] 伊藤と星はその条件を満たしているという（ただし伊藤は②において金銭はともかく女性関係に問題があった）。

伊藤博文：明治憲法の偉大な運用者

伊藤博文については多くの伝記が出ているにもかかわらず、中村があえてこの人物を取り上げたのは、「近代日本の生んだ「偉大な政治家」であった」と考えていたからである。[37]同時代における歴史研究は、進歩的とか民主的であることを評価基準にする傾向が強かったが、中村は政治家としての仕事を判断した。つねに政府の要職にあり、条約改正、対韓国問題、明治憲法制定、日清戦争、北清事変、日英同盟、日露戦争、韓国併合という重要問題に対処し、すべて業績を挙げた。封建日本から近代日本を築き上げてきた努力と熱意とその結果からすぐれた指導者と評価できる。[38]憲法起草者として明治憲法体制を確立し、実際の運用にたえず携わった人物であり、誰よりも明治政治史研究の対象にふさわしかった。

伝記では「政治家としての伊藤博文」に焦点を当て、政治史上におけるその役割を位置づけ、諸業績を可能にした原因を具体的分析によって明らかにした。軽輩出身の伊藤がなぜ明治の中心政治家になりえたのか、その人間関係、国内外の政治状況、個人の資質などを検討した。藩閥政治家や自由民権派の思考や行動はイデオロギーによって規定されるのでなく、その人物の置かれた環境や時代の変遷によって変化すると考えた。[39]

分析は「伊藤博文はなぜ明治時代第一級の政治家になったか」、「長州閥は明治政治にどのような地位をしめたか」の問いから始めていた。明治において枢要な地位に就くには、個人的力量・学識・人格的魅力だけでは足りず、背後のある集団の力、つまり薩長か公卿の出身でなければならない。[40] 伊藤は長州藩出身でなければ、政治の中心に登場しえなかった。後ろ盾を自藩の木戸孝允から薩藩の大久保利通に切り替えた判断や大久保、岩倉具視の夭折という偶然の要因、さらに明治天皇の絶大な信頼が彼を政界の第一人者に押し上げた。引き続いて明治憲法の制定、首相としての業績、政党の首領としての業績、日露戦争前後に果たした役割、韓国統監としての任務について論じた。

中村による人物評論中心の明治政治史は、独特の視点にもとづくものであった。明治政府において国家の最高方針を決定する場合、有力政治家や軍人が意見を持ち寄り、会合を開き、集団で決定したことに注目した。そこでは「権力独占」や「自由抑圧」の弊害もあるが、かなり入念で慎重に決定がなされ、各人が国家の問題に対して全部の責任を負った。この集団を統合するのが明治天皇であり、天皇の権威が政治家のリーダーシップ発揮に寄与した。伊藤の人的魅力と天皇の信頼は、明治政府の集団的指導体制を機能させ、憲法体制の発展と国威高揚につながった。このリーダーシップは昭和のエリート集団の機能不全と対照的であった。

政治家の活躍には時勢が大きく作用する。維新の変革期には西郷隆盛や高杉晋作のような活動的人物が必要とされた。明治政府の建設期には大久保や岩倉のような constructive statesman が要求された。伊藤は高杉の信任を得たことが飛躍につながった。そして大久保の「豪快果断なやり方に限界がきていた」段階で後継者となったことが手腕を発揮する機会となった[41]。

近代日本の政治は、伊藤型の開放的なものと山縣有朋《やまがたありとも》型の陰気なものとのからみあいの歴史であったという。前者は、野人的・積極的・計画的な政友会型が引き継ぎ、農村的・豪快で一種の頼もしさがあるが、野放図で締めくくりができない。後者は、都会的・消極的・緻密な民政党型となり、とりすました、一見紳士的であるが、頼もしさが欠けた、緻密な頭脳をもっていた[42]。そして山縣的性格が官僚、軍人の意識を形成した。強固な派閥をつくったが、部外者に非常に冷酷で法を盾にとり、政治的融合性に乏しかった[43]。

明治憲法は、大隈・福澤が提唱したイギリス的議会政を排除し、ドイツ型憲法を採用した。封建主義的・絶対主義的要素を残し、「君権主義的色彩のきわめて濃厚なもの」であったが、全面的に反動的であったわけでない。中村は「従来立憲主義とはなんの縁もなかったアジアにおいて、これだけのものができたのは、偉とすべきであろう」、「全面的に反動的なものであるかというに、かならずしもそうでない」と評価した[44]。

君権主義が天皇絶対主義に固着しなかったのは、起草者としての伊藤の意図があった。大久保、岩倉ではもっと反動的憲法であったに違いないという。伊藤は「立法権、議会の権限、大臣の責任、予算の性質などについては、大体だけを憲法に掲げておいて、こまかいことは法律または勅令に譲り」、「ときどき時勢の変遷にしたがって適当な改革をする」という方針であった。憲法の運用には「欧米立憲国の実際の状況、または学理を応用するもよろしい」とした。明治憲法は国家主義的憲法であったが、自由主義的運用も可能であり、政党政治を受け入れる余地もあった。現に議会政治の発展にともない、「憲政常道論」や二大政党制が出現した。

伊藤の政治活動は憲法の自由主義的運用への変化過程を反映していた[45]。当初、憲法について超然主義的な考え方をもっていた。しかし実際の憲政において多数の議員の支持が必要と考えるようになって、自ら政党の組織化に着手した。イギリス流の議会政まではいかないが、立憲政治の進化に対応しようとした。もっとも政党の首領として必ずしも成功しなかった。その本領は外交であり、内政ではなかった。元勲としてめざした「国威」を上げることと、政党が唱えた「民力休養」は両立しなかった。山縣系の桂太郎の策謀もあり、政党総裁の地位を去らねばならなかった[46]。

中村は「伊藤の起草した明治憲法は確かに国権の確立に役立ったが、人権の擁護という点では不完全であった」と評した。議会の権限も弱く、「天皇神聖」の権威による言論弾圧があり、集会結社の自由も不十分であった。伊藤は憲法の自由主義的運用に理解があったが、山縣系の官僚勢力は民主主義的なものに理解が少なかった。結局、不完全な憲法の虚を衝いて昭和になって軍国主義的勢力が台頭し、世界戦争に突入し、「大日本帝国」の崩壊をもたらした。今からみると伊藤の思想や行動には批判すべきものが多いが、業績は当時の状況から政治家として最高のものであったとする[47]。

星亨：波乱万丈の民権政治家

星亨は「明治政界の逸材」、「一代の『英傑』」、「実行力に富む政治家」であり、憲法の自由主義的運用を民権側から推進していった。自由民権運動に加わり、官憲の弾圧を受けながら、自由党および政友会の党勢拡張に務め、まったくの平民（貧しい職人出身）から最初に大臣となった立志伝中の人物であった。暗殺されず、「もう十年存命すれば原敬よりさきに立憲政友会総裁となり、彼のいだく政党政治観にもとづいた施政をしたかもしれない」と期待させられるものがあった[48]。星は統治の視点をもち、横浜税関長、衆院議長、韓国法律顧問、駐米公使、逓信大臣などの公職を務めた。藩閥政府に毅然と対立する自由民権派という歴史観からみると、星は異質の存在であった。原理原則で動くのでなく、出処進退は変幻自在であった。「まことに複雑にして、その心理は容易にはかりがたい」が、「現実政治家としての彼は、まことに興味深い存在であった」と政治における人間の非合理性に関心をもつ中村にとって格好の研究対象であった。[49]

星は民権派の中で知見・政治能力において卓越した存在であった。横浜税関長の後、イギリスのミドルテンプル法学校に留学し、日本人として最初にバリスター（法廷弁護士）の資格を取得した。非凡な学殖・学力の持ち主であり、当時第一の蔵書家・読書家で、没後、慶應義塾に文学、歴史、地理、法律、経済、政治関係の一万三千冊の図書が寄贈された。中村の師である板倉卓造はプラトンの哲人王になぞらえて「フィロソフィア・ポリテシアン、学者政治家」と言っていた。[50] 衆院議長に推された際、同僚の岡崎邦輔（のち政友会幹部）は「議員三百名の代表者として議長の椅子に座る人は少なくとも欧米の事情位には通暁して、政府の人間が漫《みだり》に西洋風を吹かせて威張っても西洋の事なら此方が詳しいといふ様な見識ある人物を推挙したきもの」と称賛していた。[51] 近代化を進める政府に対抗できる民権派随一の国際的政治家であった。

星は弁護士として成功を収め、財産を築いたものの、自由民権運動に加わって私財をほとんど費消し、投獄もされた。その動機は何か。中村によれば、彼がイギリス社会における民主主義と人権尊重を観察していたことにあった。日本では、官尊民卑の風潮が強く、人権の保証が十分でないことから、国民に人権と自由の気風を広め、その品位を向上させねばならないと考えた。帰国後、手始めに代言人《だいげんにん》（弁護士）制度の確立に尽力した。[52] 自由党に入党した目的は民権と人権の伸長にあった。

中村はこのような星に慶應リベラリズムの精神を見出したのではないか。福澤諭吉は、民権派の内紛で星衆院議長解任が企てられた際、わざわざ人を介して立憲政体擁護のために「決して退くな」と伝言していた。[53] 明治十四年の政変の際、イギリス的議会政を提案した大隈重信に福澤の関与が取り沙汰された。福澤そして慶應義塾と民主主義・人権拡張との関係は深かった。星の没後、「憲政擁護、閥族打破」を掲げ、第一次護憲運動（桂内閣が総辞職）に携わった政治家・実業家・新聞記者は慶應出身者が多かった。福澤が設立した社交倶楽部の交詢社《こうじゅんしゃ》を拠点にし、山本権兵衛内閣に政党内閣を求める質問主意書を提出した。それは衆院議員の林毅陸（のち慶應義塾塾長）の手になるものであった。[54] 中村の父が板倉卓造と並ぶ「超弩級」と評した学者であった。慶應出身のほとんどの政治家は明治憲法を運用によって自由主義的に改変しようとする立場をとり、藩閥政治の同調者や国家主義運動のリーダーは出ていない。これは福澤の自由主義的思想の影響であると中村は解釈した。[55]

星に注目したのは政治理念に加えて卓越した政治力である。赤貧の家に生まれた星は世間における力の法則に敏感であり、また藩閥政府の弾圧に遭ったことで国家権力が何たるものかを感得していた。[56] 明治二十年（一八八七年）以降、藩閥と民権派のイデオロギー対立の構造は複雑化した。藩閥は薩長の対立のみならず、伊藤博文、山縣有朋の対立があり、民権派は板垣退助の自由党系、大隈重信の改進党系の対立があった。そして伊藤・板垣と松方正義（薩閥）・大隈の勢力が結びついていた。藩閥は政党に譲歩し、政党も藩閥に妥協した。その過程で現実主義的な星の勢力が強まった。伊藤内閣や山縣内閣との「妥協苟合《こうごう》」を主導し、予算案の可決で譲歩する見返りに出版新聞条例の改正、保安条例の廃止を政府に妥協させた。政党が力をもてば、藩閥は変質するという考えをもち、経過的に藩閥勢力との妥協・連合もいとわなかった。伊藤博文とともに立憲政友会を結党する際、綱領で政党内閣主義の削除さえおこなった。政党が立派になり、実力を蓄えさえすれば、天皇の御信任を得て内閣を組織できると豪語したように政治における力の伸長を最重要とした。

「現実的」にして「力の政治家」たる星は「政治における集団勢力の偉力」つまり「グループ活動の力」を感得していた。藩閥はこの偉力をもっているのに対し、政党にはこの偉力を発揮し得るに足る強固な組織をもっていないと考えた。「孤立しては政治はやり得ない」とし、「みずから『首領』となって徒党を組み、集団勢力をつくり、政界に発言を大きくしていこうとする意図」をもった。勢力拡大のための資金獲得は世間から誤解を受けるもとになり、暗殺された[57]。

星は、国際政治においてパワー・ポリティックスの原則を見ていた。日清戦争が勃発した際、講和条件で領土の割譲があれば英露独仏の干渉をまぬがれることはできないと三国干渉を見通していた。「力の強いものが力の弱いものを制圧する優勝劣敗の法則がはたらく」と見ていた[58]。その法則の下で、日本の国威高揚をめざし、民族全体の利害に関して政府や民間の区別なく協力すべきと考えた。最大の政治課題であった条約改正問題では政府が漸進的改革をめざしたのに対し、野党が対外強硬論を煽った。民権派の活動がかえって現実の国威高揚を阻害することにもなった。そのため星がしばしば政府と妥協を図った。中村は明治憲法下で国民の対外強硬論が民主主義の発展を阻害してきたと次のように論じた。

日本の近代政治史を顧みるとき、外交問題について強硬論を主張するものが、国民の人気を得て喝采をはくするという伝統があるのに気がつく、野党が政府および政治与党を批判、攻撃する場合、政治の外交上の弱腰を取り上げ、これを衝くのが常例である。しかも、それは調子において高く、行動において過激なものであった。合理主義にもとづく政策によって争うよりはむしろ非合理的な民族感情をあおることによって、政治を糾弾するという手法がとられて来た。このような立憲政治への非合理主義の導入が民主主義の発達と健全な政党政治の運営を阻止して来たといえよう。[59]

星は民権派の対外強硬論を抑え、政府と協力する現実主義的対応をとったが、そのためにも政治力を求めた。

中村は「星のごとく大胆にして勇気があり所信に邁進し、事にのぞんで動揺しない政治家は、いまだかつていない」[60]、「人に愛想をよくしてその気受けをよくするといった性格でなかった」が「非常に細心なところがあり、とくに身辺のものを要領よく片付けることに特殊の才能があった」と評した。[61] 腐敗政治家との悪評があったが、残されたのは膨大な借財と蔵書にすぎなかった。星は明治から大正にかけて藩閥勢力と政党勢力が権力を分かち合う初期に活躍し、後進に道筋をつけた。

民主社会主義者の伝記

中村による個人の伝記としてはこの他に『松岡駒吉伝』（昭和三十八年、一九六三年）、未完に終わり、高橋正則（駒澤大学法学部教授）が完成させた『西村栄一伝　激動の生涯』（昭和五十五年、一九八〇年）がある。個人的面識があった労組出身の政治家であった。西村（民社党委員長）とはとくに親しく、積極的に伝記執筆に取りかかり、録音機片手に関係者の発掘とインタヴューに取り組んだが、病気で中途に終わり、中村の事実上の絶筆となった。

二人の伝記では、その人物がどのように時代状況を見据え、組織者として活動したかに焦点を合わせている。『西村栄一伝』（中村執筆部分）では、戦前の社会大衆党の実力者であった亀井貫一郎にインタヴューした。「天馬空を行く」ような空漠たる話を聴きながら、亀井、麻生久の国家社会主義運動の状況を明らかにし、西村のナショナリストの側面に触れている。戦前に麻生が唱えた青年による革新運動は、西村による富士社会教育センター設立（昭和四十四年、一九六九年）という形で引き継がれた[62]。この設立について中村は相談に預かっていたようである。亀井、麻生主導の社会大衆党の右傾は、民社党でも否定的に論じられるが、中村は歴史的事実を敢然と解明しようとした。

『西村栄一伝』では、中村の独特の政治観が随所に語られる。研究生活の終わりが近づいたという意識があったのではないか。たとえば、社会主義政党にありがちな思想対立について次のように述べている。

政治の世界においてイデオロギーのことがよく論議せられ、とくに社会主義陣営においてはそのことが顕著である。しかしイデオロギーはあくまで「外被」であってその実体ではない。それではイデオロギーとは無視されていいかということとそうではない。いかなる未開の人間でも腰蓑《こしみの》だけはつけているように真裸で歩く人間はいない。それと同じように政治の世界においてイデオロギーなしの真裸ということは許されない。[63]

イデオロギーと人間の実態がどのように関係しているのか。西村という人物の生涯を通して明らかにしようとしていた。

さらに戦争の問題についても国民の大部分が積極・消極に戦争に努力したという。戦争の功罪は感情を抜きに冷静・合理的になさなければならないとする。

戦争は…双方が近代国家の場合、一方的に片方だけは戦争の原因をつくるとはいいがたい。日本だけが戦争の原因をつくったものではなく、アメリカにも大いにその原因をつくった責任がある。しかし、冷静に見て、日米いずれが多く戦争の原因をつくったかといえば、それは明らかに日本である。日本が日華事変をはじめ、それに終止符を打つことができず、ナチス・ドイツの異常な活動に幻滅されて南方進出を企てようとしたことに戦争の原因があった。[64]

中村にとって戦争は生涯追究してきた問題であった。この記述が最終的結論であった。最も思想的、心情的に親しかった政治家の伝記を通して最後のメッセージを伝えることになった。この書で、伝記を読むのは楽しいが、書くのはそれ以上に楽しく、自分が親しくしていた人物の伝記を書くのは無上の喜びと語っていた。伝記は歴史ではないが、歴史的背景に人物を位置づけるという認識をもっていた。[65] 西村の伝記は政治史研究の総括であった。

〈註〉

1 中村菊男『政治学』八頁
2 前掲書、四 - 五頁
3 野田福雄「仕事への情熱を燃焼し尽くし」『改革者』一九七七年七月号、九三頁
4 中村菊男『政治学』二四頁
5 中村菊男『近代日本政治史の展開』(慶應義塾大学法学研究会、一九七三年)六 - 八頁
6 前掲書、九 - 一〇頁

7 前掲書、一一―一二頁
8 前掲書、一三―一四頁
9 前掲書、一七頁
10 前掲書、一八―二一頁
11 中村菊男『天皇制ファシズム論』（原書房、一九六七年）四一頁
12 前掲書、二二頁
13 前掲書、三七―三八頁
14 前掲書、二七頁。注釈内
15 中村菊男『近代日本の法的形成』（有信堂、一九五六年）四―五頁
16 前掲書、二二三―二二四頁
17 前掲書、二二四頁
18 前掲書、二二三頁
19 中村菊男『近代日本政治史の展開』九六頁
20 瀧川政次郎「民法典論争の体系的な研究」『読売新聞』一九五六年三月三日
21 中村菊男『近代日本の法的形成』三一〇頁
22 前掲書、三一二頁
23 前掲書、二九三―二九四頁
24 前掲書、二九六頁

25 中村菊男『近代日本政治史の展開』一〇二頁
26 中村菊男『近代日本と福澤諭吉』(泉文社、一九五三年)四頁
27 前掲書、五-六頁
28 中村菊男『伊藤博文』(時事通信社、一九五八年)八二-八三頁
29 前掲書、一一頁
30 前掲書、六九頁
31 前掲書、五八頁
32 前掲書、一頁
33 中村菊男『政治家の群像』(池田書店、一九六〇年)二三一頁
34 中村菊男『伊藤博文』九五-九六頁
35 中村菊男『政治家の群像』一三六-一三七頁
36 中村菊男『政治心理学』(有信堂、一九四七年)九五-一〇二頁
37 当初、徳富蘇峰が執筆する予定であったのを野村秀雄(のちNHK会長)が中村を推薦した。『中村菊男先生』二五頁
38 中村菊男『政治家の群像』一三二-一三三頁
39 中村菊男『伊藤博文』四-五頁
40 前掲書、五頁
41 前掲書、二五-二七頁

42 前掲書、二二一－二二三頁
43 中村菊男『政治家の群像』一三六頁
44 中村菊男『伊藤博文』九二頁
45 前掲書、八六－八七頁
46 前掲書、一六九頁
47 前掲書、二〇五頁
48 中村菊男『星亨』(吉川弘文館、一九六三年)二一八頁
49 前掲書、二一八頁
50 中村菊男『明治的人間像　星亨と近代日本政治』(慶應通信、一九五七年)三四頁
51 前掲書、一四二頁
52 中村菊男『星亨』四五頁
53 中村菊男『明治的人間像』一八二頁
54 中村菊男『近代日本政治史の展開』一六一－一八一頁
55 中村菊男『政治家の群像』一六九頁
56 中村菊男『明治的人間像』、一三九頁
57 前掲書、二三三頁
58 中村菊男『星亨』一三八－一三九頁
59 中村菊男『明治的人間像』一九一頁

60　中村菊男『星亭』一二五頁
61　前掲書、一三〇－一三一頁
62　中村菊男・高橋正則編著『西村栄一伝　激動の生涯』（富士社会教育センター、一九八〇年）五〇／五二頁
63　中村菊男『西村栄一伝』一九頁
64　前掲書、五三頁
65　中村菊男『松岡駒吉伝』（経済往来社、一九六三年）三八三－三八四頁

第四章

明治憲法体制の解釈

昭和初期の議会政と軍国主義

中村菊男は、明治憲法体制がなぜ破綻したのかに目を向けた。戦後、超国家主義や天皇制ファシズムとして全否定された体制であるが、歴史的事実を検証することで、立憲主義国家が軍国主義に転化した経緯を明らかにした。この検証は、同時代の政治において自身が現実的で説得力ある政策を提言するための基礎にもなった。戦後知識人はしばしば戦前への回帰を警告したが、歴史は必然的なものでなく、偶然の要素で軍国主義に陥ってしまった状況を明らかにすることが、戦前の失敗を繰り返さないことになると考えた。抽象的な戦前回帰批判に実証的に反論した。

中村の時代は、進歩的知識人が学問で解明した西欧社会の近代性をもとに、戦前日本を全否定する議論をしきりに展開していた。中でも丸山眞男（東京大学教授）は「超国家主義の論理と心理」（昭和二十一年、一九四六年）において、戦前における政治指導者の無責任体制を巧みな筆致で描き、戦争を天皇制に特有な超国家主義や日本型ファシズムの必然的現象と論じ、多くの賛同を得た。中村は無責任体制の存在を認めたが、歴史的必然性を否定し、偶発的に起こった集団指導体制の機能不全とした。そして個々の事件における関係者の記憶や言動をインタヴューによって検証し、当時の事実を解明した。明治憲法体制は封建性・前近代性ゆえに必然的に崩壊したのでなく、むしろ議会政の進展に国民意識が追いつかなかったのが原因であったとした。政党政治と普通選挙が短期間で実現されたものの、政党は権力を乱用し、党利党略に走り、軍事問題に対する統治能力が欠如していた。その結果、国民の支持は軍部や革新官僚に集まった。これら新勢力の組織的欠陥が予期せぬ対米戦争を招いた。中村は、あくまでも人間を実証的にとらえ、歴史的必然とか、進歩の潮流といった法則やファシズム、超国家主義といった抽象的概念を個々の歴史的事例に機械的に適用することを否定した。

明治憲法は、条文が簡単明瞭であるがゆえに、解釈にゆとりがあり、弾力的に運用ができたと理解した。自由主義に解釈することが可能であり、政党政治が出現したが、昭和初期の状況を次のように描いた。

政友会と民政党との二大政党対立時代をむかえて、明治憲法下における政党政治の爛熟時代を現出したことである。選挙の際は全国津々浦々にいたるまで政友・民両党の政争をまきおこした。「天下政友会といわざれば民政党」というふうに政党はわが世の春を謳歌した。しかし、それはかならずしも政党が日本の共同社会に、しっかりと根をおろしたことを意味するものではなかった。[1]

二大政党の時代を迎えたものの、社会に根づいたわけでないのである。この背景を次のように説明した。

日本の議会政治はもり上がる国民の意思を反映してその基礎の上につくられたものではなかった。…政党内閣になっても国民の意思が議会という政治制度をつうじて内閣に反映する場合が不徹底であった…明治憲法は政党主義によるその運営を可能にしたが、それを機構的に変革するまでにいたらなかった。大正時代の「なしくずし民主主義」が、昭和になって爛熟したかのようにみえて、実ははやくもその危機がきた理由の一つはここにある。[2]

「なしくずし」、「爛熟」と意味深い言葉が並んでいる。政党政治は発展したかのように見えたが、憲法の運営上の結果に過ぎず、機構として確立したものでなかった。天皇の「大命」降下に依存する事実上の「なしくずし民主主義」であった。

この政党政治に打撃を与えたのが、第一次世界大戦時の好景気の後退、関東大震災、金融危機(昭和二年、一九二七年)、世界恐慌(昭和四年、一九二九年)であった。これらの状況は政治に反作用をおよぼした。「経済状態が悪化しなければ、政党政治はもっと別な形で発展したであろう」との評価であった。この危機に政党は対応できなかった。

政党は権力主義におちいり、政権獲得のためには倫理的正当性をうしなうような行為をしばしばした。党争のためにはつまらない問題…までも取り上げてこれを利用し、政権獲得とともに中央・地方の官吏の大量更迭《こうてつ》を行うなど、政策によって相手政党を批判するよりは相手政党のスキャンダルを捜し、それを衝くことを得意とし、それによってお互いに傷つけられるというおろかしい行為をした。[3]

政党の自己破壊行為に心ある国民は顰蹙《ひんしゅく》した。また軍人の革新意識を高ぶらせた。世界情勢に対応した軍の近代化と総力戦体制の構築をめざし、政党政治に変わる国家改造をめざす動きが出現し、軍部が政治の推進力となっていった。

国民は軍部の政治進出に否定的ではなかった。満州事変勃発後、満州の開発や建設に「希望」をもっていた。軍国主義体制に軍部が国民を引きずったわけでなく、これを支持する精神的風土が国民の中に醸成されていた。その事情を次のように説明している。

日華事変となり、太平洋戦争となるにおよんで、国民生活に統制と圧迫が加えられるようになり、軍部の横暴を指摘する声が高くなってきたが、それも大衆運動として表面化するほど強くならなかった。もちろん、それは言論取締に関する法令によって統制せられていたことはいうまでもない。しかし、一方において中国大陸の支配や南方資源に魅力を感ずる国民の声も高かったことは事実である。

軍部支持の背景には貧乏な「持たない国」の国民の特性があった。他国の支配や南方資源の獲得に魅力を感じる国民の声も高かった。「持つ国」の資源と職場には魅力があり、「軍部がこの国民の声を代表していた」と考えた。[4]

政党はこの状況に対し、十分の準備と用意をしていなかった。自由主義者は軍国主義に批判的であったが、「九千万国民の生活の安定とその職場を開拓していくことについて消極的であった」という。[5] 政党や自由主義者が国民の社会的・経済的要求に応える政策提示をできず、議会政治の支持を失った。

さらに政治家の消極姿勢について昭和特有の問題があった。暗殺の脅威である。明治大正にも大久保利通、星亨、伊藤博文、原敬が暗殺されたが（これほど有力な政治家が暗殺で殺された国家は近代史上類例を見ないという）、それは単独・偶発的であった。

この時期は「クーデターに類する計画的連続的な暗殺事件」が起きていた。暗殺は愛国の名で実行されたので同情者が多く、非人道性より動機が讃美された。そこから「暗殺の連鎖反応」が生じた。その結果、「政治経済の指導層は大きな恐怖観念にとりつかれることになった」し、「拡大していく事態に政治家が思いきった制圧の手段をくわえることができなかった」原因となった。[6]「『愛国』の名の下に行われた暗殺こそが、実は正常な政治的判断をさまたげ、祖国を敗戦に導いた」、「暗殺の讃美せられる状態が最も暗黒の政治である」と断じた。[7]

同時代には「力は正なり」という考えが世界的に広がっていた。ベニート・ムッソリーニ、ケマル・パシャ、蔣介石の独裁政治があり、「非合法なものでも、既成事実をつくれば合法になり、非正義なものであっても、権力を握れば正義になるという考え方」が一部の軍人に植えつけられ、「下剋上」の風潮が生まれた。[8] 暗殺と相まった「下剋上」こそが日本の「命とり」になった。[9]

軍部は国家を指導したが、政策は非合理的であった。その原因は十分に近代化していなかったことにあった。「極端な精神主義、自意識過剰な物の考え方、内部の派閥対立、激情的にして冷静な判断力に欠ける態度」があった。総力戦を闘うのに「人材の養成と機構の整備」が不十分であり、「経過的には、ずるずると総力戦に引き込まれていった」のであった。さらに軍部の政治力の源泉であった「明治憲法の統帥権独立」は戦争遂行を妨げた。現場の作戦が先行し、軍中央による戦争指導ができなかった。東條英機が遺言に統帥権独立が間違っていたと書いたのは皮肉な結果であった。[10]

以上のような分析は、文献探索だけでなく、当時の軍事指導者に対するインタヴューをもとにしていた。今でいうオーラル・ヒストリーである。岡村寧次、鈴木貞一、辰巳栄一、有末精三など主要人物に会い、各個の証言を突き合わせながら当時の事情を判断した。満州事変における関東軍内部の状況と中央との関係、対中国政策の錯綜《さくそう》、いわゆる統制派と皇道派の派閥争いの不存在、在独大使館からの偏向した情報伝達などの状況をつぶさに追っていった。さまざまな事件に際し陸軍部内でもその内容が十分理解できず、各部署でそれぞれ憶測がおこなわれ、事態の誤解から次の事件を誘発した実態を解明した。[11] 盧溝橋《ろこうきょう》事件を冷静な判断で現地解決したならば、大事件にいたらずにすんだのではないか、安易に取り組んでボヤを大火事にしてしまったと考えていた。[12] こうした具体的研究から、この政治指導と国民の政治意識の重要性を認識した。同時代の政治を論ずるにあたっても二つの問題をしきりに取り上げた。

天皇制ファシズムはなかった

諸論文を集めた中村の『天皇制ファシズム論』は題名に反して、天皇制ファシズムというものが日本に存在しなかったことを論証している。単に独伊と同じ独裁体制があったのかという歴史研究上の問題にとどまらず、戦前の明治憲法体制と戦後民主主義との連続関係についても検証した。これまで指摘したように戦後知識人は明治憲法の非民主的性格を批判し、戦前の国家体制を超国家主義、天皇制ファシズムと全面否定してきた。民社党や労組関係者にもかつて政府や警察から過酷な取り扱いを受けた者がおり、実体験から超国家主義批判は受け入れやすかった。戦前がどのような体制であったかを明らかにすることは、民主社会主義の実践活動にも影響するものであった。

明治憲法体制をファシズム体制として批判する研究は続々出現していた。最も有名なのは政治学者の丸山眞男の諸論文であった。「超国家主義の論理と心理」（昭和二十一年、一九四六年）を皮きりに「日本ファシズムの思想と運動」（昭和二十三年、一九四八年）、「軍国支配者の精神形態」（昭和二十四年、一九四九年）と続いた。これらは単著『現代政治の思想と行動』（昭和三十一年、一九五六年）に所収された。

丸山は、平凡社の『政治学事典』（昭和二十九年、一九五四年）にファシズムを定義していた。最広義の定義は、独占資本の支配体制と同視する社会経済史的概念である。狭い定義として、ファシズムを第一に「『極右』政党ないし軍部・官僚中の反動分子による政治的独裁」とし、第二に「立憲主義と議会制の否認、一党制の樹立」が「必然的なコロラリー」であり、第三に「イデオロギー的には自由主義・共産主義・国際主義の排撃と全体主義・国家ないし民族至上主義・軍国主義を高唱」を特徴とし、「独裁者の神化と指導者原理にもとづく社会の権威主義的編成を随伴する」とした[13]。

中村は、学部生時代に板倉卓造のもとで「現代政治動向論」というテーマで独伊ソ日の全体主義の比較研究をおこなっていた。その過程で一般的抽象概念での類型化によって各国の独自性・個別性を見失ってしまうことを痛感していた[14]。戦後、明治憲法体制をファシズムと類型化することを問題にし、一九六〇年代からいくつか論文を出し、単著『天皇制ファシズム論』として公刊した。

この本では、具体的事実を検証し、丸山のファシズム定義が日本にはあてはまらないとした。第一に「極右」政党は存在せず、「軍部・官僚中の反動分子による政治的独裁」はなく、彼らは「官制上」の地位で一時的に政治的推進力をもったにすぎない。第二に、立憲的手続きや帝国議会を無視して政権を維持した政治家や軍人は皆無で、法治国家の原則は守られていた。近衛新党や大政翼賛会は一党制と言い難かった。第三のイデオロギーや権威主義はたしかに存在していたが、影響力は限定的であった。運動や政治思想でファシズム的なものはあり、国民のムードとして存在したものの、「政治の実体としてのファシズムは存在しなかった」というのが結論であった。

満州事変から敗戦までの政治体制は、軍国主義時代というのが妥当であり、ファシズムとはいえないとした[15]。この軍国主義も軍人みずからが政治をおこなうのでなく「実際的な政治の推進者」にすぎなかった[16]。国家のあらゆる体制が軍事優先に向かい、軍部の発言権が高まり、独善的な考え方が国民に押しつけられた。

この軍国主義体制について、政治指導層はお互いに分裂しており、権力の掌握が一元化されておらず、軍部においても実質的な推進力は中堅層であった。最高幹部は実施的な推進力の上に消極的に乗り、その地位を保持し、統一された意思はなかった[17]。

明治国家体制はファシズムの道なのか

丸山眞男のファシズム論は、明治国家体制そのものがファシズム体制に通じる異常な存在と総括した。「体制としてのファシズム」の不在は重要でなかった。丸山によれば、日本では独伊のような下からのファシズムはなかったものの、軍部、官僚、政党などの既存の政治力が国家機構の内部から漸次ファシズム体制を成熟させてきた[18]。民間の運動が限定されていたのは独伊に比べてもブルジョワ民主主義が弱かったからであった[19]。さらに「政党政治」時代においてもファシズム時代といちじるしい連続性があったと主張した。日本の政党が「民主主義のチャンピオン」でなく、早くから絶対主義体制と妥協・吻合《ふんごう》し「外見的立憲制」に甘んじる存在であった。明治以来の絶対主義＝寡頭的体制は、下からのファシズム革命がなくともファシズム体制に移行しえた[20]。こうした見解は、戦前を絶対主義と規定する講座派マルクス主義者と親近性があった。福澤を評価しても、統治を担った伊藤や星の政治活動に意味を見出さないゆえんである。

明治国家体制を異常なものとする議論は、マルクス・レーニン主義の天皇制論と共通する。この天皇制という言葉は、中村によれば、コミンテルンの一九三二年テーゼによるもので、ツァーリズムの翻訳という。天皇や皇室そのものでなく、天皇を頂点にした社会経済的基盤をもつ支配体制を指す。立憲主義的体裁をもつがその実体は絶対主義的支配である[21]。その体制が反動的・暴力的支配のファシズムと結びついた。天皇制の概念によって明治国家体制とファシズム体制が連続した。社会一般に天皇制ファシズム論を広めたのは、マルクス主義者の社会経済史的説明より、超国家主義イデオロギーと天皇制の不可分性を思想的に説明した丸山の論文であった。

丸山はファシズムという言葉を使うが内容は曖昧であった。ファシズム思想を扱う論文でさえ「われわれの普段使っている常識的な観念と内容を前提としてその現実的な分析をやっておりますうちに漸次にファシズムというものの規定がだんだん明確になってくる」と定義をしていない。[22]『政治学事典』のファシズムの説明は、政治体制の説明より、異質なものを排除し大衆を同一化する「強制的セメント化」の現象に重きを置いた。「立憲制や『自由』選挙制あるいは複数政党制の形式的存否」よりも問題は「思想、言論、集会、結社、団結の自由の実質的確保と、民衆の間における自主的コミュニケーションの程度如何にある」とした。[23] 制度より社会意識が重要であり、こうなると適用は自在であった。当時濫用されたファッショという批判的言辞にも通じる。

天皇制による無責任構造はあったのか

丸山眞男の論文が世間の注目を集めたのは、国民の「強制的同質化」と「セメント化」をもたらした天皇制の思想構造についての明快な説明であった。政治体制の具体的説明でなく、思想の問題として論じた。西欧国家が中性国家として価値中立的であるのに対し、明治国家は国家主権が精神的権威と政治的権力を一元的に保持し、個人の内面的価値にも支配を及ぼすという。それは「全国家秩序から絶対的価値体たる天皇を中心として、連鎖的に構成され、上から下への支配の根拠が天皇からの距離に比例する」ものであった[24]。天皇が頂点である秩序の下で各人に自由なる主体意識がなく、行動は、自己の良心によるのでなく上級の究極的価値により近い者の存在によって制約された。この上下秩序には「上からの圧迫感を下への恣意《しい》の発揮によって順次に移譲してゆく」という「抑圧移譲の原理」があった[25]。

この体系と、東京裁判で明らかになった政治家・軍人の実態が心理学的に結びつけられた。日本の戦争指導者は、戦争についての「主体的責任意識」が希薄であり、「既成事実に屈服」し「権限に逃避」していたという。ナチ指導者が自己の行為の責任を自覚して行動していたのと比べると矮小性が目立った。軍内部では下克上が激化し、指導者は部下のファッショ的行動にひきずられていた。

この指導者の矮小性と下剋上は、天皇中心の国家秩序と結びついている。上からの権威によって統治されている社会は、各々の権限が絶対化し、全体の一元化を阻み、無責任体制に陥る。それぞれの統治者が、各々の職分を維持することにのみ心を砕き、矮小化した場合、下位者の動向に神経をつかい、その意向に引きずられる。上からの抑圧を移譲する先のない最下位の民衆は、狂熱的排外主義と戦争待望の気分に陥りやすい。上位者はそれを制御できず、追随せざるを得なかった。国家秩序の絶対的価値体である天皇でさえ、自由な決定主体でなく、万世一系の皇統、皇祖皇統の遺訓にしたがって統治する存在にすぎなかった。丸山は、日本独特のファシズムというものを、一般国民が共有した戦争体験につなげ、天皇制の問題につなげた。同調性の強い日本の組織の問題は、戦時動員体制において国民が経験しており、丸山はこれを天皇制固有の思想構造として巧みに描き出した。天皇制ファシズムの政治思想的探求は、丸山以後、石田雄『近代日本政治構造の研究』（昭和三十一年、一九五六年）、藤田省三『天皇制国家の支配原理』（昭和四十一年、一九六六年）と東大出身の政治学者によって担われた。

中村と丸山は政治観を異にしているが、明治憲法体制における事実認識は共通している点が多い。丸山は、明治国家において「政治力の多元的併存」が「原罪」としてあり、政治指導と統合が、明治天皇のもつカリスマと藩閥官僚の特殊な人的結合と「政治家」的気質でおこなわれたとする。やがて官僚上がりの政治家が仕切るようになり、ついに官僚のままの政治家が、絶対君主としてのカリスマ性を喪失した天皇のもとで、小心翼々たる臣下意識を蔓延させた[26]。

中村も統合者を欠いた明治憲法体制に欠陥があったと考えた。天皇が軍隊を統率することになっていたが、制度的に輔弼《ほひつ》事項の責任者が分立していた。諸機能の統合には巨大な政治力を必要とし、明治時代には元老や重臣の集団指導があったが、昭和に入ると統合不全となり分裂化現象を起こした。「首尾一貫しない個人的意見が錯綜して、全体を統合するだけの器量をもった人物に欠けた」のであり、「計画的な一貫した方針を欠き、目前の事象に追われて、その処理に目をうばわれ、大局的判断をする余裕を欠いていた」のであった。これが東京裁判における指導者の「責任のがれのような発言」の原因であった[27]。さらに日本の政治指導者は、地位を得ると支配層の一員となり責任を負うが、職を辞めるとただちに一国民となり、責任がなくなる。地位を退くと戦争の被害者の立場に立つような言動がみられるのであった[28]。

中村は、天皇制という言葉を「天皇を中心とし、元老、重臣の集団指導制を建前とし、明治憲法の法的秩序を前提とする支配体制」と政治に限定した。昭和になって元老、重臣の支配が弱まり、天皇が立憲的手続きを重んじることで天皇制が弱体化していった[29]。政治家や軍人が各部署の権限について責任を負うだけのサラリーマン化し、天皇もまた大正以降、個人的権威がなくなり、リーダーシップをとることがほとんどなくなった[30]。権力が多元的に分散化され、それがために「天皇帰一」という形式によって抽象的に集中化が図られた。「形式的に権力の集中、内容的には権力の分散という矛盾した政治体制」が生まれた。[31]硬直した官僚主義は人間の力ではどうしようもなく、東條英機首相が権力を集中させたものの、独裁者になれず、一元的戦争指導はできなかった。[32]

中村と丸山の事実認識は共通していた。明治憲法体制下では諸勢力が多元的に併存し、昭和になると、各部署が官僚化し政治的統合の不全を起こした。政治心理学的にエリートの意識を考察したのも同じである。それでは二人の違いは何なのか。

丸山は明治体制の欠陥にファシズム化の必然性を見出し、昭和の戦時体制を一時的例外現象と見なさなかった。明治憲法体制における政党政治の発展をほとんど無視し、天皇制の特異性や病理を強調し、ファシズムとの連続性を論じた。さらに天皇制を制度としてだけでなく、国民の政治心理を拘束する思想構造であることを強調した。その存在こそ日本人の自由と人格形成に致命的障害をなしているという見解であった。自らの良心にしたがって判断・行動し、結果に対して自ら責任を負うという人間の形成を阻害するとまで言っていた。[33]民主主義に必要な主体的個人の形成と天皇制は両立しないという認識であった。

中村と丸山との違いは、観察した事実を類型にあてはめて解釈するかどうかであった。丸山には天皇制、その思想構造の類型が先行し、諸事実をあてはめた。たとえば、責任逃れのような軍人や政治家の発言について天皇を頂点とする無責任体制の現象と解釈した。中村が組織運営の問題と考えたのと対照的であった。同様の現象は戦後の日本社会における諸組織にも見受けられるが、丸山は天皇制の残存と考えるのに対し、中村は日本の政治文化に原因があるとした。戦後知識人は歴史法則や類型を駆使し、適用の切れ味を競うところがあった。丸山は巧みに用語を駆使し、議論に卓越した鋭さがあった。

中村は、歴史に必然はなく、偶然によって結果が左右されると考えた。戦前の日本が悪い方向に向かったのはきわめて複雑な事情があったという。「歴史現象は一回かぎりのものであって、過去に起こったできごとがそのままの形で再現されることはない」、「歴史がかならず運命的にきまった同一のコースをたどることはありえない」という見解をもっていた。[34]

丸山のファシズム論は客観的歴史分析というよりも同時代の（彼の見立てた）政治状況を意識していた。類型にあてはめようとするが、その定義は漠然としていた。たとえば、ファシズムを過去の極端なイデオロギーに限定しなかった。議会政や複数政党制の有無に関わりなく、社会の「強制的同質化」の現象にその本質を見ていた。自由民主主義のアメリカもファシズムと無縁でなく、赤狩りの思想的雰囲気にその兆候があるとした。アメリカの圧倒的影響下にある日本は、「自由どころか、人権や自由の抑圧の伝統をもっている国」であり、反革命のための「強制的同質化」の危険性が大きかった。[35]戦後長らく、野党陣営において戦前への回帰阻止と反米が政治スローガンとして成り立ったのは、政治的な歴史解釈の影響がある。

中村は民主社会主義運動に加わったが、政治史家として歴史的事実を検証することに専念した。元軍人に聞き書きをおこない、当時の彼らの行動を具体的に分析した。関係者の証言を突き合わせ解析することで、集団指導体制の機能不全の実情を明らかにした。その過程において不用意のうちに発生した事件が組織の下剋上的雰囲気もあって重大化し、戦争の拡大につながったことを実証的に明らかにした。

丸山はファシズムの支持基盤として「擬似（亜）インテリ集団」つまり小工場主、町工場の親方、土建請負業者、小売商店の店主、大工棟梁、小地主などを挙げた。知性と教養をもった「正統（本来）インテリ集団」つまり、文化人、都市サラリーマン、教授と違った集団である。[36] 中村は、国民全体が指導者に同調したとし、「特定の階層だけに求める考え方は事実に合致しない」と否定した。国民が国家の危機を実感し、マスコミが煽り、戦争に向かっていった。[37] そもそも「天皇制ファシズム」という言葉は、事実関係の分析から積み上げた結論でなく、最初から言葉が存在して、裏づけるための後付けの論証がなされたとの疑念を投げかけていた。[38]

戦争をもたらしたものは何か

中村と丸山は、日本を戦争に導いた要因として、国民において西欧的個人主義が確立していなかったという見解では一致する。両者とも、国民に自由や人権を尊重する意識を根づかせようと試みた。個人が確立していない国民が熱狂に流されたという見解であるが、中村は日本文化に起因するとし、丸山は思想構造に帰した。

中村は、日本の政治文化における時流の勢いをたびたび指摘した。一つのことを決めるとそれに執着する時流があり、ひとたび勢いをもつと、個人の理性では止めようもなくなる。明治以来の立憲主義を崩壊させたのもこの時流であった。要人の暗殺をもたらした愛国主義はその一つであった。明治憲法の弾力性は、熱狂的な国体明徴運動と硬直的な国体論によって失われた。憲法を自由主義的に解釈することが困難になった[39]。自由な言論が圧迫され、価値の多元性を認める余裕がなくなった結果、ますます時流に流され、ドイツを過大評価し、戦争が必然的であるような雰囲気が出現し、太平洋戦争にいたった。

中村の政治史分析は、丸山のような類型を提示し、切れ味鋭く政治事象を分析する研究に比べると地味であった。しかし事実の丹念な解明は、現存の自由民主主義体制の欠陥をも具体的に認識し、実践政治において建設的議論をおこなう基礎となった。

中村における日本政治史

中村は、同時代の近代日本政治史研究の方法論を問題にしていた。研究が歴史的事実の推移や具体的な事象の探求ではなく、「ヨーロッパの学者がつくったパターンをいかに日本に適用するか」になっていることを批判した。とくに問題にしたのは発展段階説の日本における適用であった。

このことから社会経済史と政治史の違いを明確にすることを主張した。経済は、物の生産・消費などの具象的な物を対象とし、数量化・法則化が容易であり、類型化や発展段階説も可能である。しかるに政治史の対象は物でなく人間を対象とし、「きわめて複雑かつ微妙、瞬時も固定していない、流動的」なものである。とくに政治の分野では人間の非合理的要素が現れる。したがって、政治現象を社会経済史の類型にあてはめるのは「人間不在」の「政治史の剥製化」とまで言い切った[40]。社会に普遍的な因果や必然の法則が存在し、人間が支配されるという見解を否定した。

こうした人間を対象にした政治史は政治心理学と親和的である。「人間の真理の働きはダイナミックなものであり、型にはめて固定化されるべきでない」、「統制さえしなければ、人間の思考様式はきわめて多様性に富み、複雑」であるので、政治史の研究には人間真理の働きをとらえる心構えが必要であるとした[41]。中村は、歴史事実を重視したが、とくに人間に関するものに注目した。伝記や回顧録に加え、当事者の談話を重んじた。関係者に直接面会し、話を聞き、同一事件でも人によって解釈が違うことを知る。歴史を「足で書く」ことが「有効適切」である。それも「人間心理のダイナミックな動きを通じて政治現象を把握する」のであった[42]。

以上のように中村の政治史研究は人間を中心にした歴史的事実の解明に力を注いだ。感情や相性など非合理的行動でつくられる政治に関心をもっていた。

中村の政治史研究について門下の寺崎修（慶應義塾大学名誉教授）に筆者が二〇一九年にインタヴューした。関係部分は次の通りである[43]。

清滝：先生が学生の頃の政治学と言いますと、丸山眞男・東京大学教授など西欧の理論を駆使し日本の政治を明確に分析するという方法が流行していましたが、そういう政治学への興味はなかったのですか。

寺崎：ある程度は知っておかなければならないと思って勉強はしましたが、一流の先生方の論文を読むと「自分はとてもかなわない」という気持ちになってしまって、専ら歴史研究の方に重きを置くようになりました。

清滝：「かなわない」というのはご謙遜で、むしろ方法論の違いかと思います。丸山をはじめとする当時の東大系は「切れ味爽やか」という感じでしたが、中村先生はコツコツ型というような感じで、切れ味よりも事実を詰めて勝負したように思われます。慶應の政治史研究は地道に事実を追求することを重視していたのではないですか。

寺崎：政治史だけでなく法制史もそうですし、そういう分野を勉強することは当時の慶應では主流でした。私の周りの友人たちも皆、政治史と法制史は勉強していました。

（中略）

寺崎：当時の政治史および歴史研究は、遠山茂樹教授や今井清一教授（ともに横浜市立大学）などが主流で、出版者のシリーズ本もたいていそういう人たちが監修者になっていました。末端の人たちも大勢がそういう人たちの影響を受けていました。

清滝：マルクス主義理論や社会法則などで歴史を解釈するという方法ですね。

寺崎：その法則がどうのこうのと議論するよりも「彼らが言っていることが事実と合っているのか」という大きな疑問を抱いていました。当時、講座派と労農派に分かれて、マルクス主義者同士で議論をしていました。マルクス主義者以外はいないものとして彼らは論じていましたから、中村先生、手塚先生、私などは最初からのけ者扱いでした。そういう意味で慶應の歴史研究は、他とは大きく違っていたのではないでしょうか。

（中略）

清滝：中村先生も手塚先生も、珍しい史料を見つけて「これだ」というのでなく、「政治についてこう考える」という核があって、それに関連する史料を見つけ出して丹念に分析していくということですね。

寺崎：そうです。先生方は（少数派ながらも）学会でも無視できない存在でした。さすがに持ち上げる人はいませんでしたが、先生方が反論して相手が対応できなくなる姿を見ると、「やっぱりすごいな」と思ったものです。

史料も人が使ったようなものはお二方とも使いませんでした。新しい史料をご自分で発掘して、それに基づく研究を発表されていました。従来の学説をまとめたような史料は「こんなものはクズだ」と、全く相手にしませんでした。人がやったものをまとめたり、それを元に上手に論文を書いたりしても、すぐに見破られました。そういうところは最初からかなり厳しかったです。

清滝：先生も含めて、慶應の政治学研究の先生方は人間に対する関心が非常に強いと感じます。人間を起点にして政治現象を分析していると思われますが、その点はいかがでしょうか。

寺崎：そうだと思います。あと、人間について全く理想化しません。たとえば、安全保障から何から賛否両論分かれる問題についてかなり人間の本性から外れたような議論が横行していた時期があったのですが、そういうものはボロクソに批判されてました。

歴史法則より事実重視、人間の関心という中村の政治史研究の一端がこのインタヴューからも垣間見ることができるであろう。こういった人間に対する関心は、中村の研究の出発点が政治心理学であったことに関係する。彼は政治が人間によって動かされ、その人間の非合理性に注目した。感情や情念が政治を動かし、もっともらしい言葉によってそれを正当化することにも注目した。

〈註〉

1 中村菊男『昭和政治史』（慶應通信、一九五八年）二二一頁

2 前掲書、二二三頁

3　前掲書、二三三頁
4　前掲書、三〇頁
5　前掲書、三〇頁
6　前掲書、六一頁
7　前掲書、一〇七頁
8　中村菊男『政治家の群像』一一頁
9　中村菊男『天皇制ファシズム論』三五一頁
10　中村菊男『昭和政治史』二九－三二頁
11　中村菊男『昭和陸軍秘史』（番町書房、一九六八年）三二七頁
12　中村菊男『嵐に耐えて：昭和史と天皇』（PHP研究所、一九七二年）一九四頁
13　丸山眞男「ナショナリズム・軍国主義・ファシズム」『丸山眞男集　第六巻』（岩波書店、一九九五年）三二三頁
14　中村菊男『天皇制ファシズム論』一－二頁
15　前掲書、一三－一五頁
16　前掲書、四〇頁
17　中村菊男『昭和政治史』二七頁
18　丸山眞男「日本ファシズムの思想と運動」『丸山眞男集　第三巻』（岩波書店、一九九五年）二九〇頁

19 前掲論文、三一五頁
20 前掲論文、三一九頁
21 中村菊男『嵐に耐えて』六〇－六一頁
22 丸山眞男「日本ファシズムの思想と運動」二六一頁
23 丸山眞男「ナショナリズム・軍国主義・ファシズム」三二八頁
24 丸山眞男「超国家主義の論理と心理」『丸山眞男集　第三巻』（岩波書店、一九九五年）三一頁
25 前掲論文、三二－三三頁
26 丸山眞男「軍国支配者の精神的形態」『丸山眞男集　第四巻』（岩波書店、一九九五年）一三九頁
27 中村菊男『昭和政治史』八一－八二頁
28 前掲書、五－六頁
29 中村菊男『天皇制ファシズム論』三九頁
30 中村菊男『政治家の群像』一四－一五頁
31 中村菊男『昭和政治史』二七－二八頁
32 中村菊男『昭和史と天皇』一七八頁
33 丸山眞男「昭和天皇をめぐるきれぎれの感想」『丸山眞男集　第十五巻』（岩波書店、一九九六年）三五頁
34 前掲論文、一九－二〇頁
35 丸山眞男「ファシズムの現代的状況」『丸山眞男集　第五巻』（岩波書店、一九九五年）三一二頁

36 丸山眞男「日本ファシズムの思想と運動」二九九頁
37 中村菊男『政治家の群像』三頁
38 中村菊男『政治文化論　政治的個性の研究』一五六－一五七頁
39 中村菊男『昭和史と天皇』九二頁
40 前掲書、五－六頁
41 前掲書、六頁
42 前掲書、一〇頁
43 寺崎修「歴史は資料探索の集積にある―明治の歴史を探った半世紀―」『改革者』（政策研究フォーラム）二〇一九年八月号、一一－一二頁

第五章

政治心理学と政治文化論

政治心理学の嚆矢

中村菊男は政治学研究を政治心理学から始めた。戦時中、大学院特別研究生としての研究分野であった。戦後、丸山眞男は従来の国家論中心の政治学を批判し、科学的政治学を提唱したが、中村はすでに制度論的アプローチと異なった英米政治学研究に取り組んでいた。昭和二十四年（一九四九年）に二十九歳の時に出した『政治心理学』はその研究の成果を示す著作であった。

この書の冒頭で「政治心理学という学問が成立し得るか否かに関しては未だ定説がない」と述べているように[1]、研究分野としては創設期にあり、学問の方向を模索している段階であった。この本で詳しく紹介されているフランスのルボンが社会心理学の父といわれる人物であるように、政治心理学は欧米において社会心理学の下位科学として受け取られていた。その社会心理学の成果と手法を踏まえて、政治学者として政治心理学の可能性について論じた。

この試みは堀江湛（慶應義塾大学教授、中村門下）がいうように「戦後の本格的政治学のモノグラフ」、「わが国における政治学の再建の口火を切った」と評するにふさわしい。『政治心理学』は「社会心理学的アプローチと政治学的問題関心の統合をしめす学際的研究の嚆矢《こうし》をなす」ものであった[2]。言語学者で政治評論をも手がけた芳賀綏《はがやすし》（東京工業大学教授）が「中村博士を〝政治心理学の先達〟として知り、その領域への目を開かれ、非常な興味を持った」と述懐するように[3]、この学問分野の開拓に大きく貢献した。

もともと政治史に関心をもっていた中村であり、大学院の研究テーマになっていたとはいえ、なぜこのような新しい分野に積極的に取り組んだのか。本人によれば、政治学者が少ない時代という事情もあり、新しい方法の導入が容易であったという。私学で伝統的手法の拘束がなかったことが新分野の研究を可能にした。政治をイデオロギーでなく、「常識的な考えをもった人々」との関係で見ていく研究方法をとった[4]。総選挙に立候補した経験から、一般の人々の政治行動は必ずしも合理的でないことを中村自身が痛切に感じていた。

中村は、明治維新以降の歴史研究の中で、産業化による社会的変化にともない、政治における大衆活動の役割が増大し、政治そのものが変化してきたことに注目していた。大都会の生活が「流動的」、「異質的」なことから「騒擾《そうじょう》、軋轢《あつれき》、反撥、抗争等の対立現象」が生まれた。また「煩雑にして刺戟的な生活」から人々は「常に神経的興奮から来る苛立ち焦燥の心理状態」におかれ、容易に群衆化するようになった。さらに報道機関の整備や宣伝技術の発達によって、ステレオタイプにはめられることになり、従来の血縁や伝統に基礎をおく社会関係の親和力の代わりに利害やイデオロギーが個々の人間を集団に結びつけることになった。そういうこともあって政治行為は暗示や衝動に影響される機会が多くなり、非合理的過程によって動かされ、理性の支配が後退した。合理的思考によって政治的決定をなすのでなく、名称や象徴、旗、スローガン、標語によって有権者が動揺することが多くなった。こうした状況こそ、統制作用としての政治の力が要望せられる。[5] 彼は政治概念の中心を国家統合に求めているが、大衆化時代の政治は流動的な国民を統制するのが複雑かつ困難なものになっていた。

新しい状況に対して政治学が従来のように「統治組織の骨組のみを研究対象」とするだけでは対応できない。国家学を基本とした従来の手法に固執するならば「古い伝統に固執する狭隘《きょうあい》な、いわば〈去勢された〉栄養不良の学問として永久にその生命を失うに至るであろう」と危惧した。[6] 組織だけでなく、人間を分析対象にする必要性を考えた。

もとより「人間本来の性質とは何か」という問いは、中村によれば、古来より政治学の重要な問いであり、社会問題、政治問題の解決の鍵であった。マキアヴェッリ、ホッブズ、ジェファーソン、ベンサムなどの名だたる思想家が政治を論じる中で人間性をまず問うてきた。しかし現在の複雑な政治現象において、過去に論じられた一元的な人性論では対応できないと考えた。従来の政治学の問題は「人間本来の性質に関してあまりにも少数の単純な前提から演繹《えんえき》せられた観念を基礎としている」のであった。こうした静態的な政治学に加え、政治動態学としての政治学を加えなければならない。このようにして人間心理の視点から政治現象を分析する政治心理学に注目した。「素朴な人性論」でなく「複雑なる社会環境に囲まれた複雑なる性向の保持者としての人間」の政治行為に心理的分析が必要とされるのである。[7]

新しい学問としての政治心理学

中村が研究に着手した当時、政治心理学は、分析対象および手法について模索の途中であった。政治心理学の名を付した著書は、中村が走りであった。この新しい学問について、人間と環境の関係を分析した社会心理学に依拠する部分が多いとし、研究対象について、従来の政治学と社会心理学の交錯する領域を想定していた。さらに統計的手法によって政治生活の経験的事実を数学的に処理することや法則化する可能性について触れていた。

戦後、アメリカ政治学や近代経済学の導入によって、政治の動態的分析がさかんになったが、新しい方法が国家と政治現象を切り離した政治集団現象説と結びつくことに批判的であった。行動科学的政治学とは「政治現象の『科学的』把握をめざし、人間行動の一般的法則化をはかろうとする基本の立場にありながら政治現象の数量的把握をおこない、現在の情報化社会ないし管理社会と称せられるものの要求に応じようとするものである」とする。大衆社会における数量の価値を認識し、この科学が学問の個別領域に固執せず、一種の革命「革命的」立場をとっていることは理解している。しかし政治現象を国家に関係ないこととし、既存政治学と遊離することを警戒した。政治と国家は一体として把握されるべきもので、そうでなければ政治現象の正確な把握ができないというのが、政治概念論争から一貫した立場である[8]。

さらに行動科学的政治学における数学やコンピューター導入による分析が有効であるか疑念を投げかける。「もの」の生産・消費・分配を扱う経済学と違い、人間を対象とする政治学における数式化は難しい。「人間の意思は画一的・抽象的に処理できるものではない」とする。非合理的心理を多分にもち、行為が不確定要素に富む人間の場合、数量的把握が困難であり、政治現象全体を数式化することには否定的であった[9]。

大衆社会の数量的把握という手法に批判的なのは、政治の実体についての認識が背景にある。過去未来を問わず政治の「不動の鉄則」は「少数支配」と考えた。大衆社会で多数の政治参加があっても同様である。統治を担う少数者が多数者の意思を無視・軽視・抑圧する場合とそうでない場合の相違があるにすぎない。多数の参加は、政治を合理的にするどころか、非合理性をますます増大させる。[10]

さらに具体性をもつ政治現象を画一化し、科学（仮説を経験的事実にもとづき論証する）の対象とすることに疑念をもった。戦後、科学の名のもとに政治的な仮説を設定し、後付けに事実を集めている学問傾向を批判していた。[11]

行動科学的政治学は、あくまでも伝統的政治学と併存すべきものであった。政治学は「制度研究をタテとし、機能研究をヨコとして」、行動科学は両者の交叉する領域に焦点を当てるものである。制度研究の進化によって機能研究を促進したので、二つは「切り離すべからざる関係にある」という。心理学、社会心理学、社会学、文化人類学との関係が「政治学自身の学際的研究の要請」から進められるべきというのは、このような知的背景があった。[12]堀江が中村の政治心理学を「いかにも政治学者の手になるもの」と評したのは、こうした方法論的こだわりがあったからである。

人間とは理性的なのか？

『政治心理学』では、イギリス、フランス、アメリカの社会心理学研究について検討することで、政治心理学の研究方向を模索している。欧米の文献が入手しにくい境遇にありながら精力的に研究していたことがわかる。そして社会心理学の学説を整理する中で、社会的行動にあって人間の非理性的要素を強調するものと合理的な理性的要素を強調するものとの二つの主な傾向があることを看取していた。そしてとくに前者の分析に着目した。

中村は、政治現象における非合理的要素に関心を抱き、政治心理学における解明を期待した。政治現象の正確な把握のために合理化された機構や制度ばかり見ていては不十分であり、非合理な面も見なければならない。制度論的政治学によって把握できない領域であり、政治心理学分析が期待された。そしてとくに人間性の非合理的側面の分析に注目した。従来の政治思想や政治哲学では逸脱的部分として解釈の対象から排除されていた部分である。このことについて次のように述べている。

あらゆる人間の思考や行動と同じように政治家の判断や行動も知的な推論の結果であ

ることは限らない。時には感情や衝動によって容易に行動し、後からあたかもそれが知的な判断の結果行動したように装うものである。理屈付け、正当化が人間行為にはつきものである。[13]

政治における人間の「理屈付け」、「正当化」は、日本政治史研究において当事者の取材過程で自身が体験したことでもある。タテマエ意識が強い軍人へのインタヴューでとくにそれを感じたと思われる。具体的事例の分析を通じて、関係者が感情や衝動による行動を合理的なものに装う政治行動をとっていたのを観察してきた。政治における人間の「恐怖、個人間の嫉妬、権力欲、名誉欲、希望的観測、状況判断の誤り、党派の意識」そして「目的の遂行のための手段の正当化」という非合理的要素に着目した。[14]

このように人間の非合理的性質に注目したのは、いくつか原因が考えられる。

第一に戦時における日本の精神主義的な「勢い」を体験していたからである。皇国史観や軍国主義が政治の理性的判断を排除していた状況を政治史の著作で何度も具体的に言及していた。これを明治憲法体制の必然的帰結とせず、内外の情勢において出現した異常現象と見ていた。こうした非理性的状況を社会構造の問題と総括的にみるのでなく、政治家や国民における心理的問題と考えていた。戦後におけるマルクス主義の高揚も精神主義的な「勢い」

と共通の現象という。思想やイデオロギーに関係のない、人間性の問題と考えていた。

第二に自身における衆院選立候補の体験である。戦後第一回の民主的選挙に期待をもち、清潔な選挙運動を展開し、自己の経綸を語ったが、現実政治の厳しさに直面した。善良にみえる人々の非合理的行動を目《ま》の当たりにし、政治現象における人間行動の現実を自分の経験として学ぶことができた。制度や思想で政治を理解することの限界を具体的に認識したのではないか。以後、政治学研究において実務家との接触や実態調査を重視したのも自らの選挙体験によるところがある。

第三に戦後知識人における近代主義・科学主義に対する反発である。西欧における近代的・理性的個人を理想にし、主権者の国民が主体となった民主主義の構築をめざした社会科学が提唱されていた。憲法の前文や第九条に見られるように人間の合理性、善性を過度に強調する風潮に対する政治学者としての疑念である。政治学研究においても抽象的な理念が先にありきで、具体的事実を捨象する議論方法をたえず批判していた。

もっとも中村は人間の非合理的側面ばかり注目する皮相的研究者ではなかった。政治における合理的行動の重要性も認識していた。政治家は非合理的に行動しがちであるが、判断・行動にあたって合理的であろうと務め、意識するのとそうでない場合、結果が相当違うとも言っている。「人間は合理的たるべくあまりにもそれと相反する性質をもつ」と考えていた。[15]

統治としての政治の視点

中村は、政治心理学においても統治に主眼をおく自身の政治概念にこだわった。戦後の民主化によって世論が重視され、その動向分析がさかんに研究され、自身も地元で試みたことがあった。しかし民意の正確な把握とその政治における反映という視点にとどまらなかった。彼の調査には国家的統合という政治目的があった。「如何なる政治でも多数者が政治をすることはあり得ない」と見ていた。政治は少数者の意思によって動かされるものであり、首相をはじめとする少数の閣僚、大統領、政党幹部など政策決定は少数によっておこなわれる。この少数支配が権力を中心に幾重につくられていると考えていた[16]。こうしたことから、彼の政治心理学の主な関心は、指導者の政策決定に及ぼす非合理的要素にあった。そこには人物主体の自身の日本政治史研究との連動性がみられる。政治指導者の思考や行動をイデオロギーや政策でなく、人間性をもって検証した。その分析に政治心理学は貢献すると考えた。教科書的な解説書である『政治心理学』における項目をみると中村の研究視点が反映している。個人の心理として「政治家論」を独立した章とし、集団の心理として「群衆心理とその統制策」、「政治宣伝の研究と方法」、「社会革命期における心理状態」そして「政党・選挙・

地盤」を取り上げている。政治家による統治に重きを置いている。政治家の個人的心理はもちろん、集団心理を探究することは国民統合や支持者の動員をおこなう上での重要な問題であった。そこには独自の政治心理学の分析視点があった。

中村は、政治の妙味として「民心の動向を速かに察知し、適切なる政策を通じて反社会的攪乱要素を浄化再調する」ことを挙げた。政治家は群衆心理の利用で国民の犠牲的崇高的行為も要求しうる。微妙な心理的動きを見せる国民大衆の心理を機敏に的確に把握し、状況に適合するように激励するのが政治家の任務であり、「群衆心理研究の意義」があるとした。[17]

『政治心理学』の記述は、マキアヴェッリの『君主論』のように政治指導者に対して具体的に国民統合術を説いているように読めなくもない。群衆の中にある個人の特徴について「理論的抽象的なものを嫌う…印象的に考え反射的に行動する」、「異質的であればある程、責任観念が無くなり、反社会的行為を演じ易い」、「群衆によって表現された感情は…極端な単純性と誇張性の二性格をあらわす」と指摘している。これらの状況に対して、それぞれ「単刀直入的な表現」をする、大衆の社会的結合を高め、自由勝手な欲望満足を抑止する、理想や伝統的思想によって自己犠牲的行為や崇高なる道徳的行為をなさしめるといった政治家の対処法を挙げている。[18] これらは具体的な統治術である。板倉卓造教授の演習に入る際、マキアヴァッリの君主論を研究テーマの候補に挙げていたように、この思想家の統治術に関心をもっていた。政治の実践に加わり、政治心理学的研究によってその方法を蓄積し、政治評論にも応用していた。

このような政治指導者の視点からの政治心理学は、政治の本質を国民統合とみる政治観やさらに衆院選候補者となり、民主社会主義運動に携わった自身の経験に由来するように思われる。それにもまして政治史研究で看取した明治憲法体制の破綻の反省もあったのではないか。たとえば、満州事変をもたらした原因として、中村は軍人の心理に注目した。第一次大戦以後、仮想敵国に対する軍備拡張論と厭戦感情による軍備縮小論という相矛盾した考え方があり、中堅軍人の間に現状への危機意識と要求不満が生まれたことに注目していたのである[19]。

また国家主義的憲法の制約のもとで漸進的に自由主義的運用を拡大していき、普通選挙や政党政治まで実現したにもかかわらず、軍国主義に突入し、国家の壊滅的打撃をもたらした原因に統治者の資質の問題があると考えていた。政党政治を担う政治指導者における統治能力の不足と非合理的な世論に対する拙劣な対応を遺憾としていた[20]。

そして戦後日本において、民主主義体制を維持するためにも政治心理学的視点が必要であると考えた。東京都日野市の実態調査の最後において次のように述べていた。

民主主義は、人びとの良識にその基礎をおくわけであるが、それになんらの考慮も払わずに期待することは危険である。人間はそれほど理性的ではないし、良識的でもない。常に素朴な感情によってより多く動かされるものであり、ことに大衆社会状況下においては、ムード的なものに支配されやすい。それだけに絶えざる啓蒙活動が必要であり、それなくしては民主主義体制は維持されえないと考えられる。[21]

政治心理学に対する知的関心は、実践政治と結びつくものであった。社会の実態を理解し、政治を健全な方向に導いていこうとする問題意識が絶えずあった。中村以降の政治心理学はアメリカ政治学の影響を受けて発展していたが、彼は自身の政治学の視座にもとづいて研究を進めた。

政治文化論の関心

中村は政治心理学を普遍的科学と考えていなかった。行動論的政治学が科学を標榜することに批判的であった。それは人間という共通性をもちながらも、政治現象が個人や国家、状況において個別具体的に異なっているとの認識ゆえであった。そして西欧の理論を日本で機械的に適用する学問的風潮に批判的であった。個人の非合理性について政治心理学における解明を試みたが、国家・国民単位の特殊性について政治文化に関心を向けた。その研究成果は亡くなる前年の著書『政治文化論―政治的個性の探究―』（昭和五十一年、一九七六年）にまとめられた。

中村は政治学の任務を「政治現象の実体を明らかにする」ことにあるとした。その知識が「政治的事実に合致しなければならない」と考えた。日本の学者が外国の抽象的言葉を翻訳し、使用するだけで政治的実体に触れようとしないことを遺憾としていた。[22]

政治的事実に即した政治学のために政治文化の研究が必要と考えた。その根本には人間の本性についての認識がある。従来の政治学が人間を哲学的見地からとらえる方法にあまりに依存し、画一的・一様な人間観しか出てこなかった。それは人間の意識についての多様性を否定するものであった。とくにマルクス主義の政治論は唯物史観にもとづき、人間の意識は階級の反映であるとした。ブルジョワ階級はブルジョワ意識をもち、プロレタリア階級はプロレタリア意識をもつことになる。それに対し、中村は人間が生理・心理的存在であり、哲学的にすべて割り切れるものでないと考えた。革命や占領で制度や組織の断絶は可能であるが、言語や衣服や食物、宗教、芸術が変わるものでない。文化生活まで全部改変することはできない。戦後、制度・組織の急速な変革があったものの、日本人の意識や態度は本質的に変わっていないと考えた[23]。

人間生活の特徴は、この文化生活そのものにある。「一国の政治にはその国家の伝統的な文化の型が存在し、影響を与えている」とし、「この政治現象に影響をあたえる文化の型」を総称して政治文化といった。人間を画一的にみることを批判し、非合理的行動の分析のため政治心理学に着目していたが、さらに国民単位での人間行動を論ずる政治文化論に関心を抱いた。民族にはコア・パーソナリティという固有の性格があるとし、政治文化の伝統における「型（パターン）」を抽出することで、日本の政治の独自的性格を浮き彫りにすることができると考えた。もちろん各国と共通する性格をも同時に把握するという視点もあった[24]。

日本文化の本質

中村は日本の政治文化をどのようにとらえたのか。歴史研究や時事評論においてさまざまな日本的特徴を指摘しているが、根底にあるのは二点である。

第一に神道の影響である。権威ある教典や普遍的教養をもたない日本民族固有の宗教である。絶対神をもたない多神教であり、仏教との本地垂迹《ほんじすいじゃく》説のようにいずれの宗教や主義と結びつきうる柔軟性をもち、寛容であった。そして神々の信仰は日常生活に密接に溶け込み、むらの生活を守るという守り神の要素があった。[25]

第二は生活環境の影響である。日本は島国で山地が多く、国土が地理的に細分され、各地域の集団的団結が強い。むら社会的意識によって日本人がものを考える単位が個人でなく、集団である。「個人はあっても、個人主義はなく、つねに自分の周辺を見わたして発言をしたり、意思決定をしたりする」のである。集団の平和が第一義であり、満場一致を志向し、結論は長老の集団指導で決められる。[26]

こうした日本の政治文化において「独裁政治家」や「暴君」が登場しなかったことを指摘している。中村によると、政治は少数支配であるが、多数の意向を無視する合理的態度は「専横《せんおう》」として日本人は強く反発する。大久保利通や吉田茂への反発はその例である。[27]また反体制運動すら集団の枠組の中にある。下位者が上位者を突き上げる下剋上の現象が見られるが、戦前の軍国主義勢力や戦後の安保改正反対運動も既存の支配体制の変革を求めるものでなく、むら社会的構造の中にとどまっていた。

集団思考は対立の回避行動を重視する。白黒をはっきりさせない態度やイデオロギーに忠実でないこと、腹芸や以心伝心を重視すること、無私を歓迎する気風、法よりも政治を優先することに表れている。こうした社会におけるリーダーシップにおいて、権威があっても権力をもたない「天皇型リーダーシップ」が一番安定しているとした。[28]

政治史研究者として、政治や外交の具体的場面で日本人的性格を観察していた。諸論文でいろいろなものを挙げているが、主要なものを整理してみる。第一にタテマエとホンネの違いである。集団の一員としての立場と、個人としての立場の見解の相違である。第二に希望的観測が優先し、こうあってほしい理想とこうある現実を取り違えることである。第三に日本人は論理的でなく、直観的であることである。結論が直観的に出て、それを一般化し、途中の思考過程が抜ける。単純なスローガンに対し、反対か賛成という態度に出るのである。[29]これらの性格から、外交問題における感情的強硬論の噴出、受け身の姿勢のリーダーシップ、期待過剰性の心理、外国のものを完全なものとして憧れるといった現象が表出する。[30]

無私と気

こうした日本人的行動の動因として「無私」と「気」という二つの因子に注目した。日本で政治運動をする場合、「私心」がないことをタテマエとしないと多くの者の賛同を得られない。「私心」のないことをもって、「私利・私欲」にふける者を攻撃する。「大義名分」の前に西欧的個人主義が否定される。その「無私」の背景にあるのが、宗教と集団生活である。分裂・分立の多神教的世界では統合の際、「無私」が求められる。また村落構造に端を発する集まりでは「集団の平和」を乱すものが嫌われ、個人主義として排斥される。「無私」を標榜する「大勢順応、付和雷同的空気」が「個人の理性的判断」に優先する。[31] 中村は『昭和陸軍秘史』や『昭和海軍秘史』執筆時の関係者インタヴューでこうした現象の歴史的具体例を確認していた。大陸での戦闘不拡大方針が全面戦争にいたったことや米艦隊迎撃が基本方針であったのが真珠湾攻撃に変更したことなど枚挙に暇《いとま》がない。

もう一つは「気」である。「日本人は集団を組むと個人の場合ではとうてい考えられない行動」をとるという。「集団エクスタシー」という現象を指摘している。地元伊勢の「お蔭《かげ》参《まい》り」にみられた、ムードに酔ったような集団による法悦的心理状況を例に挙げた。戦時中ばかりでなく、戦後の大衆運動、労働運動、大学紛争などにおいて非合理的なものに動かされる現象が見られる。[32] この「気」とは主体的に生じるのでなく、対象を意識して生じ、外界の刺激にあって初めて起こり、「日本人は外界の刺激に反応しやすい」とした。「無私」の「大義名分」にエネルギーとしての「気」が結合すると日本人は猛烈果敢に行動し、「気」がなくなるや腰が砕け、活動が鈍るのであった。[33]

日本的なものについての探求

こうした日本独自の政治文化について注目した政治学者は少なくない。西洋的近代化をめざした後発国の政治学では、普遍的とされる西欧の政治理論と日本の政治的現実との乖離が問題にされてきた。戦後知識人は日本社会の封建性を批判し、民主国家にふさわしい近代的社会の構築を求めていた。この観点から、民主化を阻む日本独特の政治文化に目を向けていた。民主的憲法にもかかわらず、保守政党の優位が続くのは日本社会に依然として残る伝統的文化によると考えるのである。

近代主義者とされる丸山眞男はとくに晩年において古代から存在する日本的なものに対する関心を深めていた。日本人の思考様式に「原型（プロトタイプ）」を見出し、それを「歴史意識の『古層』」や「倫理意識の『執拗低音』」と言い換えた。そして倫理意識、歴史意識、政治意識と分類した[34]。具体的には、集団の利益を優先し、個人の利益を排斥する「集団的功利主義」や目的の善悪に関わりなく、純粋な動機であるかどうかを判断基準とする「心情の純粋性」、「動機の純粋性」などを挙げていた。

丸山の見出したこれらの特徴は中村が指摘した内容と共通するものがある。集団主義や感情優先のみならず、中村が「気」に注目したように丸山は「イキオヒ」という「成り行きの現実主義」に注目していた[35]。中村は政治的現実から現象を観察したのに対し、政治思想史研究者の丸山は古来の諸文献から概念を抽出した。観念の歴史を探究する作業から生まれた思想の中に日本文化の「原型」を見出す作業は大陸文化を導入し続けた日本においては困難がともなう。「地層の一番下にある層」のイメージはわかりやすいが、実態解明は難しい。西欧における発展段階史が日本にあてはまらないことや、マルクス主義や民主主義が容易に輸入されても根づかないことの理由にはなっても、日本文化の「原型」の解明にはいたっていない。そして丸山は近代主義者としてこの日本的なるものを否定的に考えていた。

中村の場合、自身の政治史研究で観察された現象に戦後の社会学や文化人類学の成果――中根千枝、土居健郎、石田英一郎などの研究――を照らし合わせ、日本的なるものを見出そうとした。そしてそれらが他の国民にみられないとは考えていない。むしろ日本人にだけしかない要素は少ないという。日本の政治に顕著にみられるものとして、政治の実体を理解するための要素であった[36]。丸山のように概念としての抽象化を試みなかった。たとえば、自由についても日本のように集団への帰属性、従属性が強いところで欧米における概念がそのまま理解され、行動指針になるのか疑念を投げかけた。自由の名のもとに集団の中での一時的な感情的不満が噴出する現象を指摘した[37]。

もっとも中村の議論には米食や台風に由来する日本人論など学問的緻密性に欠けるものも含まれており、厳密な学術研究というよりも和辻哲郎の『風土』のような文化評論の一つとして受け取られたところがある。

人間の政治学

中村の政治心理学と政治文化論は未完の研究に終わったが、彼の政治学における理論と実践を支えていた。これらの研究にあたって「人間は単純一義的に規定できない、きわめて複雑な存在である」との認識が基本にあった。「この人間が複雑であるということを忘れた、いかなる学問上の立場も正当ではない」と考えた[38]。この人間観はデモクラシーの基礎となるべきものである。中村によれば、西欧デモクラシーにおいて「多元的価値を認め、人間の個性を尊重し、画一主義を排斥している」という。「人間の異質性を尊重し」、「理性の次元において相異なる」のである。そこでは「個人の自主性と自己主張を認める」ものである[39]。

先に述べたように中村は、人間を抽象的存在ととらえ、非合理的側面をみない学問方法を批判する。とくにマルクス主義の欠陥として「人間を哲学的、論理的にとらえて、心理的考察を加えていない」ことを指摘している。「哲学的、論理的にとらえられた人間」は「統一的、観念的、思弁的」であり、「複雑性、多様性、経験性」の無視や軽視につながる。[40] これはマルクス主義だけでなく、戦後、流行した行動科学に対する批判にも通じる。中村の展開した政治心理学や政治文化論が学問的緻密性に欠けるとしても、抽象的人間観に立つ政治学に対する批判的視座として歴史的意義がある。

さらに中村の視座は、民主社会主義運動の幅を広げることにつながった。河合栄治郎の門下を中心にした社会思想研究会は運動の重要な担い手であったが、河合に典型的であったように哲学的人間観に傾きがちであった。中村が彼らにまして実践運動でのブレインとして頼りにされたのも、人間心理に着目したその研究方法にあったといってよい。

亡くなる四年前の昭和四十八年（一九七三年）に出された論文集『日本人を動かすもの』の「はしがき」に、自身の政治学研究を総括するような記述がある。この時期、医師より休養を命じられ、自宅に籠もることが多かったようである。そして「その際、脳裡を去来するのは日本の政治の表面にあらわれることよりは、その奥底にひそむものはなにかということである」、「そのものを探りだしたいという希望にかられてならなかった」と言っている。そのことが「私にとって学生時代からの〈夢〉であったからである」という。戦前、戦後の政治的事件を通じて「日本人の心理状態」に共通するものがあると指摘した。制度や組織が変わっても日本人が変わったのか疑問とする。「国体明徴」も「平和憲法」も自分を捨てる「無私」の観念にもとづき、「気」によって主張されている点で共通する。[41] この日本人的なるものこそ、イデオロギーにまして現実の政治を理解する鍵と考えた。逆にいえば、民主主義、自由、平和という言葉が用いられていてもそれがはたして西欧的意味なのか、日本流の受け止められ方をしていないか、立ち止まることを求めた。表層的に欧米化しても深層的の核心は変わっていないのではないかと問うた。[42]

経済発展は保守政権を揺るがすか?

中村の視座は政治現象の分析において具体的に示された。戦後知識人は日本の伝統的文化が民主化の阻害要因となっているとしたが、近代化の進展で保守政党の優位が動揺すると予想していた。それは保守政治家も同様に考えていた。石橋湛山《いしばしたんざん》内閣の官房長官や池田勇人内閣の労相として活躍した石田博英は『中央公論』（昭和三十八年、一九六三年一月号）での論文「保守政党のビジョン」で工業化・都市化の進展によって自民党の支持基盤が後退する分析を発表した。人口、社会、経済構造の変化から自民党と社会党の得票が逆転すると予想した。当時影響のあったマルクス主義の経済決定論にも親和性があり、左右を問わず、ジャーナリズムや学界から肯定的に受け取られた。石田は、社会党書記長であった江田三郎が構造改革を訴え、「江田ビジョン」を公表したのを意識していた。革新勢力の伸長が時代の趨勢という考えが世間で支配的であった。

中村は民社党のブレインであったが、近代化が革新陣営の伸長に連動するとの楽観的予測に否定的であった。石田論文に対し、門下との共同研究によって「日本の選挙構造」なるメカニズムを指摘し、産業構造の変化が政治に直接反映するものでないことを立証した。個人後援会の「世話やき」を通じた集票方法が基本的に変わっておらず、政党の主義主張や政策と直接関係ない部分で有権者が投票することを示した。政党が国会で外交・防衛問題を熱心に議論するのに反して、一般有権者はさほど関心がなく、「黒い霧」のような事件も「世話やき」活動と別次元に考えられている。[43]

マルクス主義の「存在が意識を決定する」との原理ならば、都市勤労者階級の増大は石田のいうように革新勢力の増大につながるはずであるが、それは起こらなかった。中流階級的な生活が保障されるようになって現状に満足な者が増え、[44]階級的投票が期待できる労働組合でさえ、組合員の投票は個人的なつながりや候補者の資質や選挙運動の巧拙に左右された。[45]さらに伸長が予測された社会党において現職議員の議席確保のための候補擁立抑制の傾向があった。[46]

中村は選挙の根底に昔と変わらない政治文化を見出した。運動に祭りと同じ光景を見出し、集団になるとエネルギーを発揮する国民性を見た。また欧米人の投票行動は現実の利害関係に左右されるが、日本人の場合、投票が「非常に現実に縁遠い観念的次元」や「共同体意識にもとづいて」いるとした。[47]

日本人の政治体質とは？

さらに中村は選挙のみならず、日本の議会政治が「政治体質」の上に成立していると考えていた。その「政治体質」を四点挙げた。

第一に「集団の中における安定性」を求めることである。「いずれも集団の中に入っていれば、それで自分の地位を保つこともできれば、物質的な保障もある」ということである。家族、学校、派閥といった集団の例を挙げる。「日本においては「縦割り」の社会に安定性があるのであって、それに逆らうとなかなかむつかしい」ことが民主政治の基礎である「自主独立」を阻害するという。[48]

第二に「ウェット」な「浪花節的雰囲気」である。相手の気持ちや態度によって自分の意見を変えたり、心にもないことを述べるのである。自主的な意見や討論がなく、付和雷同になりがちで、民主政治が成り立つ「世論」が生まれてこないとする。[49]

第三に「エモーショナル」な心理である。すぐ感情的に激するのである。マルクス主義的な考えが日本に受け入れられるのも、「支配するものに対する激しい敵意、現状変革の強烈な意識、その党派性」が日本人の「愛憎の感情」に適合するからという。「寛容の美徳」が尊重される議会政治に「憎悪の意識」や「敵対感情」はそぐわない。[50]

第四に選挙における「お祭り気分」である。もともと民主政治はカネがかかるものであるが、日本では選挙を祭りとして受け取る国民の体質があるとする。[51] このような「政治体質」の上にある日本の政治は、「責任ある反対党」が生まれることが難しく、保守政権が続くと見ていた。当面の状況として中村は「保守党が脱皮し、近代化する以外にない」とした。[52]

こういった特殊性論は、日本の伝統文化を全面的に擁護する保守主義に立つものではない。とくに「集団エクスタシー」には否定的であった。政治の本質を国家統合においた中村は、均質的文化を日本のユニークな政治的資源として理解したが、特殊性論が安易な保守主義に陥り、異文化を通じる共通要素の探究を無視してしまう危険をも認識していた。その文化が健全な議会政治や政党政治を阻害する要因とも見ていた。（西欧的視点を含んだ）民主社会主義という政治理念によって日本の特殊性を客観視できた。

時事評論を積極的に展開したが、流動する個別的政治現象の単発的批評にとどまることを警戒していた。政治の内輪を語ることはあっても、つねに学問的探究が現実の世界を把握するために応用され、役立つことを求めていた。そのために個別の政治現象に共通する変わらないものが何かという問題意識をもっていた。政治心理学、政治文化論の探究は政治に変わらないものを見つけようとする知的試みであった。[53]

〈註〉

1 中村菊男『政治心理学』三頁
2 堀江湛、富田信男、上條末夫編『政治心理学』（北樹出版、一九八〇年）三－四頁
3 芳賀綏「中村菊男『政治文化論』」『改革者』一九七六年六月号、一〇五頁
4 『中村菊男先生』二八頁
5 中村菊男『政治心理学』二四－二五頁
6 前掲書、二六頁
7 前掲書、八頁

8 中村菊男『政治文化論』一五－一六頁
9 前掲書、一七頁
10 前掲書、一九頁
11 前掲書、二〇－二一頁
12 中村菊男『政治文化論』二一頁
13 中村菊男『政治心理学』八三頁
14 前掲書、八三頁
15 前掲書、八二頁
16 前掲書、八〇頁
17 前掲書、一〇四－一〇五頁
18 前掲書、一一九－一二六頁
19 中村菊男『満州事変』（日本教文社、一九六五年）六－七頁
20 中村菊男『日本政治史読本』（東洋経済新報、一九六六年）一三六－一三七頁
21 中村菊男・上條末夫「大衆社会における政治意識―東京都日野市における実態調査―」、中村菊男編『日本の選挙構造』（原書房、一九六八年）二一五頁
22 中村菊男『政治文化論』三五頁
23 前掲書、三六－三八頁
24 前掲書、四〇頁

25 前掲書、四二－四三頁
26 前掲書、四五頁
27 中村菊男『日本人を動かすもの―無私・気と集団エクスタシー―』（日本教文社、一九七三年）四五－四六頁
28 中村菊男『政治文化論』、四五－四六頁
29 前掲書、七一－七二頁
30 前掲書、七七－九二頁
31 中村菊男『日本人を動かすもの』三一－三四頁
32 前掲書、五二－五九頁
33 前掲書、五九－六二頁
34 丸山の「古層」について次の文献を参照。苅部直『丸山眞男―リベラリストの肖像―』（岩波新書、二〇〇六年）一九〇－一九一頁。竹内洋『丸山眞男の時代　大学・知識人・ジャーナリズム』（中公新書、二〇〇五年）二七〇－二七一頁。丸山眞男『丸山眞男講義録』（東京大学出版会、一九九八年）第四巻「第一部　思考様式の原型《プロトタイプ》」四一－八一頁、第七巻「思考様式と世界像の原型《プロトタイプ》」四九－一二九頁。
35 『丸山眞男講義録』第七巻八三頁
36 中村菊男『政治文化論』九三頁
37 中村菊男『日本人を動かすもの』二〇六頁
38 中村菊男『政治文化論』、二二八頁

39 前掲書、二五六頁
40 前掲書、一九五頁
41 中村菊男『日本人を動かすもの』一－二頁
42 前掲書、二四頁
43 中村菊男「日本の選挙構造の特徴」『日本の選挙構造』六－八頁
44 前掲論文、一〇－一一頁
45 前掲論文、一五－一六頁
46 前掲論文、一八頁
47 中村菊男『日本人を動かすもの』一四八－一四九頁
48 中村菊男『診断・日本の政治体質』（論争社、一九六一年）二六－二八頁
49 前掲書、二八－二九頁
50 前掲書、三〇－三一頁
51 前掲書、三二－三三頁
52 前掲書、三三－三五頁
53 中村菊男『政治文化論』一九九頁

第六章

民主社会主義運動の実践

共産主義はなぜ広がったのか？

中村菊男は学問研究以上に論壇活動で世間の注目を集めていた。慶應の名物教授の一人といってよい。政治家をはじめ、実務家との交流も多かった。雑誌『諸君！』の編集長であった仙頭寿顕《せんとうとしあき》は、高校生の時に『日米安保肯定論』を読んだことで中村に傾倒し、彼にちなんだ著作も出した[1]。中村は保守とも左翼とも異なる進歩的立場から民主社会主義や安全保障をはじめ、さまざまな政治問題を論じた。因循《いんじゅん》姑息《こそく》な保守や非現実的な左翼に満足しない一定の層の関心を引きつけた。

論壇活動の最初は、昭和二十四年（一九四九年）の『改造』五月号における論説「共産主義運動の政治心理学的分析」であった。この総合雑誌は、辣腕《らつわん》経営者の山本實彦《やまもとさねひこ》のもとに戦前、マルクス主義者の論文が多く掲載され、一時代を築いていた。戦後に復刊したものの、部数は低迷していた。

当時の編集長は『三田新聞』の先輩であった小野田政（一九一六年生まれ）であった。予科生の身で妻子をもち、学生と『改造』記者をかけもちし、一九四一年まで学校にいた。盧溝橋事件勃発時に館山北条でキャンプストア（海の家のような休憩所）を開き、硬派学生の殴り込みに遭い、「時局をわきまえぬ慶應ボーイ」と新聞沙汰になったり、卒業がかかった試験が西脇順三郎（英文学者、詩人）の担当で、先生の情けにあずかるなど、エピソードに事欠かない人物であった。

卒業後、同盟通信に入り、従軍記者として活動した。[2] 公職追放に遭った山本に乞われて昭和二十三年（一九四八年）十二月に『改造』に戻ってきた。共産党傘下の組合が会社に乗り込んだり、執筆者が原稿を引き上げるなどの混乱の中で紙面立て直しを図っていた。[3] 中村に声をかけたのもそのためであろう。

中村は、何か書かないかと勧められ、専門である政治心理学をもとに同時代の共産主義運動を論じた。この年、一月の総選挙において、吉田茂首相率いる民主自由党が大勝し、社会党が百議席以上失い、共産党が三十五議席を獲得していた。片山・芦田内閣の崩壊後の総選挙であり、中道勢力が大幅に後退し、保守と革命勢力に政治が両極化していた。民主自由党も寄せ集めの勢力であり、共産党の攻勢が目立った。

論文は両極に振れた政治状況を取り上げた。時事評論でありつつ、自身の学問的成果を凝集した内容であり、政治評論家としての原点ともいえた。

アメリカの政治学者マンローによる政治の「振り子の法則」に言及し、振り子の振幅が政治の安定度に結びつくという。英米のように「デモクラシー制度が運用する基盤となる層が確定している」国では、振幅は激しくなく、極端から極端に推移することがない。それらの国では、国民の相当部分が「経済的に相当豊かな独立の生活が営まれ合理主義に立脚する自主的な判断」ができる。

しかるに日本のような後進国では国民に自主的判断が乏しく、その時々の指導者によって左右され、政治が極端に振れる。今回の総選挙では「時代感覚に乏しい最も保守的な政党」と「急進勢力の最左翼」に分化した[4]。

憂慮すべきは、左右の分極が民主政治を危うくすることである。共産党は「西欧流の議会主義を否定する革命主義的政党」であり、議会は革命の過程で利用する手段にすぎない。それに対峙する保守政党が思想闘争や言論闘争を放棄し、実力的手段に訴えると、日本の民主主義が歪曲される。論文では、共産主義イデオロギーの批判よりも、その支持者の心理的分析を通じて、共産主義運動が拡大する現象を解明した[5]。

論文では、自己の政治方法論を「政治をその人間の性質との関連に於て考察しようとする企て」と位置づけた。従来の政治学が政治制度の研究に終始し、人間性について一義的に断定しているのに対し、「その制度を運用する実践的主体としての人間の行為の心理的分析」に着目した。政治において人間は必ずしも理性的でなく、衝動や感情という非合理的なものに動かされることも多い。共産主義運動は「人間心理の微妙な動きを巧みにキャッチして民主政治の数の虚をついた」ことで勢力を拡大した。民主主義を否定する革命政党が、多数派獲得に最大の価値をおく民主政治において、巧みな人心掌握によって伸長する現象を示した[6]。

共産主義運動拡大の心理学的要因として、①攻撃の迫力と強さ、②未知数の魅力、③明確な目的と同志的結合の強さ、④抵抗の精神と陽性転換、⑤組織の拡大と象徴の利用の五点を挙げた[7]。陽性転換とは、プロレタリア独裁をめざす共産主義者が民主主義者を名乗り、ファシズムとの抗争を訴えることで支持者拡大を図ることである。共産主義者は、反動的勢力に対する「抵抗の精神」を強調することで、イデオロギーにかかわらず、「著名な文学者、画家、哲学者、牧師ら文化人」の共鳴を得た[8]。

共産主義運動は、多数の獲得に「極めて巧妙であり、上手なもの」であったとしても「西ヨーロッパ的な行き方」と肌合いがあわない。つまり民主主義のルールで多数者を確保すべく活動していてもその精神とは別物である。民主主義は、形式的多数だけでなく、「実質的、内容的に合理主義でなければならない」のであり、「国民の高度の知性と良識の錬磨を必要としている」のである。「合理的」、「寛容」というのは西欧民主主義の重要要素であり、日本の政治文化にそれらが欠けている。非合理、排他の問題は共産主義に限らず、戦前からの継続現象であった。

中村は、当時の進歩的文化人と同様に西欧民主主義を志向していた。違いは、これらの知識人が主権者たる国民の理性的判断を過大評価し、現実政治における非理性的なものを看過していたことである。彼は、政治心理学的分析によって、人間を一義的に理性的存在とする政治制度論の危険性に注目した。民主的制度がもたらされると国民は合理的に選択し、民主化が進展すると考えてしまうのである。論文の最後に強調したのは「国民の自発的態度」と「自主的判断」の必要性である。これこそが民主政治の基礎とみていた。[9] この二つが欠如するならば、民主的選挙であっても、民主主義が脆弱《ぜいじゃく》になると考えた。

評論家の平貞蔵《たいらていぞう》は、『時事通信』の短評で、中村の論文を国際政治学者の猪木正道の『中央公論』の論文とともに紹介した。共産主義でない進歩的人物として、この二人を挙げ、「共産主義からの批評や批判をおそれず、共産主義から学ぶものは学ぼうとする、ゆとりをもつ人」と評した。中村について「わが国の政治学の分野をゆたかにする大きな役割をはたすだろうとかねてから期待している」、「ジャーナリスティックな才にもめぐまれた人」と評した。[10] 両者は復古的保守でなく、共産主義に批判的であり、進歩的立場をとる若手学者としては貴重な存在であった。

青年はなぜ共産主義に惹かれるのか？

中村は、引き続き『改造』九月号に「共産主義運動と青年の心理―老らくのマルキシズム・終戦マルキスト―」を発表した。前の論文は共産主義運動の人心掌握術を取り上げたのに対し、今回は青年心理を中心に受け手側の状況を論じた。その鍵を握るのが自由主義であった。日本とヨーロッパ先進国との政治的安定の違いをこの思想の成熟の差ととらえた。後進国の自由主義は「絶対主義的専制勢力」と闘うと同時に「先進諸国の圧力」を受けてそれに抵抗しなければならなかった。その結果、「旧勢力への鉾先が鈍り極めて妥協的になり」、「甚だしきに至っては旧勢力と同一の線に沿った性格を担うに至る」という。

日本では自由主義に「本来の自主的な清新性が薄弱」であることから、他人の意見に寛容であるとか、批判を受け入れる態度が生まれて来ず、言論が性急・形式的・一方的なものになった。「じっくりと腰を落着けて内容を吟味し批判する余裕がない」、「あらゆる思考材料に取り囲まれながらそれを取捨選択し自分独自の自主的思考をする精神のゆとりがない」のであった。輸入された一つの思想があわただしく受け入れられ、未消化のままに紹介された。「ナマ」のままの外国知識は国粋主義や保守主義の反発を招き、暴力をともなう実力闘争をもたらしてきた。こうした思想状況が、極端から極端に振幅する政治につながった。[11]「ナマ」のままで受け入れたマルクス主義は、未熟な青年心理にアピールし、最近の騒擾を引き起こした。共産主義運動のリーダーの口調やジェスチャー、資本家の不正の暴露や摘発が青年の共感を呼び、さらに、後進国民の特徴、上から与えられた団体的行動にしたがい、自発的に行動しない態度が結びついた。[12]

当時の青年の知的状況に対して「反共、非共の方は理論が殆んどなく、現在の段階に於ては、青年層の要求に応えるべき体制が全然といっていい位、整っていない」ことを問題視した。「大学の理論家は消極的な批判はするが、積極的な主張を展開する程勇気がない」、「反動政治家に社会改革の理想や公共の福祉に挺身する情熱など見出せない」と嘆じ、学者や政治家に対し、「青年層の行動を責める前に自己の鈍い時代感覚や道理に対する勇気の欠如が青年をして過激運動に走らしめている」と警告した。[13] 共産主義に代わる進歩的運動として民主社会主義運動を展開しようとする自身の使命が念頭にある。

共産主義拡大の根底には、自発的判断を欠いた国民の精神的問題がある。戦前の国体明徴運動の時代から続いており、逆方向に振れているだけであった。『改造文藝』同年十二月号における「戦後派の精神分析」では、戦後に支配的な心理状態を「傍観的な他律的な気持」と説明した。「混乱や無秩序の責任を政府や社会になすりつけて自から自主的に立ち上がろうとする気魄にかけている」、「誰かが何とかしてくれるだろうというような安慰な気持がある」という。[14] そして「日本人相互のなんにもならない猜疑や反感や嫉妬の価値をみきわめて、これをすててその知性を自主的に確立すること」を求めた。「いら立たしい気持から解放されて大衆がほんとうに理智的な思考をするようになった時、日本もようやく西欧デモクラシーの仲間入りが出来るというべきであろうか」と締めくくった。[15]

共産党批判は攻撃の対象

中村による共産主義運動批判は学問的で理性的なものであったが、当時の論壇にあっては例外であった。「共産主義と青年の心理」は「日本共産党批判」の特集記事の一つであったが、他の論者は労農派マルクス主義者の山川均や戦前からのベテラン記者の山浦貫一などであり、若手学者の評論は異色である。次の『改造』十月号における「民自党批判」特集では、政治学者の原田鋼（中央大学教授）が「民自党とファシズム」を寄稿したが、「現下の日本に民主主義革命が進行しつつある」、「一体歴史の現段階に於て、プロレタリアートの台頭は必然である」、「共産主義勢力の伸長は或る意味に於て避けられない」と論じた。[16] 非マルクス主義の政治哲学者で、自由と平等の普遍的価値を論じた原田でさえ、同時代における革命の進行に注目していた。当時は共産主義運動が拡大し、多くの者が革命を予期し、少なからぬ知識人が共産党を支持するか、主張に共鳴していた。インテリたる者は共産党の理解者であるべきとの雰囲気があった。それだけに運動の非合理性を正面から指摘した中村に対して、猛攻撃が展開された。

昭和二十五年（一九五〇年）、雑誌『真相』の大学特集における慶應義塾の批判記事の中で、若手助教授にすぎない中村の人格中傷はひどかった。「人の悪口ばかり書く左翼的」雑誌の「でっち上げ記事」に対して田村元（慶應の後輩、後に衆院議長）が「全国の大学教授多しといえども、こんな悪口を書かれた者はいない」といったほどであった。[17] 中村は三井の大番頭の息子である米山桂三教授（政治心理学の指導教授）の乾児《こぶん》とされ、学生の頃、三田新聞弾圧に「アワを食って転向」したとか、本居宣長研究で「軍部のゴ気嫌をとりむすんで」、「戦後塾内のドサクサにまぎれて助教授にスベり込んだ」とさんざんであった。助教授就任が教授会で大問題となり、学校の成績が話にならないので、米山教授のたっての推薦で認められたとの同僚教授の内輪話もあった。こうした人身攻撃を受けたのは共産主義批判が原因であった。『改造』の小野田政に「『共産主義はファシズムと同じである』というたぐいの原稿をさかんに売り込んだ」とか、中村が「政治学科の教授多しといえども、共産党や共産主義について語れるのは、このオレだけだろう」と豪語したとする。「『三井閥』の寵児気取りで、フェビアン協会などともたがいに糸を引き合いながら、学生民同を動かしたりしていい気持になっている」とも批判された。塾内では「追放組の双璧」として「戦犯塾長」小泉信三、「侵略理論家」加田哲二が糾弾され、この二人と中村が親しいことも攻撃の原因になったのであろう。[18]

今からみると、低俗雑誌による人格攻撃にすぎず、中村自身も後に「こわいものなしになった」、「人間というものは一ぺん徹底的にたたかれなければだめだね」と振り返っていた。この攻撃で「マスコミに出る芽を妨げられ」、「しばらく論壇に登場することができなかった」という。[19] 民法のＩ教授（戦前にナチス称賛本を出版）が自身の名前を明かしてまで昇進の内幕（？）を暴露したのは異常であった。大学内部の者しか知らない情報が事細かに掲載されていた。中村とともに『時事評論』で評価された猪木正道もまた「共産主義の暴力性」を指摘したことで「歴史の偽造者」などと人身攻撃も含む猛烈な批判を受けていた。[20]

その後、『改造』に小泉信三や故郷の偉人である尾崎行雄、御木本幸吉について書いたが[21]、昭和二十七年（一九五二年）六月に小野田が編集長を辞め、『改造』の執筆もなくなった。

この時期の中村の付き合いの関係は明らかでない。民主日本協会という団体にも属していた。下中彌三郎（平凡社創設者）、長谷川如是閑《はせがわにょぜかん》、馬場恒吾を顧問とし、加田哲二とともに本部委員の一人となっていた。民主日本文庫の一つとして『ソ連外交の解剖―ソヴィエト認識の基本知識―』を昭和二十八年（一九五三年）に出した。この会は共産主義の拡大にデモクラシーの危機を抱いたジャーナリストによる組織であろう。さらに山浦貫一、野村秀雄といった大物言論人の厚意を受けた。なぜか佐野学、鍋山貞親《なべやまさだちか》という戦前の転向者に評価されるという一面もあった。両者ともに戦後は民主社会主義運動に従事した。

民主社会主義運動の開始

民主社会主義運動は、マルクス主義的社会主義と違い、知識人が本格的に運動を指導したのは戦後である。戦前に安部磯雄や鈴木文治などキリスト教社会主義の運動が存在し、吉野作造は民本主義を発展させて民主社会主義的政策を説いてはいた。社会民衆党や社会大衆党といった民主社会主義的政党はあったが、労働運動家が中心であった。知識人においてマルクス主義の台頭後、民主社会主義的主張はほとんどなかった。東京帝大教授の自由主義者であった河合栄治郎は自らの思想をイギリス労働党流の社会主義と主張したが、労働組合や政党と没交渉であり、実践活動の理念にはならなかった。河合自身が主張した社会主義は生産手段の国有化など、マルクス主義的社会主義を意識していた。民主社会主義は戦後の民主化の中で本格的に論じられるようになった。

民主社会主義運動に加わった知識人は、大きく分けると二つの思想系譜があった。一つは、東京帝大の新人会から『社会思想』同人を経て民主社会主義連盟を結成したグループであった。蝋山政道（東京帝大教授）、三輪寿壮《みわじゅそう》（弁護士・社会党衆院議員）、波多野鼎《はたのかなえ》（九州帝大教授・農相）などがいた。先述の評論家・平貞蔵もこの系列に属していた。戦前の社会主義政党でいえば、日本労農党（日労）系であった。日労党にはマルクス主義者や国家社会主義者も混在していた。もう一つは、河合栄治郎門下の社会思想研究会のグループであった。猪木正道（京大教授）、関嘉彦（都立大学教授）、土屋清（朝日新聞記者）がいた。河合の影響から個人の倫理・道徳にこだわった。どちらのグループも東京帝大出身者が主で学窓のつながりがあった。[22]

大学をもとにした組織の背景は、中村にはなかった。慶應の先輩で衆院議員の松本七郎と一時期ともに運動をしたくらいである。帝国大学はマルクス主義が強く、早稲田は社会主義理論家として大山郁夫、安部磯雄、猪俣津南雄《いのまたつなお》などを輩出したが、慶應は目立たなかった。野坂参三、野呂栄太郎の共産主義者を出したが、学風と関係なく個人的なものであった。二人とも小泉信三の演習生であった。慶應と社会主義運動の関係について、中村は「慶應義塾出身者にいわゆる保守系の人々が多く、戦前の無産運動には人物は皆無であったといっていい」、「同時代の東大や早稲田の卒業生がこの分野にどんどん入っていったのと比較してこの方面に進出するものはなかった」と言っていた。[23]

中村は、昭和二十五年（一九五〇年）七月頃から民主社会主義運動に着手した。松本七郎と農民運動家の沼田政次（一九〇六年生まれ）とともに民主社会協会を設立した。沼田は新聞記者から小作運動に乗り出し、戦前に新潟県高田市議を務め、社会大衆党の三宅正一衆院議員（戦後は社会党）を支えた日労系の人物であった。[24] 名目的な会長に波多野鼎が就き、常任理事の松本が会務と資金調達、沼田が機関誌「東京通信」の編集、自分は理論面を受けもった。

社会思想研究会の主張に共鳴し、イギリス労働党について勉強する中で社会党に自由主義的社会主義をもち込もうとした。総選挙の落選後もしばらく政治家への希望をもっていたが、この時期には立候補を断念していた。「学問の世界と実践の世界を結ぶ仕事に力を入れよう」という気になっていた。「学者は現実のことを全然知らず」、「政治家は理論に弱い」ことから、自己の使命として理論と実践を結びづける仕事に努力しようと考えた。[25] 民主社会主義運動の組織化は講和後の時期を選んだのであろう。運動に占領軍の制約がなくなり、公職追放の加田も加入できた。

衆議院会館での月例会には、中村と松本の他に、蠟山政道、波多野鼎、加田哲二、西尾末広（後の民社党委員長）、鍋山貞親（社会運動家、共産党からの転向声明で有名）が参加し、研究発表や時事問題解説、政治報告があった。労働組合員、学生、政治家が集まった。会合は青年層の啓発活動のみならず、時事問題についての自身の勉強の場でもあった。休まず出席し、学生のように一生懸命メモをとった。関係者に対してのヒアリングも積極的におこなった。その成果は、論文執筆や自身の大学での講義に生かされた[26]。

蠟山政道と交流を深めたのは民主社会協会であった。慶應義塾大学の峯村光郎教授（労働法学者）の紹介で蠟山と面識を得て、彼の主宰していた選挙の実態調査（他に川原次吉郎、鵜飼信成、辻清明がメンバー）に加わり、昭和二十四年（一九四九年）の総選挙を調査していた。民主社会協会発足にあたっても蠟山の意見を聴いていた[27]。会長の波多野は蠟山と新人会以来の付き合いがあった。以降、蠟山とともに民主社会運動を主導していくことになった。

民主社会主義の組織として有力なのは、河合門下の社会思想研究会であった。著名学者も多く、全国に会員が存在し、民主社会協会よりも大きかった。河合存命中の研究会から発展して、猪木正道、関嘉彦、土屋清などによって昭和二十一年（一九四六年）に結成された。蠟山は顧問であった。河合の説いた自由主義、社会主義を継承するために読書会、研修会を開催し、機関誌『社会思想研究』を出していた。民主的社会主義という言葉で民主社会主義を表現していた。かつて存在した社会思想社は研究会の出版部であり、ルース・ベネディクトの『菊と刀』の翻訳はベストセラーになった。中村は、社会思想研究会の講演会や研究会に積極的に出席し、懇親会では西尾末広、松岡駒吉（元衆院議長）という大物にも物おじせずに率直に意見を述べていた。

戦後、共産主義運動が拡大した日本では、民主社会主義勢力は少数派であったが、西側諸国の社会主義は民主社会主義的であった。昭和二十六年（一九五一年）六月にフランクフルトで結成された社会主義インターナショナルは「民主社会主義の目標と任務」を宣言し、反資本主義、反ファシズム、反共産主義に立った自由で民主的な社会主義を提唱した。ソ連の共産主義を否定し、西側の一員として議会民主主義の立場を強調した。結成大会に松本七郎が日本社会党の一員として参加し、国際青年社会主義者同盟で「民主社会主義の立場」を報告した。その原稿は中村の手になるものであった。

民主社会主義連盟の創設

中村は、昭和二十六年（一九五一年）十二月の民主社会主義連盟の創設に加わった。[28] この組織は社会主義インターの「民主社会主義の目標と任務」にもとづき、思想や政策の研究、政党・労働組合・農民組合・青年団体の運動を推進することを目的にしていた。労組は海員組合（中学校の先輩の和田春生が幹部）、全繊など、後に同盟を結成した組合が中心であった。事務局には若い青年活動家や学生が多く出入りし、総合雑誌『自由』の編集長となった石原《いしはら》萠記《ほうき》もいた。民社連は若手人材の育成にも力を入れ、小金井の浴恩館で研修会を連続して開催し、中村をはじめ、さまざまな講師が参加した。麻生良方（後に民社党衆院議員）組織部長が中心となって民主社会主義青年連合（民社青連）が結成された。

民社連は、科学と政治の会（一九五〇年設立）が発展解消した組織であった。科学的合理的な民主政治を推進しようと、科学者の松前重義（東海大学創設者、社会党衆院議員）、八木秀次（八木アンテナで知られる。大阪帝大総長など歴任）が中心であった。この会には民主社会主義的な思想があったわけではなかった。

民主社会主義連盟の幹部は、会長・八木、理事長・蠟山、事務局長・波多野であった。三十一歳の中村は理事となった。研究委員会の中枢である思想研究委員会で蠟山理事長とともに計画と運営を担当し、民主社会主義の理論と実践についての研究と、討議やパンフレット発行を推進した。昭和二十八年（一九五三年）には、三十四歳で蠟山の後の理事長となった。

この民社連の時期は中村の生涯で最も多忙であった。大学との兼務は心身ともに負担を強いるものであり、この時の無理がたたって早逝したと思った者も多い（昭和二十七年に誤診により盲腸炎で危険な状態になったこともあった）。几帳面な性格であり強い信念をもって仕事に邁進した。

若い中村は、当時の社会主義者の中で異質であった。社会党は保守政党以上に戦前の古い人脈が根強かった。旧党による派閥がかなり後まで残った。彼はしがらみから自由であった。丸山眞男など戦後知識人の多くが昭和初期に流行したマルクス主義の影響を受けていたが、それがなかった。学生時代にマルクス主義者となり、その後、シベリア抑留で共産主義に幻滅し、民主社会主義運動に加わった和田耕作は次のように彼を評した。

マルクス主義特有の階級的な見方は彼にはない。社会主義という言葉への執着もあまりない。彼が名付けた「民主社会主義」という語感には、社会民主主義とか、民主的社会主義（社会思想研究会で言われた言葉）といったものとは、若干、異質の響きがあって、民主主義そのものが躍り出ている感じがする。

楽天的な民主主義者、そのものズバリの現実主義者、思想を振りまわすことなく、現実の資料にもとづく改革論に立って、何のくったくもなく感覚的、断定的に発言する中村教授の魅力的ポーズは生涯変わることがなかった。[29]

新進気鋭の学者であり、右派社会党の政治家や労組幹部（和田春生、滝田実、天池清次など）と積極的に親交を重ね、労組や青年活動家の研修会で講演をおこなった。抽象的な思想でなく、現実に即した話が実務家に評価された。当時の文系はマルクス主義者やそのシンパが強く、民主社会主義を理解する研究者は希少であった。人脈が広い中村や蠟山は精力的に賛同者を開拓した。総合雑誌や新聞もマルクス主義が強かった。この時期に理解があったのは、『朝日新聞』の土屋清、江幡清、『読売新聞』の加田哲二、『毎日新聞』の秋定鶴造、中正雄、『東京新聞』の唐島基智三であった。社会思想研究会の関嘉彦など他の民主社会主義団体のメンバーも会員となり、研究会に参加し、論文を寄稿した。

中村は、民社連の月刊誌『民主社会主義研究』に積極的に寄稿した。原稿は性格をよく表し、きれいな文体と文章であった。もっとも機関誌の運営は厳しく、第三号で財政上発行困難になった。中央経済社の支援で社会思潮社という出版社が設立され、第四号以降発行を担うことになり、紙面も充実した[30]。中村は雑誌の存続に邁進し、研修会や講演会で派遣講師がパンフレットや冊子を持参し、販売や組織化に尽力することを提案していた。門下の中村勝範によれば、中村は「生涯、傍観者、批評家として過ごすことのできない人間」であり、「かかわりをもったことには投入する」のであった[31]。

民社連が創設された昭和二十六年（一九五一年）は、社会主義陣営にとって変動の時期であった。同年に社会主義インターが結成されたが、十月に日本社会党がサンフランシスコ講和条約と日米安保条約をめぐって左右に分裂していた。左派は両方に反対、右派は前者に賛成、後者に反対の立場であった。社会主義の立場にもともと相違があり、左派はマルクス・レーニン主義に依拠した階級政党論であり、議会活動は革命の一手段であった。右派は議会民主主義に立った国民政党論を唱えていた。右派社会党は日本労農党系（河上派）、社会民衆党系（西尾派）から成っていた。五月に左派の理論組織である社会主義協会が結成された。向坂逸郎、山川均ら労農派マルクス主義者がメンバーである。民社連も右派の思想団体と見られていた。民社連に加わった政治家は日労系が中心であった。三輪寿壮、河野密が中心であり、西村栄一もいた。

社会主義協会は社会主義理論ばかりでなく、左社党や総評の事務局に人員を積極的に送り込み、自己の理論実現に向けて強力に実践運動を展開していた。向坂が現地に乗り込んで労働者の学習指導をおこない、使用者側と全面衝突した三井三池争議（昭和三十五年、一九六〇年）は代表的運動であった。

民社連は思想の研究・啓蒙・普及にとどまり、政党や労組とのつながりは限定的であった。人員を送り込むというより、これらの組織の者が加入するという形態であった。研究委員会や月刊誌では保守勢力や左派にも門戸を開いていた。[32] 独立した思想団体であり、政党とは独自の主張を展開した。

昭和二十七年（一九五二年）三月八日に民社連の理事会は、再軍備支持と、再軍備合法化のための憲法改正を支持する趣旨の声明を出した。国際情勢から自衛隊創設を認めるが、憲法を改正せずに現在の状態を続けるのは違憲であり、正当な立憲的民主主義の手続で改正すべきとした。現実の必要で、なしくずしに隠れて違憲状態を放置する政府の態度を批判したものであった。各新聞が大きく報じ、水谷長三郎右社政審会長は声明を遺憾とする談話を発表した。[33] 右派社会党内でも問題になったが、民社連は別個の団体であり、この声明に党は制約されず、憲法堅持、再軍備反対を確認した。[34] これを報じた『朝日新聞』は、民社連の会員の幅が広いことを指摘し（岸信介も会員になったとも）、「熱心な「理論家」の中には再軍備論者も少なくないし、そうでないものでも自衛力の漸増を頭から否定するものはまずない」と党より態度が「ひときわ鮮明」であると評した。党の枠にしばられずに協力団体の形での理論的問題の発表をおこない、自衛力問題をめぐって党内論争の「一震源地」になり得ることを指摘していた。中村もこの「理論家」の一人と思われる。[35] 独立防衛論を唱えて突出していた西村栄一と親しかった。

この時期は社会思想研究会においても再軍備が話題となっていた。『社会思想研究』の昭和二十七年（一九五二年）七月号において土屋清が日本は再軍備の必要があると論じ、三年間にわたり誌上で論戦が展開された。土屋支持が気賀健三（慶應義塾大学教授）、佐藤寛行（後に民社研事務局長）など、反対が音田正己（大阪府大教授）、塩尻公明（神戸大学教授）などであった。[36] 後に民社研の団体加入にあたり、東西の意見の相違が反映した。

社会党統一をめぐる論戦

左右社会党はそれぞれ議会の勢力を伸長させていた。昭和二十七年（一九五二年）十月の総選挙では獲得議席が、左派五十四、右派五十七であり、翌年四月の総選挙（西村栄一が「バカヤロー解散」のきっかけをつくった）では左派七十二、右派六十六、昭和三十年（一九五五年）には左派八十九、右派六十七であった。冷戦下で保守政権の改憲や自衛隊創設などの「逆コース」の傾向が強まり、社会主義政権の実現のために左右統一を実現すべきとの声が両党や労組、活動家の中で高まっていた。

右派社会党では、昭和二十八年（一九五三年）から昭和二十九年（一九五四年）にかけて統一を推進する議論がさかんになってきた。日米安保や再軍備に反対し、マルクス・レーニン主義の階級政党観に立つ左派社会党とは政策の距離があり、西尾など社民系は慎重であったが、日労系は統一に積極的であった。日労系は安全保障では中立主義的立場を志向し、日米安保に否定的な者も多かった。

中村は、左派社会党の階級政党論やソ連陣営に親和的な安全保障観に否定的であったが、理事長としての立場があった。統一に積極的な政治家（とくに日労系）や労組、現場の活動家の意向は無視できなかった。理事会や思想委員会では、民主社会主義思想を主体とした統一の努力をすることになった。民主社会主義勢力が統一のリーダーシップをとるために思想と政策の内容を充実させるべく、思想委員会と政策委員会が研究活動を展開することになった。

昭和二十九年八月号（第四号）から『民主社会主義』の主筆を兼務し、麻生良方が編集長となった。「民主社会主義とファシズム」（八月号）、「社会党統一への指向」（九月号）、「社会党右派二つの表情　対談西尾末広」（十月号）と精力的に論文、対談をこなし、統一に向け、民主社会主義の理念と政策を広めるべく誌面づくりをしていった。後述の「民主社会主義綱領」発表後、社会党の問題を毎号のように取り上げた。昭和二十九年一月号は「社会党統一は可能か」との特集を組み、中村は大野信三（明治大学教授）、河野密とともに「民主社会主義の防衛」との座談会を二号連続でおこなった。安全保障論議に慎重な河野密に対し、国民生活を圧迫しない限度の自衛の内容を提言すべきとか、現に存在する軍備に反対というだけでは国民が党に期待できるのかを問いかけていた[37]。

昭和二十九年五月号の創刊一周年記念では「社会党は統一へ前進する」、「社会党の統一に望む」との二つの座談会をおこなった。前者に中村が参加し、伊藤好道（左社衆院議員）、河野密と懇談した。政治家が「大筋の線で一緒にやる」と積極的なのに対し、中村は、左社と密接な関係にある「労農組織」の存在を問題にした。社共共闘の人民戦線的な立場をとる団体が党に対して非常なプレッシャーをかけることを懸念した。さらに社会主義運動の戦術、戦略のために、人間性を没却し、派閥抗争をおこない、論敵に人間性を無視した悪罵《あくば》を投げかける動きを牽制した[38]（この懸念は西尾攻撃となって現実のものになった）。

政治家との対談では「国権の最高機関たる国会の議員が、まるで町の与太者のように暴力をふるって、得々然としておる」、「ややもすれば党利、党略に捕らわれて、国民に対する責任を忘れ、国民の意思を軽視している[39]」と大物相手に忌憚なく発言した。統一にあたり、左右両派が妥協しなければならないが、実際の政局を担うには右派の右寄りの政策でなければできず、左派による政治ならば（マルクス主義者の）カウツキー内閣になると言明し、議会政治の鉄則を強調した[40]。

民社連において画期的なのは、昭和二十八年十二月に「民主社会主義綱領」を作成し、総会で採択したことであった。役員においても民主社会主義の理念についての共通の理解がなく、政策も場当たり的で一貫性がなかった。右派社会党は安全保障をめぐっての意見の相違があり、民主社会主義は党内対立回避のための看板という面があった。左派の社会主義協会は向坂逸郎主導で緻密な理論を展開しており、社会運動として民主社会主義を推進するために思想はもとより政策の体系をもった綱領の作成が求められていた。

綱領では、社会主義インターの路線を支持し、議会民主主義に立ち、個人の自由を尊重することを強調した。さらに「全体主義勢力の侵略と攪乱」や「自由世界の全力を挙げての抵抗」にも言及している。産業国有化における官僚主義の弊害や個人の自由と独立を脅かす危険にも触れた[41]。

策定過程において中村は多くの委員と異なった意見を述べていた。とくに安全保障政策がそうであった。この問題は社会党分裂の原因にもなり、民社連や右社内でも意見が異なっており、最も慎重に論議が重ねられていた。原案に「平和憲法の精神を堅持しつつ、自衛と相互援助を目的とする国連の集団安保障制度の義務の分担」とあるのは曖昧として、社会主義インターナショナルの決議に即し、「自衛力はもちろん国連を通じての戦争を防止するための軍事力は強化しなければならない」と意見を述べていた。軍事力の強化は組織の実情を考えるならば、大胆な主張であった。

でき上がった綱領では「社会主義インターナショナルの宣言の線に副い、自国の能力にかんがみ、あくまでも自主性にたち、平和憲法の精神を堅持しつつ、自衛と相互援助を目的とする国連の集団安全保障制度の方針のもとに、その義務を分担する」との記述となった[42]。

左右社会党の主導権争いは続いており、社会主義協会は総評の太田薫、岩井章とともに統一反対の主張を展開した。一月に社会主義協会主導で左派社会党の綱領が作成された。労農派マルクス主義にもとづいており、議会の絶対多数の恒久化による社会主義遂行という永久政権論、民族独立の回復を唱えた。右派内でも統一をめぐって意見の相違があった。西尾末広は、昭和二十九年五月八日に「社会党統一問題への考察」との小冊子で、社会主義政党が政権担当を可能にするには国民政党であるべきとし、世界観や外交防衛の相違を無視した無原理、無原則の統一を批判した。これに対し、河野密は吉田内閣と対決するには統一を優先すべきであり、具体的課題から出発することで綱領や重要政策の調整は可能と反論した[43]。

このような事情もあり、民社連は民主社会主義の立場からの「統一社会党綱領草案」の作成にとりかかった。「民主社会主義綱領」を政党の綱領にするために政策やその目的となる理念を取り入れる必要があり、委員会の充実と活動が重要となった。

「統一社会党綱領草案」のとりまとめの中心となった思想研究委員会は、中村、関嘉彦、武藤光朗、野田福雄（東京学芸大学教授）、竪山利忠（労働運動家）、和田耕作、河上民雄（後に社会党衆院議員）、麻生良方などが常時出席し、中村理事長が草案のまとめに力をつくした。個別政策については、経済分野は加田哲二、波多野鼎が中心となり、土屋清、気賀健三、稲葉秀三（国民経済研究協会理事長）、農業分野は我妻東策（東京農業大学教授）、東隆（右社衆院議員）、米山雄治（右社書記）であった。防衛政策は土居明夫（大陸問題研究所長）が主査であったが、他の研究会の委員や政治家も参加し、活発な議論が展開された。

合同研究委員会終了後の懇親会では、統一社会党ができたら、民社連の理事や研究委員が衆院に立候補すべきとの意見が出た。中村理事長を筆頭に猪木正道、土屋清が政治家タイプとの話が出たが、この三人でなく、その場にいた和田、麻生、河上と関が議員となった。

中村理事長の手で昭和三十年（一九五五年）五月に「統一社会党綱領草案」をまとめた。実際の作業は河上民雄、藤牧新平（右社書記）がおこなったという。文中に出てくる「社会主義は自由の息吹の中においてのみ栄える。社会主義は民主主義を通じてのみ達成される。民主主義は社会主義社会においてのみ完全に達成される」との言葉は、中村が自著でよく語っていた。議会主義、国民政党（ただし労働者階級が中核である）、国際共産主義の脅威が言及されていた。

民社連は『統一社会党綱領とその解説』を六月に急遽六千部出版した（月刊誌の『民主社会主義』が約五千部）。中村は売れ行きを案じていたが労組や党を中心に完売した。[44] この解説において、中村は左派綱領のマルクス主義的社会主義との対抗を強調していた[45]。当時『読売新聞』の論説委員であった加田哲二も寄稿し、この主張を後押しするように、権威に依存する社会主義を批判し、民主社会主義がマルクス主義やその発展としての共産主義と本質的に異なることを言明した草案を評価していた[46]。

中村がこの草案に満足していたかは疑念がある。『朝日新聞』は一面トップで草案作成を報じたが、その政治性をも指摘していた。左社の綱領に対抗するために右社の立場を余人に印象づけることを目的としたものであり、社党統一の際、必ずしも案文通り採択されると想定していないとする。議会活動だけで社会主義は実現せず、労組や農民組合と密接に結びついて日常闘争を活発にしなければならないという文面は、左派の配慮と指摘した[47]。たしかに右社内での妥協さえも散見され、「労働階級を中核とし、農民、中小企業者、知識階級などの広範な国民勤労階層の結合体である」と、国民政党論と階級政党論の妥協の痕跡も垣間見える。

さらに左派と右派がそれぞれ綱領をもち寄り、統一社会党の綱領草案が九月十日にまとめられた。議会主義の明示、国際共産主義の非民主的性格と自由侵害が言及されたが、左派と妥協した表現もある。「社会主義革命を遂行すべき労働者階級を中核とする広範な勤労大衆は必然に民族独立闘争をも負担する」という表現は、左派のアメリカ帝国主義と日本ブルジヨワジーの二重支配を配慮したと思われ、「階級的大衆政党」という新概念もある。『朝日新聞』の社説は「左派社会党が言葉の上では譲歩しながら、現状分析という基礎工事においては、やはり従来の考え方に案外こびりついている点に気づかざるを得ない」、「この綱領草案をつらぬく一つの太い線といったようなものが感ぜられない」、「頼もしさと迫力が感じられない」と評した[48]。

この内容の綱領でさえ、九月十七日に左社党青年部が議会主義、反共主義、改良主義の内容を批判し、安保廃棄、再軍備反対の明示を要求していた[49]。左社の党大会でも平和四原則（全面講和・中立堅持・再軍備反対・軍事基地反対）で譲歩し過ぎるとの批判が噴出した[50]。結局のところ、左社も統一を優先し、綱領草案を承認することになった。

統一社会党での左右対立

統一後も社会主義協会を中心に、左派は統一綱領の民主社会主義的内容を非難していた。中村はその対策をも練っていた。昭和三十一年（一九五六年）二月に「民主社会主義の手引き」全五巻の小パンフレットを発行した。「新綱領の思想的背景・新綱領の意味するもの」

（中村菊男、曾禰益《そねえき》）、「平和革命と民族の独立・経済政策の基礎となるもの」（加田哲二、土屋清）、「党の在り方とその運営・新綱領と今後の労働運動」（竪山利忠、和田春生）、「新綱領と今後の青年運動・新綱領と今後の婦人運動」（麻生良方、加藤シズエ）、「新綱領と今後の農民運動・新綱領の生まれるまで」（沼田政次、藤牧新平）であり、活動家向けパンフレットであった。

同年二月と四月に理事と評議員を増員した。思想委員会では「日本の近代史の再検討」をテーマにし、中村の『近代日本の法的形成』をもとに討議がおこなわれた。麻生良方が「戦後日本社会党の反省」、野田福雄が「片山内閣の検討と評価」を報告し、政権をめざす社会党の方向を歴史面から討議した。

さらにまた「民主社会主義綱領」をもとに同年四月から六月にかけて春秋社から『社会主義教科書』を出版した。「原理編　社会主義の理論と歴史」、「政策編　日本改革の基点と方向」、「実践編　日本革新政党の理論と現状」の三巻構成であり、各五千部であった。中村は「原理編」の「世界の社会主義の運動の理念と実践」部分の「ロシア革命」について執筆した。ヨーロッパの最後進国ロシアでマルクス主義の革命が起こり、東欧、中国に広がる一方で、西欧では仏伊を除き、民主社会主義が優勢であることを指摘した。[51] 原稿印刷中にフルシチョフのスターリン批判が起きた。

同年十月末のハンガリー事件は民社連の独自性を発揮した。民主化を求めるハンガリー市民をソ連軍が虐殺した事件である。社会党左派や社会主義協会は事件に沈黙するか、ソ連の主張のように反乱分子の暴動と決めつけた。日本の新聞も事件を判断できかねる中で、『民主社会主義』十二月号に「社会主義と自由」を特集した。この事件で特集号を出したのはこれとアメリカの『タイム』の二誌だけと言われた。

民主社会主義は自由と人権を尊重しており、どのようなイデオロギーでも市民や労働者、学生のデモを武力的に弾圧することは許さないと民社連の全理事の意見は一致した。中村は、編集部の高木邦雄から特集号を提案され、「あなたが確信をもっておるなら、思う通りにやってみよう」と励ました。冒頭の武藤光朗の論文「自由と社会主義」は倫理的観点から事件を批判し、社会党の「道徳的不感症」を警告した。丸山直光「ソ連と東欧諸国の実態」、和田春樹「ハンガリアとスエズの教訓」、牧内正男「自由と民族主義」、田畑太郎「進歩的文化人の混迷」、松岡洋子「ソ連と東欧の自由」の諸論文が掲載された。さらに「東欧の動乱を語る」の座談会には西尾末広など四人の国会議員に中村、和田耕作、武藤、竪山が参加した。

同年十一月には、民社連会長となっていた三輪寿壮が急逝した。連盟の財政を支え、日労系（社会党河上派）の重鎮として左派や社民系（西尾派）とのつながりをもった貴重な人物であり、その死は民主社会主義運動の展開にも影響した。健在ならば、西尾派の離脱がはたして起こったのか、民社党結成に河上派全体が結集したのではないかと思わせる。

『民主社会主義』の昭和三十三年（一九五八年）一月号は「日本社会党に寄せる」との特集を組み、蝋山顧問はじめ、統一綱領の維持を求める論文を掲載した。さらに五月の総選挙を受けた六・七月合併号で中村主導のもとに思想委員会で「社会党と総選挙」のテーマで討論をおこない、議会主義を党員に徹底せずに大衆運動による権力奪取を求める者がいることを批判した。

昭和三十三年の総選挙は、社会党統一後初であり、大幅な党勢伸長の期待があったが伸び悩んだ。解散時の議席から八議席増の百六十六議席を得た。自民党は解散時から三議席減らし二百八十七議席であった。躍進を期待していたこともあり、党内では敗北として受け止められた。メディアや民社連は左派における議会主義の否定を問題にしたが、左派や総評は院外活動を強化した。岸信介内閣の警職法改正案は、社会党の大衆闘争に火をつけた。反対運動が盛り上がり、総評だけでなく、右派系の全労まで加わった。民社連も反対声明を出す展開となった。政局は左派のペースで進んでいた。

この動きに乗じて社会主義協会の向坂逸郎は、同月に太田薫総評議長、岩井章総評事務局長、木原実社会党オルグ団長とともに「社会党を強化する会」を結成した。「社会党が党内に残存している議会主義、日和見主義、大衆追随主義、非行動的性格を克服し、革命の党として脱皮成長するために、何らかの行動を組織的に起こす必要がある」と「檄」を飛ばした。

さらに向坂は、社会主義協会の機関誌『社会主義』十二月号の論文「正しい綱領、正しい機構」において、社会党が社会主義革命路線を明確にすることを求めた。社会主義政党の「たましい」を冒頭から問い、党勢伸長とともに右翼的改良主義政党化を狙う支配階級の陰謀に警鐘を発し、社会革命の政党であるべきと説いた。暴力革命は否定するが、議会と大衆運動を通し、労働者階級による永久政権を目標とした。議会政治を認めるが、議会制民主主義における政権交代のルールで動く西欧社会主義政党と異なった発想であった。「向坂論文」は党内外に反響を呼んだ。向坂は学究活動を越え、門下を労組書記局に配置し、職場活動家を養成し、一般党員に強い影響力をもっていた。この当時、総評の太田議長は向坂と連携して活動した。両者はもともと右派との統一に反対であった。

党内でも左派の勢いが強まっていった。鈴木茂三郎委員長は、「向坂論文」を受け、十二月十七日に北海道釧路市で記者会見し、平和革命は議会主義によって初めて実現できると、民主的議会主義に徹することを強調した。総評はこの「釧路談話」に激しく反発した。翌日の十八日に岩井事務局長は左派の書記局員を集め、議会中心主義を批判し、階級政党論を主張し、旧左派社会党綱領を核にした左派の結集を訴えた。さらに二十一日に太田議長、岩井事務局長と旧左派社会党議員、書記局員などと協議し、階級政党のための左派連合の結成、西尾末広と彼を支持する全労との対決を申し合わせた。

こうした総評の攻勢に対し、『朝日新聞』は、昭和三十四年（一九五九年）一月十八日の社説で「釧路談話」を擁護した。「社会党の踏み外してはならぬ軌道」とは「民主主義的な議会政治においてて多数を占めることによって平和革命を達成してゆく」ことにあると強調した。そして「特殊の史観や特殊のイデオロギーの上に立つ階級闘争という観念」や「何とも知れぬ時代遅れの革命主義」を批判した[52]。

左派は外交においても攻勢を強めていた。三月四日から浅沼稲次郎書記長は、当時国交のなかった中国を訪問し、十二日に「アメリカ帝国は中日の共通の敵であります」と演説した[53]。彼は河上派であり、イデオロギーにこだわらず、妥協を得意とする政治家であったが、書記長就任以降、急速に左派に接近した。

同年六月の参院選挙の結果を受け、党内対立が激化した。社会党は第一党になるとの期待もあったが、前回四十九名当選であったのが、三十八名にとどまった。得票率も低下した。今までの選挙では伸び悩みはあったものの、とにかく議席を増やしていたが、今回は議席を減らした。右派の国民政党論と左派の階級政党論は激しく対立した。メディアは国民政党論に好意的であったが、党内の政治力は左派が上回った。総評と社会党青年部は西尾末広の日米安保容認発言を問題にし、党除名を求めた。九月の党大会での西尾の統制処分が、西尾派と河上派の一部の離党、翌年一月二十四日の民主社会党の創設につながった。河上派内には浅沼書記長をはじめ、安保政策に左派と近い者も多く、河上丈太郎（旧右社委員長）も残留した。西尾批判において議会主義や国民政党論でなく、日米安保を焦点にしたことに左派の戦略があった。民主社会党の綱領は曾禰益（参院議員）の依頼で関嘉彦が執筆した。

民主社会主義研究会議の創設

民社連は八月四日に思想委員会で左派批判の声明を出したが、政治家を除いた新組織を模索していた。十月末に新組織の構想が明らかになった。蠟山、関、中村らが話し合い、マルクス主義に基盤をおく社会主義との対決のために、民主社会主義連盟、日本フェビアン研究所（和田耕作事務局長）、社会思想研究会（山田文雄代表）の民主社会主義組織の統合をめざすものである。この「蠟山構想」は、民主社会主義の理論体系の確立、経済政策、外交政策の深化・充実を図る組織の構築をめざした[54]。十二月に民社連が発展的解消し、昭和三十五年（一九六〇年）一月九日に会議としての民主社会主義研究会議を開催した。二月十三日に常設機関としての民主社会主義研究会議が設立された（この日は河合栄治郎の誕生日であった）。

初代議長に蠟山政道、事務局長に和田耕作が就任した。中村は理事となった（昭和四十一年一月から五十一年まで常務理事）。この間の一月二十四日に民主社会党（後に民社党に改称）が設立された。

社会思想研究会は対等協力ということで団体加入をし、昭和四十七年（一九七二年）まで存続していた。フェビアン研究所は会員が個人加入をし、昭和四十四年（一九六九年）に創設者の大原総一郎が逝去するまで続いた。社会思想研究会から社会思想の関、安全保障の猪木、経済の土屋という専門家が加わり、フェビアン研究所の和田は後に民社党の衆院議員となった（選挙区内に中村の自宅があり、選挙のたびに応援していた）。

その後の民社研の展開において、社会思想研究会から慶大教授の気賀健三（一九〇八－二〇〇二）が理事に就任したことは重要であった。同じ大学であったが、経済学部であり、中村とは面識がある程度であった。気賀の父の勘重は慶應の経済学者で衆院議員も務めた。彼は社会哲学的視点から経済政策を検討し、フリードリヒ・ハイエクの翻訳でも知られた。民社研が古典的社会主義の経済政策にとどまらず、時代変化に対応した現実的経済政策を提供できたのは彼の知的貢献が大きい。門下の加藤寛（慶大教授）、原豊（青山学院大学教授）、丸尾直美（慶大教授）は、民社研において行政改革や社会保障の政策を提言し、この組織が民主社会主義を超えたシンクタンクとして現在まで存続することにつながった。

民主社会主義研究会議は年一回の全国会議、毎月の労働学校を開催し、機関誌『民主社会主義』（後に『改革者』と改題）を刊行し、地方での講演会を開催した。民社党とは対等の関係であり、民主社会主義の目的のもとに全労（後の同盟）とともに三組織が協力する関係となった。一九九四年五月に政策研究フォーラムとして組織再編し、さらに二〇〇七年に今の姿となり現在まで続いている。

中村は昭和三十三年（一九五八年）十二月末から欧米に海外留学し、翌年九月に帰国していた。民社党創設にいたる混乱の時期に重なる。新党にどの程度関与していたかはわからない（政治情勢の変化を受けて急遽帰国したようである）。マルクスの墓参をし、決意を明らかにしたのはこの時の話である。中村は民社党を選んだ。社会党右派の河上丈太郎や河野密とは安全保障をめぐって明らかに意見を異にしていた。戦前のインテリでマルクス主義の影響を受けた社会主義者と、現実主義者の中村とは精神的にも距離があり、政治家の派閥的発想とは無縁であった。西村栄一や西尾末広といった労組出身の現実主義者に共感していた。

帰国後の「蠟山構想」には関わっていたとみられる。留学前後には諸雑誌に民主社会主義について寄稿していた。「民主社会主義について」『海員』昭和二十九年（一九五四年）九月号、「民主社会主義者と社会党」『官公労働』昭和三十年（一九五五年）十二月号、「民主社会主義と今後の課題」『経営者』一九五五年十一月号であった。海員組合、経団連、官公労と諸方面に民主社会主義思想を説いた。

昭和三十五年（一九六〇年）二月に虎の門に「東京政治研究所」を設け、所長となっていた。所員に上條末夫、高橋正則（後に駒澤大学法学部教授）、黒澤博道（民社党教宣局部長）、小平修（後に京都産業大学教授）などが加わった（高橋が事務局長）。この研究所は、二十三冊のパンフレット（三十頁程度）を社会思潮社（民社連の出版社）から出した。昭和三十四年（一九五九年）十月に中村が日本文化フォーラムで講演した内容をまとめた『国民政党か階級政党か　欧米の政治事情』が最初であった。最後は昭和三十八年（一九六三年）九月の加田哲二『国際情勢のみかた』であった。中村は『向坂理論と民主社会主義』（第二号）、『欧米の政党政治』（第十五号）、『中立政治と防衛政策』（第二十二号）を執筆した。今までの政治的主張をわかりやすくまとめていた（企業や団体に販売していたようである）。伊藤卯四郎（民社党副委員長）の自伝も制作していた。昭和三十八年四月に場所を中村の自宅に移し、現代史研究所に名称変更した。月例研究会を開催し、パンフレットを出していた（昭和四十七年、一九七二年十月に閉鎖した）。

民社研になった後、中村は機関誌『改革者』の編集理事を務めたり、講演や寄稿をおこなっていたが、公職が増えていた。文部省社会教育審議会委員（昭和三十六年、一九六一年）、民間放送番組審議会委員（昭和三十六年）、ニッポン放送、文化放送、フジテレビジョン放送

番組審議会委員（昭和三十八年）、選挙制度調査会委員（昭和三十年）、選挙制度審議会委員（昭和三十七年）、大学設置審議会専門委員（昭和四十年、一九六五年）、沖縄問題等懇談会・基地問題研究会会員（昭和四十三年、一九六八年）であり、昭和四十三年には春の園遊会に招待された。

武藤光朗の活躍

蝋山政道は昭和四十一年（一九六六年）に議長を辞職し、後は武藤光朗（一九一四－一九九八）が継いだ。武藤は中村と同年代であり、民社連では同じ若手学者として彼を支え、安全保障や民主社会主義の理念についても近い立場にあった。ともに学生の指導に熱心であり、中村亡き後は後進の面倒をよくみた。社会党の江田三郎による構造改革をめぐって好意的な蝋山と否定的な中村が議論しているところに武藤が中村を支持し熱弁をふるったので、蝋山が激昂したことがあった。中村が体調を壊し、活動が制約される状況で民社研を積極的に支えた。

中村と武藤は境遇や研究をみると対照的であった。福島県川俣で両親が早世し、兄を頼って長崎高商に通ったが向学の念やみがたく、周囲の援助もあり東京商科大学に進学した。教職に就いたが、神奈川大学、國學院大学を経て中央大学を早期に辞めた後は、社会思想家と称し評論活動をおこなった。

中村がさまざまな分野の学問を開拓したのに対し、武藤は、若き日に出会った新カント派の哲学者左右田喜一郎の影響を受け、その哲学の課題に生涯をかけて取り組んだ。自身の経済哲学の構築をめざした思想学者であった。思索の根幹には個人における人格の自由と尊厳があった。カール・ヤスパースの翻訳や『経済哲学』の三部作など、実存哲学・経済哲学・社会哲学に展開する思想を構築した。

武藤にとって民主社会主義とは中道的現実主義でなく、反抗の思想の実践形態であった。資本主義のもたらす失業、貧困、人間的隷属の非人間的事態と、人間存在の徹底的な社会化をめざす共産主義への反抗であった。高度工業社会における労働者の疎外について人間の実存の問題としてとらえた。労働時間が人生の半分を占め、その時間が早く過ぎ去ることを求める労働者の心理を人生の終末に急いでいる自殺者に譬えた。労働時間短縮などの権利擁護や民主的な労使関係の確立、さらに福祉国家の確立の主張には物質的満足を超えた人間の実存の観点があった。

そうであるがゆえに豊かな先進社会における若者の社会的反抗に注目し、ビートルズや村上春樹、尾崎豊などに言及する独特の実存哲学を展開した。民主社会主義とは本当の自分として生きようとする個人と個人が同志愛と連帯感で結びつく世界の実現であった。それは国内にとどまらない。共産主義諸国における自由と人権抑圧を厳しく批判し続けた。個人がその独自の人生のうちに本当の人間らしさを発揮すべきという信念に彼は突き動かされていた。

蠟山政道の後の民社研議長として政党から独立した思想団体としての立場を堅持した。一時は民社党と対立したこともあった。春日一幸委員長と論争が嵩じ、つかみ合いになりかけたこともあった。日中国交回復にあたって友好ブームから政治的自由の問題に目をつぶることを厳しく批判していた[55]。中村は忌憚ない発言で知られていたが、武藤もまた熱情の人であった（中村は台湾を何度も訪問し、日中問題には慎重であった）。戦前の社会主義と一線を画した現実主義の中村、理想主義の武藤は、ともに民主社会主義運動に新しい活力を与えた。

関嘉彦による民主社会主義運動の発展

関嘉彦（一九一二－二〇〇六）は、武藤の後を受け、昭和四十五年（一九七〇年）から民社研の議長となった。十三年間在職し、民社研の発展に貢献した。戦後、猪木正道、土屋清など社会思想研究会の設立に携わった後、東京都立大学教授となり、社会思想史を講じた。柔和な外見の内に芯の強さがあり、戦中、ボルネオ島の司政官として派遣された際、部下への責任感から最後まで残った。帰還後、師の説いた民主社会主義にもとづく社会の建設を自己の使命とし、思想を中心に研究した。昭和三十五年（一九六〇年）の民主社会党の設立にあたって暫定綱領の作成に携わった。「個人人格の自由な発展こそ、最高の価値基準である」という格調ある基本原理を掲げたのは河合門下の彼ならばであった。

民社研議長就任当初は、民社党との関係がこじれていた。民社研は、党の公明党との選挙協力、都知事選（社共の美濃部亮吉知事と自民の秦野章元警視総監の対決）での中立、日中国交回復の積極支持を批判していた。『改革者』（一九六九年十二月号）は、編集同人名での座談会を掲載し、党批判をおこなった。議員の党利党略を問題視するなど直裁であった。関は困惑し、党との関係修復に心を痛めた[56]。

この時期、中村も誌面において美濃部都知事批判、日中国交回復慎重論を展開していた。前者について、秦野章と対談し、美濃部知事が住民の意向ばかりうかがい、民主主義の名のもとにおける「ゴネ得」を許したり、マルクス主義者ゆえに資本主義体制対社会主義体制にこだわることを批判していた[57]。後者では「日中問題解決の条件」との論文で日中国交正常化論をムード的なもので現実的根拠があるのか疑問を投げかけていた。戦争賠償や日米安保維持の問題、台湾との関係に懸念を示し、北京政府の思惑に乗ることなく、「じっくりと慎重にかまえて対処すべきではないか」と主張した[58]。

中村は『改革者』誌上で「黙っておれぬ」という対談を昭和四十六年（一九七一年）八月号から二年間、二十四回も連載し、各回の著名人を前に忌憚ない意見を表明していた。メディア報道、日教組、大学紛争、教科書裁判など、社会主義者というより保守派言論人のように当時の左翼的傾向を容赦なく批判していた。民社研と民社党の関係修復は、関によれば、昭和五十二年（一九七七年）の佐々木良作委員長登場後であり、中村の亡くなるまで緊張関係が続いた。

関の議長としての最大の功績は、昭和五十五年（一九八〇年）に創立二十年記念として『体系民主社会主義』の出版を実現したことであろう。財政難に悩まされながらも、思想、政治、経済、労働、福祉、国際関係の六巻からなる全集作成は、思想団体として画期的な業績であった。昭和五十八年（一九八三年）に参院比例代表制導入の際、民社党の名簿一位に登載され、政治家となった。国会では一方的質問でなく、相互の討論を試みるなど、与野党の建設的対話を重視した。

関は猪木正道とともに現実主義的安全保障論を定着させた。自民党や政府の関係者が曖昧な立場をとっていたのに対し、自由と民主主義には国家の安全保障が前提であることを訴えた。西側世界の一員の責任としての防衛論議は復古的保守と一線を画した。

その安全保障論が注目されたのは、昭和五十三年（一九七八年）から翌年にかけてロンドン大学の森嶋通夫教授との防衛論争であった。ソ連の軍事拡張が懸念されていた時期である。森嶋は非武装中立主義を支持し、ソ連侵攻の際に（降伏の）白旗と（歓迎の）赤旗を掲げて降伏すれば、戦争の惨劇を避けられると主張した。関は共産主義国の好戦的現実を指摘し、日本の経済に見合った自衛力を整備するとともにアメリカとの同盟で補完することによって自主防衛を充実すべきとした。当時、社会党や知識人において森嶋のような考えは根強くあった。非現実と一蹴《いっしゅう》するのでなく、丁寧に民主主義社会において防衛が不可欠なことを解き明かした[59]。

中村の没した翌年からの論争であったが、論争好きの彼が健在ならば、どのような議論を展開したのか興味深い。恩師の潮田に似て、殲滅《せんめつ》戦のような論争方法に森嶋が反応したかわからない。現実主義的な中村と異なり、関は思想家として抽象的な議論を展開しており、観念的非武装中立論者が相手でも議論が続けられたところがあった。民社研における防衛論はタイプの違う論者によって展開された。

〈註〉

1 仙頭寿顕『『諸君!』のための弁明—僕が文藝春秋でしたこと、考えたこと—』（草思社、二〇一九年）五〇頁。仙頭は城島了の筆名で中村菊男のオマージュ本といえる『オーウェルと中村菊男—共産主義と闘った民主社会主義者』を出している。

2 小野田政「敗戦記者懺悔録」『中央公論』一九五六年十一月号、二二七-二三〇頁

3 小野田政「「改造」編集長敗戦記」『中央公論』一九五六年十二月号、二七六-二八五頁

4 中村菊男「共産主義運動の政治心理学的分析」『改造』一九四九年五月号、四三頁

5 前掲論文、四四頁

6 前掲論文、四四-四五頁

7 前掲論文、四五-四九頁

8 前掲論文、四八頁

9 前掲論文、四九頁

10 平貞蔵「猪木正道氏と中村菊男氏『思索』と『改造』から」『時事通信』一九四九年六月十六日号、七-八頁

11 中村菊男「共産主義運動と青年の心理—老らくのマルキシズム・終戦マルキスト—」『改造』一九四九年九月号、二二頁

12 前掲論文、二二三-二二五頁

13 前掲論文、二二五頁

14 中村菊男「戦後派の精神分析」『改造文藝』一九四九年十二月号、六四頁
15 前掲論文、六九頁
16 原田鋼「民自党とファシズム」『改造』一九四九年十月号、一八頁
17 『中村菊男先生』二四頁
18 「財閥と直結するジュクの内幕」『真相』（一九五〇年三月特集版、人民社）六三頁
19 『中村菊男先生』二四頁
20 猪木正道『私の二十世紀　猪木正道回顧録』（世界思想社、二〇〇〇年）一九二－一九三頁
21 中村菊男「人物スナップ〈小泉信三〉」『改造』（一九五一年一月号）と「尾崎咢堂と御木本幸吉」（同年七月号）である。
22 松沢弘陽「民主社会主義の人々―蠟山政道ほか」思想の科学研究会編『共同研究　転向5』（平凡社、二〇一三年）四一九－四二〇頁
23 中村菊男『政治家の群像』（池田書店、一九六〇年）一八〇頁
24 沼田の活動について次の文献を参照。沼田政次『榛の木のうた　無名農民運動者の自伝的回想』（今日と明日社、一九七七年）。
25 中村菊男「蠟山先生と民主社会主義運動」『改革者』一九六八年十一月号、三九－四〇頁
26 中村勝範「中村菊男　人と思想（六）」『改革者』一九七八年七月号、九三－九六頁
27 中村菊男「蠟山先生と民主社会主義運動」四〇－四一頁
28 社会思想研究会、民主社会主義連盟、民主社会主義研究会議の活動については、次の文献を参照。

梅澤昇平『民社烈烈　勇者たちの物語』（桜町書房）一九四－一九八頁。とくに民社連については、次の文献を参照。高木邦雄「日本における民主社会主義運動（一）～（八）」『改革者』一九七八年八月号～一九七九年二月号所収。「人とエピソードで語る民社研史　思想の先駆者（一）～（五）」一九九三年一月号～六月号所収。

29 和田耕作「中村菊男教授を悼む─情誼に厚くめんどう見のよい人─」『革新』一九七七年七月号、一二三頁

30 高木邦雄「日本における民主社会主義運動　第三回　民社連の諸活動」九二－九八頁

31 中村勝範「中村菊男　人と思想（十）」『改革者』一九七八年十二月号、一〇七頁

32 高木邦雄「日本における民主社会主義運動（三）」『改革者』一九七八年十月号、九六、九八頁

33 「右派社党に憲法改正の動き　協力機関が声明　防衛力の増強　主流派は反対」『読売新聞』一九五二年三月九日

34 「民社連の声明は不問　右社、憲法堅持を再確認」『朝日新聞』一九五二年三月十四日

35 「民社連の態度　「自衛」は研究途上」『朝日新聞』一九五二年三月十七日

36 関嘉彦『私と民主社会主義』（日本図書刊行会、一九九八年）一〇八頁

37 中村菊男「民主社会主義と防衛」『民主社会主義』一九五四年一月号、二十、二十二号

38 中村菊男「社会党は統一へ前進する」『民主社会主義』一九五四年五月号、二三－二七頁

39 中村菊男「民主主義の危機に直面して（片山哲、市川房枝との座談会）」『民主社会主義』一九五四年七月号、五頁

40「座談会　混迷の政局を打開する」（他に三輪寿壮、平貞蔵、小島利雄）『民主社会主義』一九五四年八月号、六－一四頁

41「民主社会主義綱領」民主社会主義連盟編『統一社会党綱領案とその解説』一六五－一七二頁

42 高木邦雄「日本における民主社会主義運動（二）」『改革者』一九七八年九月号、九八－一〇五頁

「人とエピソードで綴る民社研史―思想の先駆者（二）」『改革者』一九九三年二月号、六二頁

43「社会党統一問題をめぐる西尾・河野論争の背景」『朝日新聞』一九五四年五月二十日

44 高木邦雄「日本における民主社会主義運動（二）」六〇頁

45 中村菊男「統一社会綱領と左派綱領」『統一社会党綱領案とその解説』九八－一〇七頁

46 加田哲二「社会主義の意味するもの」『統一社会党綱領案とその解説』一五一－一五三頁

47「左社への批判と妥協　ねらいは世人の印象づけに」『朝日新聞』一九五五年五月八日

48「社説・社会党新綱領草案」『朝日新聞』一九五五年九月十二日

49「綱領草案修正を要求　左社青年部で一致」『朝日新聞』一九五五年九月十九日

50「綱領草案で論議わく　一部に強い不満」『朝日新聞』一九五五年九月二十日

51 中村菊男「ロシア革命」、民主社会主義連盟編『社会主義の理論と歴史　社会主義教科書　第一巻　原理編』（春秋社、一九五六年）八三頁

52「社会党の踏み外してはならぬ軌道」『笠信太郎全集　第七巻』（朝日新聞社、一九六九年）四七五－四七九頁

53「「共同の敵」は浅沼氏案　社会党使節団に同行して（中）」『朝日新聞』一九五九年三月二十八日

54　「「民主社会主義戦線」結集の動き　左派理論と対決　蠟山氏構想」『読売新聞』一九五九年十月二十五日

55　清滝仁志「語られざる民社の先人（5）中村菊男と武藤光朗」『自治レポート』第七十六号（富士社会教育センター、二〇二二年）

56　『改革者』編集同人「民社党はどこへ行く　対公明党・政界再編成・中国問題」『改革者』一九七〇年十二月号、五八－六九頁。関は座談会や秦野支持が事務員の独断であったと回顧しているが、当時の誌面をみると、全体的に党に批判的である。関嘉彦『私と民主社会主義　天命のままに八十余年』（近代文芸社、一九九八年）一六〇頁。

57　秦野章・中村菊男「黙っておれぬ（6）秦野ビジョンは実行できる」『改革者』一九七一年一月号、五八－六五頁

58　中村菊男「日中問題解決の条件―日中国交正常化論への疑問」『改革者』一九七一年三月号、三一－一〇頁

59　関・森嶋論争の現代的意義について拙稿参照。清滝仁志「日本はなぜウクライナを辞支持するのか―自由の精神を求めた関嘉彦の国防論を再評価する」『改革者』（政策研究フォーラム）二〇二二年七月号、六－九頁

第七章

民主社会主義の展開と戦後知識人批判

民主社会主義の啓蒙活動

中村菊男には、「一度決意するとその道をまっすぐ追求する」という人物評があるが、民主社会主義がまさにその「道」であった。戦後、吉田茂内閣の対米一辺倒、汚職と疑獄という政治に代わって、対外的に自主的、対内的に清新で明朗な政治を担うのは民主社会主義勢力にあると考えていた。[1] しかし戦前戦後を通じて日本ではマルクス主義の影響が強く、民主社会主義の理解は進まなかった。日本の社会主義は歴史があり、固定した概念でとらえられていた。民主社会主義勢力の人々にも同様の意識があった。昭和二十年代はもとより、四十年代になっても反権力的で革命的雰囲気は残っていた。民主社会主義には妥協的な社会改良主義のイメージがついてまわった。社会党右派や民社党がベテラン政治家の個人票に依存していることもあった（イデオロギーに拠って若手を輩出した左派と対照的である）。この政治家の間でさえ、民主社会主義は左派との違いを示し、大同団結するための漠然とした概念ととらえる向きがあった。

民主社会主義運動は、まず内容の確立と理解の浸透から始まった。中村は抽象的概念でなく、わかりやすい言葉で表現することに務めた。そういう努力にもかかわらず、民主社会主義と社会民主主義の相違をカレーライスとライスカレーと揶揄《やゆ》される無理解への不満をしばしば語っていた。民主社会主義が、社会党右派や民社党の党派的主張ではなく、社会主義インターナショナルで宣言されたように西欧社会主義の本流であることを強調していた。

中村において民主社会主義と社会民主主義の相違は明白であった。社会民主主義はかつてのドイツ社会民主党のようにマルクス主義に立っている。階級闘争史観にもとづき、資本家階級が握っていた国家権力を労働者階級が奪取し、生産手段の国有化を図ることでは共産主義と共通である。両者の相違は暴力革命か平和革命かという権力獲得戦術である。共産党は、職業革命家を中核とする前衛組織によって実力での権力掌握を図るのに対し、社会党は大衆運動と連動しながら、議会の絶対多数を獲得し、社会主義政権樹立をめざすという。後者の政権獲得は平和的であるが、政権が進める国有化に抵抗する資本家階級には強制力を用い、結局マルクス主義のイデオロギーにもとづいた独裁体制となる。両者ともに今の社会において階級闘争を激化させることで、資本主義勢力を後退させ、革命の機運を高めようとした[2]。社共が主導する急進的労働運動は階級闘争の一手段であり、労働組合の政治活動は当然とされた。民主社会主義の労働運動が労働者の生活の安定と福祉をめざし、政治活動はその目的のために限定的なものであった[3]。

人間の心理や行動に関心をもっていた中村は、マルクス主義者における唯物的人間観を問題視した。彼らが生産手段の国有化をめざすのは、人間が人間としての完全使命を果たすために、人間を制約する一切の物質的条件を変革しなければならないと考えるからである。抽象的人間を想定し、諸問題を物質の領域に限定するのである。そこには、人間を「物」として扱う危険性をあわせもっている。ソ連の強制労働にみられるように体制の維持強化のために非人間的な犠牲を強いるなど、人間が正しい歴史を維持するための手段と扱われることもいとわない。こうした人間観自体が問題であった。[4] 社会主義体制になっても人間の「権力欲」、「名誉欲」、「権勢欲」、「支配欲」がなくなるものでなく、生産手段を国有化するだけでは諸問題が解決しない。[5]

中村は、民主社会主義の前提に民主主義があるという。社会民主主義のように民主政治を労働者階級の権力獲得手段とするのではない。民主主義は、「人間価値の尊重の原理」、「人間理性の自覚」の上に立ち、「何時如何《いついか》なる時代においても変わり得ない人間人格の尊重」が基本である。人間が制度のためにあるのではなく、制度が人間のためにある。[6]「人間の自由」と「個性の発揮」を抑圧する共産主義とは対立する。[7]

民主主義とは、多数者支配の制度だけでなく、人間の自由が根底にあった。かつて共産主義者による多数派獲得戦略を警戒したのは、自由なき民主主義への警戒であった。民主社会主義の根底には自由主義が存在する。彼は、総選挙で落選した後、加田哲二に勧められ、福澤諭吉の現代的意義を研究しつつ、河合栄治郎や小泉信三の本を読んだ。河合も小泉もイギリス流の自由主義者である。社会思想研究会の会合に加わったのも自由主義を知るためであった。こうした研究の結果、現代において福澤思想を発展的にとらえようとするならば、民主主義が社会主義と関連づけられねばならないとの結論にいたった。[8]「慶應義塾に昔からあったリベラリズム（自由主義）の伝統」を現代的に生かすのが民主社会主義であると考えた。[9]

民主社会主義を論ずる中で、社会主義インターの宣言をしばしば引き合いに出した。とくに「自由なくして社会主義はありえない」、「社会主義は民主主義を通じて達成される」ことに注目していた。マルクス主義者の唱える革命による生産手段の国有化は、国民の自由と人権を侵害するものであり、暴力と独裁を生み出す。[10]階級闘争史観においてはブルジョワ的自由が革命の過程において超克される。民主社会主義では、自由がまず基本にあり、社会主義はその条件整備にあたる手段であった。個人人格の自律性を確保することが社会改革の前提にある。したがって「社会主義達成のために民主主義を利用する」のでなく、「民主主義のより完全な実現としてその完成として社会主義が考えられる」のであった。[11]

マルクス主義の影響が強かった日本では、社会主義といえば、生産手段の国有をめざすという理解が一般的であった。中村は、国有化が社会主義の「単なる手段」であって、目的は公平な分配にあると考えた[12]。公平な分配のためには生産力を増強しなければならず、それに役立つかどうかで国有の是非が判断される。生産力が縮小し、国民を窮乏化させる国有化は論外であった。階級対立を強調し、分配ばかり求める従来の社会主義運動にも批判的であった。日本のような資源が乏しく人口が多い国においては、あらゆる手段をつくして生産力を向上させなければならない。その過程において技術革新の問題に取り組むべきとした[13]。

一九六〇年代、総評系労働組合は、階級闘争や国有化の観念的なスローガンにふりまわされて破滅的争議に陥っていた。中村は現実主義的労働組合に貴重な理論を提供した。これらの組合は、経済成長を支えることになる生産性向上運動を展開した。その背景には、生産力増強が資本家の利潤でなく、国民の公平な分配につながるという論拠があった。民主社会主義は労組の実践運動につながる理論の方が浸透しやすかった。民社研における福祉国家政策の研究が発展したのはそのためであった。

国有化については民主社会主義者の間に見解に違いがみられた。河合栄治郎でさえ、国有化によって労働者の意識が変化し、生産力は増加するものと考えた。こうした見解を受けてか、門下の猪木正道も一時期まで国有にこだわっていた。昭和二十五年（一九五〇年）に国鉄共済組合が買い取った函館の一流旅館に泊まり、その惨状をみて認識を改めた。国有によって搾取をなくすことで、労働者が勤労意欲を高められるという期待を打ち砕かれた[14]。同じ政治学者でも政治心理学を研究し、しかも国政選挙に立候補していた中村は人間の非合理性をより冷静にみることができた。国有にこだわらない社会主義は固定観念が強い一般世論（とくに知識人）には理解されにくかったが、民間労組には実態を反映した主張として受け入れられた（後に社会主義という名称が使われなくなることにもつながった）。

向坂理論の批判

中村が民主社会主義運動を展開する中での論敵は、労農派社会主義を展開した社会主義協会であった。その理論的主導者は向坂逸郎（九州大学教授）であった。戦前からの著名なマルクス主義経済学者であり、自分の理論の実現には学界はもとより実践での影響力行使をいとわなかった。戦中の思想弾圧を耐え抜いたという畏敬の念を世間からもたれ、社会主義の固定的イメージをつくっていた。

中村は当初、世間と同様に思想は違うものの不屈の学者として尊敬していたが、小泉信三の戦争責任を批判し、人格攻撃すら自分の使命と考える独善に直面し、考えを改めた。

社会党統一前から民社党結成の時期にかけて、民社連と社会主義協会との対立ははっきりしていた。中村は「東京政治研究所」から「向坂理論と民主社会主義」というパンフレットを出し、民主社会主義の立場から向坂理論の異質性を明らかにした。学術論争というのでなく、政治家や労組に向けた宣伝戦であった。

向坂理論は、共産党の「暴力革命」でなく、議会を通じた「平和革命」による社会主義実現を主張することに特徴がある。前提には、資本主義の発展につれ、労働者の生活条件が悪化するという「プロレタリア窮乏化説」がある。現実には予測に反し、資本主義の発展により労働者の生活は向上している。向坂理論には技術革新と民主主義の発達という要因が抜け落ちていた。民主主義と社会主義は分離できないものである。しかるに向坂の階級闘争理論は労働者階級の権力奪取をめざし、国民が平等に政治参加する議会主義とは矛盾する。

とくに向坂や共産党のマルクス主義の問題は、自由についての見解である。エンゲルスのいう「自由とは必然の認識である」という言葉を取り上げ、その自由は自由主義一般の概念と異なることを指摘した。歴史的必然から導き出される、一般的歴史的な課題としての労働者の使命があり、これにしたがうのが自由と考えている。この自由は個人単位でなく、労働者階級という集団のものである。労働者の歴史的使命なるものの内容の判断権は少数者が独占する。このようなマルクス主義の全体主義的体質が問題なのであった。

民主社会主義の基本は「人間は個人として尊重されなければならない」という「個人主義

的な自由」にある。それは近代的自由の発展に沿うものである。法の下の平等と自由を実質化するために、民主社会主義による経済・社会的平等のための政策を取り入れる。労働者階級だけの利益のために生産手段を国有とするのでなく、国民単位で公平な分配を民主的手段で実現するために漸進的改革を積み重ねる。そのためにも生産力向上が必要である。

このパンフレットの最後に慶應大学の新聞に掲載した一問一答が掲載されている。社会党のイデオロギー過剰を批判しているが、現在にも通じる抵抗野党の問題を挙げていた。「オールオアナッシング」、政府に全面賛成か反対かという姿勢に加え、野党が反対を展開しながら「国会が終わってしまうとケロリとしている」という知的誠実を問題にした。さらに実行不可能なスローガンを毎回繰り返すことを批判し、野党は「もっと現実的で具体的な問題で対決点を求めていく」ことによって支持者を獲得すべきと説いた。こうした野党の態度に、ものごとをまず観念的なもので割り切った後に具体的なものを考えるという日本の知的風土がある。イデオロギーの背後にある政治文化を指摘した。

中村の民主社会主義は精緻な理論というよりも、実際の人間の自由を尊重し、多元的で豊かな生活を実現することを基本にしていた。社会党が現実化したように見えても、マルクス主義の唯物史観や階級闘争理論を維持する限り、妥協の余地はなかった。江田三郎書記長が昭和三十七年（一九六二年）に「江田ビジョン」を公表し、現実主義的な構造改革論を提唱すると、民社党でも提携を期待する者が出たが、中村は断固として拒絶した。マルクス主義を前提にしたものであり、現実主義的であっても平和革命論の一つであり、民主社会主義とまったく異質のものと考えた。民主社会主義者がこれに期待をかけるなど不見識もはなはだしいとさえ言った。この現実主義は反対を唱えるだけの万年野党が選挙で一般国民向けに印象をやわらげるもので、階級史観に立って独占資本と闘う本質は同じとする。社会党は、党大会で革命主義、選挙で改良主義というバランスの間に存在するのであり、マルクス主義を捨てない限り、現実化は難しいと断言した[15]。

民社党にも苦言を呈する

中村は民社党の活動を支援したが、政治学者として党の限界をも冷静に見ていた。「客観情勢が成熟して党が結成されたのではなくて、西尾問題がたまたま起こってきて、その感情的いきさつから党が生まれた」ことが党勢伸び悩みの原因であるとした[16]。つまり、イギリス労働党のように民主社会主義運動が発展した結果として政党が結成されたのではなく、マルクス主義的社会主義が社会党の中で勢いを増し、社会党右派の一部が離党し新党を結成せざるを得なかったということである。そういった経緯もあり、最初の人的構成において新鮮な魅力のある人材を結集し得なかったし、官尊民卑の国にあって、自民党は上級公務員、社会党は下級公務員を基盤にしたのに比べ、支持者の厚みが足りず、それをおぎなう一般国民への訴えが不十分であったという。[17]

さらに民社党が今日のいわゆる大衆社会状況に適応できていないと指摘した。民主社会主義の原理を良識的に説くだけでなく、感情やその場の衝動に左右される政治において「ドラマティックな演出とエモーショナルな表現」に欠けるという。「人々の情感にせまる確信のないこと」、「不動の信念の足りないこと」を問題にし、左翼に比べると大衆エネルギーの結集に欠けるのである。江田三郎の構造改革論は「まともに取り上げて批判の対象となるものではない」もので「何が何んだかわけのわからないもの」にすぎないが、しかしそれが「大衆の心をとらえる「ビジョン」としての効果がある」ことも認めていた。[18]

民主社会主義の啓蒙活動と政党の選挙活動を分けて考えた。前者は長期的、継続的、合理主義的になされ、根拠の薄弱な断定や独断は避けねばならない。しかるに後者は大衆の支持をつかむのに情緒的な訴えが必要であり、断定や独断も必要である。この啓蒙活動と選挙運動の混同が民社党の伸び悩みにつながっているという。[19] 政策さえよければ有権者が支持するという意識が強かったことへの苦言であろう。

合理的世界に生きる学者として、その活動の限界を認識しており、非合理な政治の世界に対する自制があった。民社党の政策には必ずしも満足できなかった。たとえば、日米安保において有事の時にだけ米軍が駐留するという有事駐留論には批判的であった。しかし評論や会議で問題点を指摘するくらいであった。政治的影響力で政策を変更することは避けていた。社会主義協会の向坂逸郎とは対照的であった。政党との緊張関係を維持したことが、党なき後も民主社会主義研究会議が残った理由であろう。それは民主社会主義連盟が社会党統一と分裂に遭遇し、政治家に翻弄された反省があった。社会主義協会は影響力が強くなり過ぎ、政党からの猛反発を招き、かえって衰退した。

中村は、民社党創設の際、関嘉彦などが作成した暫定綱領案を批判していた。社会思想研究会の関は、河合栄治郎ばりの格調高い文言を用いていた。社会主義の歴史から新党を正統化する内容であった。中村には政治運動の文書として理知的に過ぎ、国民の感情に訴える力が弱いと考えていた。

中村の唱える民主社会主義はイデオロギーでなく、現実に即したものであった。社会党と民社党の社会主義の相違は「ものごとを観念的・抽象的にみるか」、「具体的事実によってみるか」の違いにあるという。前者は「非現実的でラディカル」であるのに対し、後者は「現実的で穏健」であり、歴史的事実として真の社会主義である。[20] 十九世紀のマルクスの尺度でのみ物を見ようとするこれまでの社会主義者に対し、民主社会主義者は事実に即して物を見るという。[21] しかるに民主社会主義は、社会主義＝マルクス主義の印象が強い日本では理解されにくかった。自己の理論を説明することから始めなければならない社会運動には限界があった。それを認識しており、現実を動かすために政府の政策助言にも加わっていた。

進歩的文化人の知的態度

中村が言論活動でつねに問題にしたのは、観念的な政治議論を展開し、世論をリードしてきた進歩的文化人の存在であった。彼らは「党籍不明の平和主義者ないし容共主義者」であり、「日本の論壇のメイン・カレント（主流）」をずっと形成していることが日本で左翼ムードが強い原因と考えていた。この進歩的文化人は、主として東京大学など国立大学の出身者や教授であり、「日本における一番のエリート（選良）」で「高い地位を保障された人々」である。共産党でもなければ、社会党でもなく、また議会主義にも革命主義にもまたがっている。共産主義者ときかれるとそうでないと答え、西欧流の民主主義者かときかれると必ずしもそうでないといい、議会主義を否定するのかと聞くと否定しない。結論は最初から決まっており、「エモーショナル（情緒的）に現在の体制に反対している」のであり、体制の中で最高の地位にいながら反体制的なことを言う矛盾した存在である。[22] こういった知識人の活動が可能なのは、国立大学の教授が非常に権威をもつことにあり、権威尊重主義とマルクス主義が結びついているという。[23]

中村はこれらの進歩的文化人のみならず、日本における「インテリや彼らに影響を受ける準インテリ」の思考様式を分析した。彼らは、公共の問題について「観念」のとりこになっており、現実から遊離した見方をとっても矛盾すると考えない。その原因は「自分で考え、自分で判断する訓練を欠いている」ことにある。こうした思考方法の原点は、明治以降の学問発達の歴史や思想の変遷過程にあるという。知識人は「いろいろな経験を基礎にして思考してみるという要素に欠けて」おり、外国の思想体系にすぐに飛びつき、その体系にふさわしい事実ばかりを取り上げようとする傾向がある。そのことが「インテリの観念性」を助長した。「事実を事実として直視するという思考過程が身につかないかぎり、客観的な見方はでてこない」のであった。[24] 日本人は「もっと事実をよく見ると同時に、自分の経験を重んずるという気風を身につけるべき」であり、自主的に行動しなければならない。[25] 人々が権威に批判なくしたがう態度を批判し、実証主義、経験主義、自主判断を重んじる発想は、福澤諭吉を彷彿《ほうふつ》させる。中村のいう慶應のリベラリズムの一端であろう。

現実を無視した安全保障論の批判

進歩的文化人が目立ったのは、社会主義以上に安全保障の分野である。彼らの主張は現在にいたるまで日本の安全保障政策に影響を及ぼしてきた。サンフランシスコ講和条約締結においては、南原繁東大総長をはじめ、ソ連、中共を含んだ全面講和を主張し、西側諸国との講和を片面講和として激しく批判した。岩波書店の総合雑誌『世界』では講和条約特集号を出し、進歩的文化人の結集を促した。中村は、この特集に対し、「日本インテリゲンチャの一部であって全部のそれでない」、「岩波書店を中心とする執筆者グループの意見」と批判した。そして「権威といわれる学者の説なるが故にそのまま肯定せられるのではなくて、その思考過程が果して合理的に実証的に選ばれているかが問題とされなければならない」ことを説いた。その上で、彼らが唱える平和四原則（全面講和、中立、軍事基地化反対、再軍備反対）の現実的妥当性を検証し、批判した[26]。

中村は、こうした知識人を「知的マゾヒスト」といった。戦前を「帝国主義、専制無比の国体」と一方的に断罪し、「日本のやったことは何でも悪かった」、「日本人は世界の劣等民族」と卑下する態度を問題視した。「思考の方法が受け身となり、消極的となり、抽象的となり、批判にも見当違い、建設にも不向なものを出す」と手厳しい。[27]

進歩的文化人の安全保障論を批判するにあたり、社会主義インターナショナルが宣言した民主社会主義の原理に拠った。民主社会主義が西欧民主主義を継承し、自由を擁護するために、共産主義やファシズムの全体主義と対決することを強調し、無防備や中立という立場はありえないとした。[28]ソ連や中共を平和勢力と期待するのは論外であった。価値基準の違う相手に自分の価値基準を守るのには、(話し合いでなく) 力をもたねばならないとした。[29]彼は、進歩勢力において忌避されたパワー・ポリティックスという言葉もしばしば用い、国際社会の現実に即した安全保障論を具体的に展開した。

戦前に通じる進歩的文化人の発想

中村は、進歩的文化人の発想が日本の政治文化を反映していると考えた。いろいろな言い方をしているが、問題の整理をすると次のようになる。[30]

第一にものごとを二者択一に割り切っていく抽象的思考である。オール・オア・ナッシング的に決めて、保守か革新、反動か進歩か、アメリカを悪としソ連・中共を善とする。日本の国益でなく、資本主義や社会主義など普遍的な議論をおこなう。独特の歴史と伝統をもつ国家社会の複雑な問題を捨象するのである。それは「東洋平和」や「国際正義の実現」という目的のためにあらゆる手段が正当化された戦前の発想にも共通する。

第二に完全主義である。ものごとは完全でなければならないとする考えである。観念の世界のことを現実でも可能とし、現実がそれに合わないと現実を非難する。その非難も感傷的である。その点で戦前の「天皇主義」と戦後の「平和主義」は同一次元に立つ。「平和憲法」擁護論は、明治憲法の「不磨の大典」論の戦後版である。安保騒動はソ連・中共を「平和勢力」とするのと、日本の中立を求める「第三勢力」論という二つの完全主義が合わさったものであった。完全主義は、自国の伝統を蔑視し、観念的、抽象的に想定した外国にあこがれる態度にも通じる。対象は、ナチス・ドイツやアメリカやソ連、中共、あるいは「非同盟の」インドであったりする。憧憬には根拠がなく、確固とした基礎がない。

こういった知的態度は、日本の学問が後進的なことに関係する。古くは中国、明治以降は欧米というように学問の輸入国であった。外国発の類型や法則（中村はドイツ的教養をとくに問題にした）で日本の現象をとらえようとする。それらが完全主義の基礎となり、普遍的理念と考える。さらにこの問題に日本社会の協同体的むら意識が結びつく。個人は意見があっても、公の発言では集団の意思決定にしたがわざるを得ない。西欧発の類型や法則が親分的性格をもつ人物によって導入されると、その支配領域の内部において満場一致で受け入れられる。多数決の中でそういう集団が少数派となると、完全主義にこだわり、「多数横暴」を糾弾する。思考方法が一元的なために多くの思考材料に囲まれながらも自らの判断や解釈を加えていく態度が出て来ず、原則論に終始して、適用論をもたない。

中村は、学者に客観的事実の認識に冷静であることを求めた。深い思索はあらゆる可能的条件を探ることから生まれ、その結果、一つの判断を下す。しかるに客観的事実を抜きにして主観的意図を露骨に示す学者が目立つという。[31]

〈註〉

1 中村菊男「民主社会主義と中共認識―中共ブームに警告する―(続)」『民主社会主義研究』一九五五年一月号、一三頁

2 中村菊男『現代思想としての民主社会主義』(有信堂、一九六〇年)三 - 五頁

3 中村菊男『現代政治の実態』(有信堂、一九五八年)二六八 - 二七〇頁

4 中村菊男『民主社会主義の基礎理論』(日本社会党出版部、一九五四年)三二頁

5 中村菊男『現代思想としての民主社会主義』九頁

6　中村菊男『民主社会主義の基礎理論』三三頁
7　中村菊男『現代政治の実態』一二三頁
8　民主社会主義研究会議編『民主社会主義とは何か』三三頁
9　前掲書、三六頁
10　中村菊男『労働運動の思想的背景』（有信堂、一九六四年）一二四–一二五頁
11　中村菊男「社会民主主義と民主社会主義」『新文明』一九五二年年五月号、一八頁
12　中村菊男『労働運動の思想的背景』一〇五頁
13　前掲論文、一〇六頁
14　猪木正道『私の二十世紀』二〇二頁
15　中村菊男「労働運動の思想的背景」一二一–一二三頁
16　「座談会　民社党の再出発のために　何をなすべきか」『民主社会主義研究』一九六三年六月号、一五頁
17　前掲座談会、一六頁
18　中村菊男「大衆社会状況と民主社会主義」『民主社会主義研究』一九六三年五月号、五頁
19　中村菊男「民社党に直言する」『民主社会主義研究』一九六二年八月号、四頁
20　中村菊男『労働運動の思想的背景』一二五頁
21　中村菊男「民主社会主義と中共認識―中共ブームに警告する―（続）」『民主社会主義研究』一九五五年一月号、一三頁、一五頁

22 『民主社会主義とはなにか』二四〇－二四一頁
23 前掲書、六九頁
24 中村菊男「労働運動の思想的背景」一三一頁
25 前掲書、一三三頁
26 中村菊男「民主社会主義と時局―「世界」講和問題特集号批判―」『日本及日本人』一九五一年十二月号、四〇頁
27 中村菊男「民主社会主義と時局」四四頁
28 中村菊男「大衆社会状況と民主社会主義」七頁
29 中村菊男「民主社会主義と時局」四五頁
30 中村菊男「日本を中心にものを考える」「根強い部落意識の存在」「日本外交の実績」『核なき日本の進路』(日本教文社、一九六八年)所収論文参照。
31 中村菊男『核なき日本の進路』二一〇頁

第八章

憲法改正と安全保障問題

民主憲法か、押し付け憲法か？

安全保障を論ずるにあたっては憲法第九条の解釈を問題にせざるを得ないが、中村菊男はどのように論じたか。社会党や進歩的文化人による護憲運動を批判したが、他方で占領軍による押し付け憲法として戦後改革を否定する保守派にも懐疑的であった。占領政策について「特定の立場にとらわれない日本国民の大半はこれを大成功であったと讃美もしていなければ、さりとてこれを類例もない愚かな政策とも見ていない」という。「絶対主義的な天皇制が改められ、華族などの特権階級は廃止され、国民の上に『猛威』をふるっていた軍部が解体され、財閥が分割され、農地が解放され、労働者の団結権が認められ、自由を抑圧する一部の機関と制度が排除された」ことについて国民は賛成している。もちろん「歴史や伝統を無視した政治」もあったものの、日本国民に「個人として人間は尊い」という自由の観念を与えたことは成功であった。

新憲法が国家権力による国民の不当な抑圧を排除し、その復活を牽制している意味において、制定の事情や内容の不満はあれ、否定すべきではないという。[1] 中村のような民主社会主義者が保守派と違うのは、新憲法体制における自由と民主主義に肯定的なことである。伝統や歴史を尊重はするが、個人の自由や人格の尊重が前提にある。

しかしながら、中村は護憲派のように憲法を絶対視しない。制定過程が異常であったという認識は保守派と共通する。「占領軍司令官・マッカーサーの発意《ほつい》にもとづき、マッカーサー司令部で改正の原案をつくり、帝国議会の審議にゆだねられた」のであり、憲法の改正でなく、「新たなる憲法の制定であった」と考える。本来ならば、新しく選出された議員をもって新憲法を制定すべきであった。君主主権の明治憲法が改正されて国民主権の憲法が生誕するのは「憲法学上、考えられない」のであり、新旧憲法の法の連続性は保たれてなく、異質の憲法とした。[2]

この異常性は「占領憲法」ゆえであるという。「国民主権」という形をとっているが、制定主体は占領軍であった。当時の日本は形式的に主権国家であっても、内容的には連合軍の統制下にあった。前文や戦争放棄条項は、日本から軍国主義および超国家主義の勢力を除去すれば、世界の平和が達成されるという当時の連合軍の雰囲気を反映していた。[3] そして新憲法の「国民主権」、「主権在民」はマッカーサーという一人の発想で生まれたと断言した。[4] 護憲派の憲法学者が「八月革命」説を案出し、主権者である国民が自発的に憲法を制定したと論ずるのと違い、中村は占領軍につくられた異例な憲法であることを正面から見据えた。

特殊な事情のもとで生まれた憲法であったのにもかかわらず、徹底的な議論がおこなわれるようになったのは、社会党を中心とする護憲運動が高まって以来という。しかもマルクス主義者やその同調者が本来ならばブルジョワ憲法として批判するはずが、憲法擁護に廻り、憲法制定に賛成した保守派が改憲に転ずるという奇妙な事態になってしまった。[5]

解釈憲法学の異常と憲法改正の困難

中村によれば、異常な憲法論議の原因は憲法学者にあるという。憲法について「神聖不可侵のものとみる伝統」や「ひとたび制定したならば、絶対に変えてはならないという意識」は彼らに起因する。「明治憲法の解釈学者の直接間接の影響下」にあって、大陸法的解釈を身につけ、「法の条文を文理にしたがって、忠実に解釈する」のであった。[6]

憲法学者は、厳格な文理解釈によって自衛権、自衛力を否定してきた。講和条約締結の頃から憲法護持の主張が戦術的に有利とする政治勢力が台頭し、憲法学者の解釈が政治的性格を帯びてしまった。国際的二大勢力の対立に憲法が組み入れられ、その対立が解消しない限り、憲法に国民的合意が得られない状況になった。[7]

中村は、国家において対内的な治安維持と対外的な独立の保全は当然の目的であると考えた。それを遂行しえない国家は国家でなく、自衛権、自衛力をもつのは当然である。国家存立の保障が明白でないという意味で、現憲法には不備がある。[8] しかし憲法論議に国民的合意が得られない現状にあって、改正は困難である。政治性を帯びた厳格な文理解釈と改正の困難に陥る中で、政治的解釈ないし弾力的解釈を提唱した。[9]

政治学者として中村は、憲法のような政治性の強い基本法は「ゆとりのある解釈」をしないと、現実の政治情勢に即応しえない結果が出てくると考えていた。[10] この解釈の例として、高柳賢三（東大教授・憲法調査会会長）の英米法的解釈を挙げた。憲法第九条を政治的マニフェストとみなし、「日本国内に対しては侵略戦争をふたたびしてはならないことを呼び掛け」、「外国に対し、平和日本の決意を示し、失われた日本に対する信用を回復」させる声明と理解する。[11] こうした弾力的解釈によって、自衛のために戦力を用いうるのみならず、国際上許された措置をとりうるのであり、第九条のいかなる部分もそのさまたげにならないとする。[12] 高柳によるマニュフェスト解釈に対する積極的評価は、現在、篠田英朗（東京外国語大学教授）が日本国憲法を国際条約の一つとして解釈しているのと共通している。[13] 両者ともに憲法学者のドイツ的文理解釈を批判する。解釈的憲法学が定着してしまった現在、篠田説を現実化するのは難しいが、一九六〇年代ならば憲法解釈として適用できた可能性がある。

中村は憲法改正の必要性を理解していたが、運動として積極的に進めようとはしなかった。憲法は「政治的性格をもったもの」であり、「解釈に弾力性をもたせて柔軟に運用していけば、改正をしなくとも、運用のできるものである」と考えていた。[14] 制定の事情にこだわるならば、講和条約締結の際、改正すべきであった。昭和三十八年（一九六三年）の段階では「いかに機能しているか」を問題にし、不備は「弾力的運用によって拡充」すべきとした。

こうした見解は同時代の政治事情と関係がある。彼は憲法改正によって国論を二分する騒擾が起きることを警戒していた。[15] 左翼世論の強さもあるが、安保改正にさえ非常な混乱をもたらした政府・与党の政治力に信頼をおいていなかった。冷戦時代にあって国内の政治混乱が、好戦的な共産主義国のつけ入る隙になると警戒していた。

弾力的解釈の提唱は、政府が政治的議論を回避するために曖昧な解釈をするのを認めたわけでなかった。逆に政府に対し「憲法問題についてはっきりした態度をもってのぞむ」ことを求め、「いたずらに大衆に相迎合する態度はよろしくない」と批判した。曖昧な答弁が観念的な憲法論の呼び水になっているとの認識であろう。

さらに憲法改正の反対運動は、合理的で説得可能なものでなく、「エモーショナルで妥協を許さない」ものと考えていた。もし政府が憲法改正を図るならば、「フワッとした態度でのぞんではならない」し、「反対運動に国際的力もはたらく」のであり、「これと対決できる覚悟と用意」を迫った[16]。中村は、法的議論に偏してしまっている憲法論議において現実的議論を求め、憲法改正にあたって大衆の非合理的行動を踏まえた政治的対応を必要とした。

安保改定に賛成する

中村は、昭和三十九年（一九六四年）に国際問題を論じた評論集『国際情勢と憲法問題』を出版した。全織会館で盛大に記念会を開催した。思想組織の長から離れ、政治家への配慮からも解放され、独自に自分の見解を展開できる立場であった。この本は、パンフレットと違い、中村自身の国際政治と安全保障についての考え方がしっかりわかるものである。出版を披露したのもそういう事情があったと思われる。諸論文に貫かれているのは、現実主義者と評された彼にふさわしくパワー・ポリティックスであった。国際政治は「好むと好まざるとにかかわらず、パワーポリティクスによって動いていることは事実である」、「この力の裏づけとなっているのは軍事力である」、「この事態に対して、政治家はどう対処するかという心がまえをもつと同時に、軍事的な知識が必要だということである、同時に国民にもそういう知識が必要である」と持論を展開している。そのいくつかを取り上げてみる。

安保は中ソを刺激するか

昭和三十五年（一九六〇年）の安保改定は、社会党の分裂や大規模デモを招いたが、中村は安保も改定も支持していた。外交官の西春彦（元駐英大使）が「日本の外交を憂うる」（『中央公論』昭和三十五年二月号）で改定慎重論を展開したのに対し、中村は二度にわたって論文「安保改定慎重論を批判する─西春彦氏の『日本の外交を憂うる』に対する批判」で問題点を指摘した。感情的な反対論でなく、外交専門家による慎重論ということで論争を仕向けた（相手は応じなかった）。

西の議論は、日独伊三国同盟がソ連を刺激したように、日米の相互防衛に立った安保改定がソ連や中共の反発を招き、戦争の危険を高めるのではないかとの内容である。中村は、日米安保が自由世界全体の支持を得たものであり、三国同盟とは異なっていること、ソ連は中立条約を一方的に破棄した過去があり、日本の安全保障には中立よりも、日米安保の方が確実であること、日米安保は集団安全保障の手段であり、軍事同盟とは違うことを論じた。さらに安保改定が永久にソ連、中共との関係を悪化させるという悲観論を疑問視した。ソ連は自国に有利な時は条約を守るが、不利になると破るとパワー・ポリティックスから眺めている。ただし中ソへの配慮という西の主張には賛同し、日米が親密になったあまり、自民党政府が日本の演ずる独自の外交上の役割について軽視したり、ソ連や中共を刺激する言葉を発することを戒めた[17]。

岸首相の「下手な」政治を批判

中村は、安保改定成立直後、岸信介内閣が「強行採決」という不自然な方法を用いたことを批判した。野党の質問に繰り返しが多く（かつての盟友松本七郎が活躍した）、社会党の実力阻止もあったが、少なくとも会期いっぱいまで採決を延ばすべきであったとする。現行条約が存在し、急に改定しなければならないほどの緊迫した情勢にないのに、岸首相が「下手な」ことをやったという。つまり、多数決原理を法律的に考え、国会で多数を制しているので数で押し切ろうとした。日本に過激な少数派が存在し、メディアや院外の大衆運動を通じ自己の主張を喧伝し、暴力に訴える危険は以前からあった。今回の安保騒動では、強行採決が「世論」を刺激し、デモが拡大し、「民主主義」の名のもとに反米感情を煽る事態となった。

さらに反対運動の大きな要因である基地問題の原因を調査、整理し、合理的に解決することを求めた。日本の安全保障のための条約がかえって反米感情や共産主義運動を刺激し、社会不安を醸成させることを懸念していた[18]。現在では岸首相による安保改定を果断と称賛する向きが多いが、議会政治の危機をもたらした事件の後遺症は大きかった。中村が改憲を現実的でないと判断したように、正面からの安全保障論議に政府が慎重となってしまった。

日本は中立主義を取りうるか?

中村は日本の中立が可能であるか否かも論じていた。日米安保を破棄し、インドのような第三勢力であるべきとの議論は、社会党右派に根強かった。河上派が民社党に合流しなかった理由の一つは、中立志向から西尾の日米安保論に批判的であったためであり、民社党の中にも中立信奉者はいた。中村は、中立論者が日米安保体制によって明治以来最長の平和を享受している現実を見ずに、この体制が戦争に通じるなどと実現不確実な「真実」の平和を求める態度を批判した。こうした中立論の出現は、マルクス主義による反資本主義的ムードもあるが、占領体制の転換と関係があると指摘した。占領初期の改革に期待をもった人々が朝鮮戦争以後の占領政策の転換に幻滅し、全面講和、中立、軍事基地反対論に走ったという。

憲法前文は初期の占領政策の考えを表しているという。日本をのぞく諸国民は公正と信義の崇高な道徳的観念の持主であるから、日本さえ平和な意見をもてば、平和は自然に維持されるという信念が秘められている。これは「国際政治におけるパワー・ポリティックスの現実をまったく無視した発想」とする。日本における中立ムードの拡大は、この憲法を基調とした解釈をめぐる教育宣伝活動の結果という。さらに生活の向上により、国際問題や国内政治に無関心層が出現しこのムードを支えた。現在の平和が、日米安保で軍事的にアメリカが保障しているゆえに可能になっているという現実に気づいていないとする。

中立論は国際政治の見方としてはきわめて独りよがりであるが、その理由を日本人の国際感覚に求めた。明治以降の歴史をみると、外交において観念的、理想主義的であり、強硬で感情的な野党的な雰囲気がある。現実無視という点で対外硬派と戦後の「感傷型平和論」は通じるものがあり、日本の伝統的な体質の中にあるのではないかという。中立論を日本の政治文化の一現象としたことに独自の視点があった。[19]

自衛隊批判の背景

中村は自衛隊についての同時代の議論に文化的背景をみていた。進歩的文化人が再軍備をファシズムや軍国主義に通ずると主張しているのに対し、自衛隊の現状をよく調査しないで、自分勝手なイメージをつくり、それに批判を投げかけているという。「ことばの上での可能不可能と、実際の面における可能不可能とは、これを峻別して考えてみなければならない」、「この観念と現実とをごちゃごちゃにするところに、日本人の考え方の一つの欠陥がある」と手厳しい。その現実無視は「地上に理想の平和の状態がありうると考えて、現実の問題をその立場から処理しようとする発想法」と関連する。

自衛隊が軍国主義をもたらすとの主張に、日本人の根底にある発想を指摘している。仏教には世の中はだんだん悪くなっていく、道徳が衰えるなどの末世思想があり、儒教には最盛期は三皇五帝の御世で、以降乱世になるといった思想がある。資本主義がますます悪化し、戦争や革命が起こるというマルクス主義と共通である。条件の変化を無視し、悲観主義的歴史を現実に適用するのであった。

自衛隊問題については、政治家が軍事に対して冷淡であったり、逃避する態度を最も批判した。政治家は真剣に軍事問題に取り組み、いかにそれが合理的に処理されるかを考えるべきであり、過去の軍国主義時代において政治家さえしっかりしていれば、軍人を押さえられたという。[20]

中村は、自衛隊創設当初より、その必要性を訴えた。自衛隊は自国の独立と安全の保障のためのものであり、国連憲章の国際平和の信念と国際民主主義の見地に立って自国の防衛を自主的に考えねばならないとしていた。吉田茂内閣が防衛について曖昧な答弁をしていることを誠実でないと批判した。他方で、自衛隊をつくるのに旧軍人が影響力を行使し、旧軍の復活につながることも警戒した。戦前に軍事指導者の「専断」と「好戦的態度」が「祖国の非運を招来し、世界の信用を無にする愚」をまねき、「幾百万の戦争犠牲者の出たこと」を示し、旧軍的発想の元軍人の容喙《ようかい》を問題にした。現在において何よりも軍隊の民主的統制を重視した。「軍隊を掌握する政治が国民に直結しておらず、民主的でなければその軍隊は一部階級や反動勢力の私兵化する」と断言した。[21] 自衛隊には「民主主義の秩序をまもるための誇りと自信」をもたせることが重要であるとした[22]（中村は陸海空の自衛隊幹部学校の講師を務めた）。中村は三島由紀夫の決起において自衛隊をアメリカの傭兵と決めつけていることを批判していた。自衛隊は集団的安全保障体制のもとで日本を防衛するための存在であり、ソ連と大陸で戦闘をし、アメリカと太平洋で艦隊決戦をするような旧陸海軍とは違うとする。[23]

現実主義安全保障論

中村は、政治を論じるにあたって現実主義に立っていた。安全保障もそうであり、日本では現実的論議がなされていないことを問題にしていた。観念的な平和でなく、現実的な平和を考えることを折につけて主張した。平和は現実の問題と関連して考えていくべきであり、国家の安全保障（つまり軍事問題）と不可分のものという認識が必要であるとした。「現実の、地についた、現に日本がおかれている国際的地位を中心にした平和論が展開されなければならない」のである[24]。

そのために戦後日本の平和と繁栄を現実的に評価すべきである。過去の経験と未来の予想を比較して、「過去の経験の方に圧倒的に確実性があるから、将来の見通しの判断も、この過去の経験に照らしてすべきではないか」と問う。不確かな未来の期待で、現在の確実な平和を犠牲にすべきでない。彼は「あらかじめ設けられた特定のイメージをもって、現実に対処しようとすることは、はなはだ危険なことだといわざるを得ない」と警告した[25]。現在の日本で享受している平和を評価すべきであり、それを否定して空想的平和を求める態度を批判した。

『日米安保肯定論』の刊行

中村が編著者として『日米安保肯定論』を昭和四十二年（一九六七年）に出した。すでに自身の安全保障についての主張を展開しており、新しい主張ではなかった。この本は一つのテーマを論じた単著であり、主張が明確であった。

民社党政策審議会副会長であった梅澤昇平によれば、『日米安保肯定論』の登場は衝撃的であった。民社党や同盟関係者に少なからず影響を及ぼしたという。[26]

この書は「日米安保の損益勘定」についての共同研究の成果である。日米安保条約について感情論や観念論が多いのに対し、国益についての損益勘定のバランス・シートに照らし、プラスの面が圧倒的に大きいことを明らかにした。民主社会主義の思想とは離れて、現在の事実に照らした客観的分析を標榜していた。

中村は、一般的な国家論から議論を展開する。国家の存在目的を「対内的には治安を維持し、対外的には独立を保全すること」と規定し、そのためには警察力と軍事力を必須とする。「治安維持および防衛能力を欠いた国家の存在は考えられない」という。政治学の教科書的な叙述であるが、戦後の論調ではこの両者の議論は忌避されてきた（安保騒動前に警職法反対運動も起きていた)。彼は国家論の本筋に立ち戻り、国家存立の基本として治安と防衛の重要性を説いた[27]。

政治学的概念を再確認したのは、非武装でも平和の維持が可能であり、国家にとって防衛は本質的なものでないとする議論が念頭にあった。さらに日本が非武装状態でも平和であったという事実を否定した。敗戦後、占領軍が軍事力を担い、実質的には武装しており、「実質的に非武装になったことは一度もない」という。占領が終わった後、自国の防衛を図るのは国家として当然の任務であり、その方法を具体的に考えなければならない。自国のみによる防衛には限界があり、日米安保は自衛隊の軍事力を補完するのである。国連による普遍的安全保障が可能でない状況では、地域的集団安全保障をとらざるを得ず、それが日米安保であるとする。自国の防衛を真剣に考える中で非武装中立論はありえない。憲法学者が条文を絶対視し、非武装中立を唱えることに対し「憲法はあくまで国民のためにあるものであって憲法のために国民があるわけでない」と批判した[28]。

その上で日米安保について現在の有用性と、その積極的意義を唱えた。有用性とは、第一に現在の平和の維持である。安保条約締結以降、日本の平和が脅かされたことは一度もなく、議会民主主義の秩序を維持できた。戦争に巻き込まれたことは事実としてなかった。実現できていない平和を達成するために現在における平和を失うことを警告する。こうした現状肯定の主張を政治学者が正面から唱えることは、理想論が強かった戦後論壇では異質であった。[29]

第二に挙げたのは経済における貢献である。安保条約は経済連携を含んでおり、対米貿易が発展した。アジアにおいても自由圏相手の貿易が中心であり、共産主義諸国との貿易発展の可能性はあまりなく、この経済関係を改める必要はないとした。[30]

さらに安保条約の積極的意義として挙げたのは、①「海洋国家」としての海上防衛力の確保、②東南アジア諸国の開発における自由圏諸国との協調の必要性、③高度な技術導入による日本の防衛産業の発展と全産業への波及効果、④アメリカの核の下にあることによる核攻撃の可能性低下である。[31]

現在ではあたり前に思える主張であるが、防衛力の充実や海外進出を戦前回帰と否定する言論界においては異例であった。保守派論者でなく、保守政権の前近代性を批判する民主社会主義者の主張であったことに歴史的意味があった。安保については左右問わず、観念的議論に陥りがちであり、損得勘定で論じるスタイルは目新しかった。

中立論争は不発に終わる

その後、中村は中立論をめぐって、慶應大学の同僚である内山正熊（国際政治学者）と大学の紀要を舞台に論争をおこなった。内山の論文「日本における中立主義の成長」（『法学研究』昭和四十四年、一九六九年十月号）は、戦後日本における中立主義の発展を分析した。[32]東西冷戦が過去のものとなりつつあり、米ソが接近し、中ソが対立する中で日本が従来通り日米安保にこだわり柔軟性を欠くことに批判的であった。平和主義の考えが日本国民の心の中に自然と浸透し、中立主義に昇華したとの記述などに中村が批判の目を向けたのは理解できる。

中村は、昭和四十五年（一九七〇年）十二月の『法学研究』に「日米安全保障条約論―内山正熊教授の中立論批判―」を発表し、内山の主張に対する疑問を提起し、批判を加え、論戦を挑んだ。それに対し、内山は翌年に「『日本における中立主義の生長』について：中村菊男教授の批判に答える」を『法学研究』四月号に発表した。[33]彼は「純学問的テーマに限って、質疑に応答する」とし、純粋な学究なので、学問的討論の埒外《らちがい》に出て政治論争に携わる意図はないと言明した。国民の中に中立論議の理想が浸透してきているという内山の指摘した現象は（理想とか浸透という用語の妥当性は別にして）事実であり、その国民意識の政治的問題点には踏み込まない立場であった。その態度が純学問的かはともかく、中村との議論は成立しがたかった。論文には慇懃《いんぎん》無礼《ぶれい》な表現もあり（年上の同僚に論戦をしかけた中村にも問題があろう）、内山によれば、中村の気に障り、激怒の色を見せていたが、「反論を書くのはやめました」と言ったそうである。[34] 内山の議論姿勢を見ての判断であったと思われる。

民社党の安全保障政策を批判する

中村の安全保障についての現実主義は、民社党の主張に対する批判にも及んでいた。民社党は安保条約を認めるが、段階的解消を唱えていた。さらに「緊急事態での米軍の有事駐留は認めるが、わが国の基地使用や常時駐留の撤廃に努める」という「駐留なき安保」を主張した。「駐留の目的は日本防衛のみ」に限定し、「極東条項」の廃止を求めていた。基地とアメリカへの戦争協力によって国論分裂を回避する視点に立っていた。これについては、昭和四十一年（一九六六年）に民社研の『改革者』で「有事駐留論は是か—民社党に問う—」との論文を発表していた。この「駐留なき安保」は「社会党的発想になかばよりかかった、二つのものをたして二で割ったような方法」であり、「日本国民にとって現実的利益であると判断せられる最善の方向をうちだすべき」と苦言を呈していた[35]。

さらに「七〇年安保」を迎える前に批判を強めた。一九七〇年に安保条約の十年の固定期間が切れる対応が問題となっていた。民社研が昭和四十四年（一九六九年）一月に開催した全国会議では「一九七〇年の選択—日本の安全保障をめぐって—」がテーマとなっていた[36]。この会議は民社研の年一回の研修会であり、全国の会員が数百人参集する。中村は第一分科会において「各党の安全保障政策」について報告した。その中で民社党の政策にも触れ、「駐留なき安保」に「違った考え方」をもっているとした。条約の性格について次のように述べた。

> 日米安保条約は相互防衛条約ではありません。これは攻められた場合お互いに助けに行くという条約ではないのです。アメリカがやられた場合、日本は助けに行く必要がない。それは日本の憲法が海外派兵を禁じているからです。

相互防衛でない代わりに条件があり、それが軍事基地である。この撤廃をアメリカが認めるかどうかを問うている。

そのかわり、代償として軍事基地を提供しなければならない。したがって、軍事基地をなくそうとした場合にアメリカがこれに応ずるかどうか。

一九六〇年安保についての米上院の審議では、日本に一方的に有利であるという意見が出ており、「極東条項を含めて軍事基地を取り去ってしまった場合、安保条約が形骸化してはたして日米関係がスムーズに行くかどうか」と疑問視する。「軍事基地を少なくするための現行安保条約の改定は必要ない」と言い切った。もっとも「ナショナリズムの立場にもとづいて軍事基地はできるだけ少なくしていく態度」を求めた[37]。

民社党との相違は、条約改定の意味付けである。中村の場合、日米の政治的関係が本質であり、条約はその形式にすぎないと考える[38]。そこには、政治を考えるのに「原則」と「適用」の二元論的立場から見る立場が反映している。原則はあくまで原則であり、適用は柔軟性をもたねばならない。たとえば、イデオロギーから共産主義に反対し、民主社会主義の立場を貫くという原則は変えないが、相手が共産主義であるので、そのまま硬直した姿勢で交わらないとは考えない。安保も同様である。基地問題の現状をよしとしないのは、同じであり、占領の延長としての安保体制におけるアメリカ依存の非自主的性格を改めていくべきとする。

政治に求めているのは、国民感情に合わせるばかりでなく、政治的リーダーシップを発揮することであった。

国民感情をふまえることも必要ですが、同時に、国民を指導して行く姿勢が必要だと思います。政治というものは国民の意思をくみとるとともに、国民を指導して行くという反面もなくてはいけない。国民の意思に従うのみならば、デモクラシーは衆愚政治に陥るおそれが十分あると思います。安全保障問題について、ムードによって支配されてはならないというふうに申し上げたのはその点であります。[39]

この認識には、戦前、政治指導の不全と国民の熱狂ムードで破滅にいたった安全保障問題が念頭にあるのではないか。政府と自民党に対しても安保体制の宣伝不足を批判していた。[40]全国会議における中村の問題提起を支持するように、『改革者』同年三月号において編集部名の論文「各党の安全保障政策批判」は、民社党の政策を批判していた。「日米安保条約に極東の平和維持について規定されるのは当たり前のこと」、「アメリカ軍の常時駐留を配することと、基地の原則的撤廃をすることと関連して、この『極東条項』を削減するということは、実質的には、日米安保条約を空文化する危険がある」、「基地を撤廃することはいいとしても、そのあとをどううめるのか」、「ただ基地を撤廃すれば、それで反米感情が減少するからというのでは、日本の防衛に役立たない」と手厳しい。文面をみると、中村自身の筆ではないが、彼の議論を踏まえた主張である。[41] 民社研と党は別団体であるが、この批判は激烈であった（当時は武藤議長の時代であった）。

中村は、核問題についても現実的に考えていた。前年の昭和四十三年（一九六八年）五月に「核なき日本の態度」という論文を出していた。最初の被爆国ということで感情的に核兵器や核問題を回避する姿勢を批判していた。日本が核武装するべきかどうかは慎重な問題で単純には割り切れず、日米安保下でアメリカの核抑止下にある場合、核武装は不要であるが、この問題は原子力利用を含め、考えるべきとしていた。[42]

小選挙区・比例代表並立制の提唱

中村は、政府の選挙制度問題の検討に学識経験者として加わっていた。昭和三十年（一九五五年）五月に選挙制度調査会（首相の諮問機関）の委員となった。この審査会では同年三月に小選挙区制度案を答申したが、中村は委員の蠟山、吉村正（早稲田大学）などとともに（社会党委員も同調）、採決強行を強く批判し決議無効の声明を出した[43]。中村をはじめ、学者委員は手続きがひどいと批判し、いつもは冷静な蠟山も「こんなことなら私は委員を引き受けるんではなかった」と言ったとされる[44]。結局、国会に法案を提出したものの、社会党の強い反対もあって実施を断念した。

なぜ単純小選挙区制に否定的であったのか。蠟山は決議方法を問題にしたが、制度には反対でなかった。中村は、社会党の擁護というよりも、自民党の絶対多数の獲得に日本の議会政治が耐えられるかを危惧していた。衆議院における原茂（社会党）の鳩山一郎首相への質問において中村の発言を引用していた。一千万の得票数をもち、労働組合組織をもつ社会党が小選挙区制で不当に少数派とされると、暴力に走ったり院外組織と連携して闘争し、社会不安を創出するとの懸念であった[45]。革命路線を捨てていない社会党を院外闘争に追い込む危険性は当時存在した。岸内閣の安保改正における強硬路線はまさにこの事態を招いた。中村の選挙制度論は選挙技術を越えた視座に立っていた。日本政治史において議会の大多数を獲得した原敬や犬養毅の運命が念頭にあった。

昭和三十七年（一九六二年）十一月に第二次選挙審議会（首相の諮問機関）の委員（計三十人）に任命された。この審議会では衆院の定数是正が答申されたものの、実現に至らなかった。昭和三十八年（一九六三年）六月の第一小員会で中村は、①議員定数を四百六十七人から五百人にする、②七割の三百五十人を小選挙区制にし、三割の百五十人を全国比例代表制とする、②選挙人は立候補者名と政党名を記入する、③比例票は比例配分をして各政党における小選挙区落選者の得票率の順位で決定する、④小選挙区の区割りは区画委員会が決定するという方式を提案していた。[46] この提案には各委員から小選挙区制と比例代表制は異質であるとの反論があり、社会党の特別委員からも「現行の中選挙区制にこそ比例代表制がふさわしい」との意見が出た。自民も中選挙区移譲方式を提案した。[47] この審議会では選挙区制について結論は出なかった。

さらに昭和三十九年（一九六四年）八月に第三次選挙制度審議会の委員に再任された。この審議会では小選挙区制導入が焦点となっていた。今回は七月の自民党総裁選（池田勇人と佐藤栄作の激戦）の派閥対立もあって、自民党幹部は党の近代化と派閥解消のために小選挙区制導入に積極的な発言をおこなっていた。小選挙区制に反対していた『朝日新聞』も社説で「もし小選挙区制に改めるとするならば、比例代表制を加味するのがよい」と主張していた。[48]

中村は、最初の総会で首相が答申を尊重するつもりがあるのかを問い、社会党が小選挙区制に反対しているが、政府が強行するのか話し合いで行くのか、小選挙区の公正な区割りをつくると確約できるのかと質問した。[49] これは調査会での答申強行が念頭にあったのであろう。

審議会では小選挙区比例代表制案が多数派であったが、内容はさまざまであった。昭和四十年（一九六五年）四月までに中村の他に、八人の委員が案を出していた（猪木正道は西ドイツ案を提案していた）。中村案は、①総定数五百十、一人一票で候補者への投票が政党への投票となる、②小選挙区は定数の三分の二で人口二十五～三十万人で当選人は絶対多数、③比例代表は総定数の三分の一の百七十人（小選挙区で当選者はなかった場合、その数を加算）、④小選挙区の死票（落選候補者名）のうち法定得票に達したものを政党別に合算、比例配分し、得票率にしたがって当選という方式であった。[50]

十二月の第六回総会では、憲法学者の宮沢俊義（東大名誉教授）は現行の中選挙区制に連記制を加えた案を提出した。政治学者の吉村正が選挙区制変更よりも腐敗防止を求めた（社会党代議士も同意見）が、小選挙区の賛成意見の方が多かった。中村は、宮澤案に対し、①性格の違う候補者を選ぶ弊害がある、②第二候補がいいかげんな人になる、③有力候補と連合戦線を張る泡沫候補が出てくる可能性があり、性格の違う政党の候補者にそれぞれ投票すれば投票効果はゼロになると批判した。中村が選挙に立った時の実体験でもあった。それを受けてか、宮澤はその選挙では有権者が慣れていなかったと弁明し、自社一票ずつでも悪いことでないとした。[51]

審議会では、①小選挙区比例代表並立制、②中選挙区連記制、③単純小選挙区制の三案が出た。②は社会党が支持し、③は評論家の御手洗辰雄が主張していた。彼は比例代表制が有権者でなく、政党が当選者を選ぶのを問題にした。②については、一本化が図られて中村と土屋正三（国会図書館専門員）の共同提案がなされた。政党への比例割り当て数算定方法、政党の落選候補者順位づけなどを調整した。期限内にまとまらず、昭和四十年九月からの第四次審議会に同じ委員が再任となった。

中村は第四次審議会において「小選挙区制・比例配分採用理由についての私見」を委員に配布した。より単純に論点と制度を説明していた。まず、現行の中選挙区制の欠陥は、同一選挙区から同一政党複数候補者が立候補するために、選挙が個人本位のものとなる、同士打ちのために党内派閥を形成する、多額の選挙資金を要し、政党の組織化を妨げるということである。

そのために政党本位の選挙にすべきであるが、単純小選挙区制の場合、政局の安定をもたらすものの、多数党の票を誇張し、少数党に不利であり、各党の得票率と議席の不均等をまねくおそれがある。この不均衡是正のために、各党の得票率に比例した議席を小選挙区当選議席に加算するという制度を採用する。小選挙区と比例配分の議席数の配分は都道府県単位で、七対三の比率で割り当てる（現行の全県一区四名の選挙区で三対一となることを考慮[52]）。

さらに主張の根拠について次のように詳述した。政党本位の選挙を実施するには、単純小選挙区制か、比例代表制のいずれかであるが、後者は賛成者が非常に少なく、現状では実行不可能である。前者が問題となるが、自民党が絶対有利の結果が出ることが予想され、政界の勢力分野にいちじるしい変動をもたらすので折衷《せっちゅう》案として併用案を出した。

この案が自民党に有利で野党に不利との批判があるが、計算によれば、自民党二百九十、社会党百四十五、民社党二十、共産党五、公明党三十前後となり、現状にいちじるしい変動を与えるものでない。選挙区制の検討には、冷静な思考にもとづく慎重な判断が必要であるという。

また宮澤俊義が提案し、社会党が賛成している中選挙区制限連記制に検討を加えた。計算の結果、単記投票制に比べると、当選点が高くなり、多数党に有利に、少数党にいちじるしく不利になる。三人区では自民党七名増加、社会党二十名減少、民社党と共産党がゼロなどと具体的に試算を示した[53]。

翌年八月にまで審議会は答申がまとまらず、小選挙区比例代表並立制が多数意見であると、佐藤栄作首相に報告した。野党は反発し、『朝日新聞』の社説は消極姿勢に転じた。比例並立制度が有権者に「相当に難解である」、「理論的に相反するものを結合した妥協の産物である」、「社会党が結局、反対の態度を明確にするにおよんで、併用制案の政治的な意味が薄れることになった」とし、選挙区制問題を打ち切ることを提案した[54]。

第五次選挙制度審議会は昭和四十一年（一九六六年）十一月に発足した。委員の一部に選挙区割りの答申をまとめても政府に尊重する意思があるか疑わしいと再任に応じない雰囲気があったが、佐藤首相が委員長に選挙浄化の決意を表明したことで多くが翻意した。中村は一人だけ委員再任を辞退した。理由は「個人的なもの」という。[55] 合理主義的な彼のことであり、『朝日新聞』社説のように、同じ委員ではこれ以上選挙区制の議論は進まないと判断した可能性はある。

中村には、委員在任中、毎日のように小選挙区反対の葉書が自宅に届いた。指令がきて発送されていたようで、小選挙区制が憲法改正をめざすものであり、戦争に通じるものであると同じ文面であった。[56] 選挙制度が政治化し、社会党が絶対反対では論議の進展は困難であった。

中村は、昭和四十六年（一九七一年）から参議院問題懇談会の委員になった。河野謙三参院議長の私的諮問機関で八人の有識者が集まった。河野は野党の協力によって議長となり、参院改革を公約していた。七月三十日から十一回の会合を開き、九月三十日に「参議院運営の改革に関する意見書」（答申）を出した。

良識の府、理性の府としての参院改革として、①議長、副議長の党籍離脱、②議長は第一党派、副議長は第二党派、③大臣・政務次官の参院からの就任自粛に加え、各派幹部会議の常設、党議拘束緩和のための無記名投票、審議時間確保、常会招集時期の変更などを提案した。[57]①と②は現在まで継続されている。

沖縄密約事件に助言する

中村は、佐藤栄作首相に何人かの有識者とともに招かれ、私的に政策の助言をおこなっていた。[58]昭和四十一年（一九六六年）の外務省機密漏洩事件（いわゆる西山事件）の政府対応を助言したことがあった。佐藤栄作首相・ニクソン米大統領との間に締結された沖縄返還協定について、『毎日新聞』記者が「密約」を求めて外務省事務官から情報を入手し、社会党議員に渡した事件である。記者が道徳に反した方法で情報を引き出したとして一般の関心を集めた。

政府は数人の学識経験者に見解を聴取した。昭和四十二年（一九六七年）四月十二日付の文書によれば、中村の他に香山健一（学習院大学助教授）、江藤淳（評論家、東工大助教授）の名がある。これは懇談とは別のルートのようである。

中村は、国家に秘密があるのが当然であり、国家公務員法違反の容疑は明らかであると断じた。自由な取材活動との関係について、本件の取材方法や電報を外部の政治家に流した行為は、新聞社の編集権の枠外に逸脱し、モラルに反しているという。モラルと責任を守ってこそ、特権を認められると主張した。

政府攻撃一点張りのマスコミや野党に対し、政府は、事実関係のきめ細かい分析によって、理非曲直を明らかにするように彼らに呼びかけるべきであり、「率先して冷静な態度を貫く」旨を表明するのが得策と助言した。さらに新聞社の北京報道が偏向しているとの問題は、政府からの反撃材料になるが、この問題と絡めて出すのは賢明でないとした。

香山健一、辻村明（東大教授）のように新聞の中国偏向報道を問題にすべきという意見もあった。江藤淳は中村と同様に、次元の低い話であり、新聞記者が正常な取材活動のルールを踏み外したことに政府は遺憾の意を表し、こういった行為を批判する自由を留意すべしと言っていた[59]（中国記事の偏向はもち出さない方がよいというのは中村と同意見であった）。

中村は、民主主義において報道の自由は重要であり、言論機関の政府統制が厳しくなると民主主義が十分に機能しなくなると認識していた。言論機関の自由は確保されるべきであるが、報道の責任が問われ、自制作用がなければならない。実際には言論機関の責任の自覚が薄いと考えていた[60]。

沖縄基地問題研究会の委員となる

中村は、昭和四十三年（一九六八年）二月に沖縄問題等懇談会（佐藤栄作首相の私的諮問機関）の下部機関の沖縄基地問題研究会の委員となった。沖縄の核問題を含めた基地のあり方を検討するものである。学者では、沖縄返還交渉の密使として有名な若泉敬（京産大教授）をはじめ、小谷秀二郎（京産大教授）、高坂正堯（京大助教授）、衛藤瀋吉（東大教授）、神谷不二（大阪市大教授）、永井陽之助（東工大教授）という国際関係の専門家の中に加わった。[61] 民間専門家による研究会ということであるが、政府当局者も出席し、政府の方向を決めることになる。

昭和四十四年（一九六九年）一月二十八日から四日間、「沖縄及びアジアに関する日米京都会議」が開催された。ライシャワー前駐日大使ら日米の学者、政治家、軍事専門家が集まり、学術会議の体裁であったが、①アジアの平和と日米の役割、②沖縄の地位（施政権返還と基地）、③沖縄返還後の日米関係をめぐって日本側の主張をアメリカに表明し、両者の激論が交わされた。この会議に中村も加わっていた。[62]

この年の三月八日に基地問題研究会は次のように報告を発表した。①一九六九年中に日米両国政府間で沖縄の施政権一括返還に取り決めを表明する、返還の時期はできるだけ早期で遅くとも一九七二年である、②施政権交換後は沖縄に全面的に日米安保条約を適用する、③沖縄の米軍基地は過密であり、住民地域と複雑に入り組んでいる地域も少なくなく、可能な限り、その整理・統合を進めることが望ましい、返還後は沖縄防衛の責任は第一次的に日本が負うとの内容であった。

研究会での中村の役割は把握できていないが、沖縄の政治情勢や選挙状況を報告していたようである。沖縄には昭和三十六年（一九六一年）の暮れに一週間訪問したことがあった。祖国復帰の要求の反面で、基地依存経済や不当に膨れ上がった消費経済の問題を指摘していた。[63]

また研究会前の昭和四十二年（一九六七年）十月に寄稿した論文では、アメリカにとって沖縄返還は日本で考えられているほど甘いものではないと指摘していた。沖縄住民のための返還方法として、沖縄を（事前協議対象の）本土並み基地として認めることを提案しているが、アメリカ側には極東の軍事情勢から核基地を手放せない事情があるとも付け加えている。日本は沖縄問題を終戦処理と考えているのに対し、アメリカは現在のアジア情勢を前提とする意識差があり、日本が地域の安全保障に消極的であることを問題にした。日本が沖縄の米軍基地で守られている現実を逆に考え、沖縄の基地の存在が日本を戦争に巻き込むと思っている者がいることを問題視した。[64]

民社党は、昭和四十三年八月に西村栄一委員長が沖縄を訪問し、その際、核抜き本土並み返還を提言していた。民社党関係者は沖縄を何度も訪問し、社会大衆党の安里積千代《あさとつみちよ》（後に民社党衆院議員）とも接触し、現地の状況を調査していた。西村の側近であった民社党事務局の大内啓伍（後の委員長）は、若泉敬と頻繁に連絡を取り、沖縄問題を話し合っていたようである。[65] 西村は中村が最も親密であった民社党議員であった。中村は沖縄の政治分析以上にこの問題に関与していたようである。

文部省大学設置審議会の委員となる

中村は、昭和三十六年（一九六一年）から文部省社会教育審議会の委員になっていたが、昭和四十年（一九六五年）に大学設置審議会（文相の諮問機関）がつくられると委員となった。当時は若年人口の増加もあって、次々に大学や学部・学科が設置されていた。昭和四十七年（一九七二年）に駒澤大学法学部に政治学科が新設された際、委員経験者の中村が尽力したとの話もある。教員には、上條末夫、高橋正則、寺崎修など中村の人脈につらなる者が見受けられる。

政治評論家の使命

中村は政治評論を手がけたが、日本のジャーナリズムには問題が多いと考えていた。彼が挙げていた問題を列挙してみる。

第一に「悲観論」を展開し、文面に「悲壮感」をただよわせないと読者に受けないという。明治以来、野党精神が尊ばれ、政府が悪者で、それを批判、攻撃するものが正義とする印象が一般にある。政府擁護論をすると新聞が売れなくなるのである。

第二に国民の中に「判官びいき」という悲劇の主人公に同情する心理状態があるという。日本人はエモーショナルで感傷的であり、報道もそれに合わせている。

第三に学界やジャーナリズム特有の正義感があるという。自分たちが考える正義が唯一のものであり、戦争中は戦争に協力し、戦争が終わると平和論に熱中しても矛盾とは思わない。自説に固執し、反対の立場への思いやりや寛容がない。さらに「全面講和か、単独講和か」「保守か、革新か」「学生は羊、世間は狼」（最後のは学生運動のことであろう）といった観念的な二者選択論がはやるという。

第四に「動機」と「意図」が高く評価され、「効果」や「結果」の分析をしないという。政治家は、いくら清廉であり正義観をもっていても、実務に携わり実際に政策をおこなわなければ評価は生まれてこない。政治の実務がいかに難しいかの理解に乏しく、政府を攻撃し、それもスキャンダル暴露に走ることを問題にした。

第五に日本人特有の「貧乏哲学」である。政治家は清貧に甘んずべきものであるという考えがあり、「貧乏」、「虐げられている」などが誇りになる。[66] 読者はそれを見て満足し、反対のことがあれば怒るのである。

こうした状況で政治の前進に役立つ政治評論として、第一に政党の批判は政策を中心とすべきであるという。政策が現実にいかに国民生活の安定と向上に役に立ったかを問題にするのである。第二に政治家の評価はその人の挙げた実績をもってすべきである。抵抗ばかりしている者を高く評価する傾向があるが、政治は抵抗だけでは成り立たない。現体制を肯定し、その枠の中での業績の批評を中心にすれば、政治家の方でも実績をあげようとするであろう。第三に政治家の個人的負担を減らす、第四に政党の権威を高め、国民に親しみをもたせるような評論を提唱している。[67]

中村の政治評論は、政治に非合理的部分があると考えても、自身は合理的に眺め、感情論を排していた。たとえば、社会党がたえず自民党の体質と政策の古さを攻撃しているにもかかわらず、（代表的な旧来型政治家の）大野伴睦自民党副総裁が亡くなった時に、「国家の一大損失」と大げさにたたえる談話に「浪曲調」を感じたと批判的であった。[68] 学者は冷たいと父に言われた中村の合理主義の一面であろう。彼のジャーナリズム論は戦前の議会政治が報道によって世論の支持を失い崩壊した歴史をも踏まえている。

さらに中村は大衆社会における政治の観点からＴＶの機能にも注目しており、昭和四十三年（一九六八年）から九年間、フジテレビジョンの番組審査委員として、視聴者の信頼を得る番組づくりと製作スタッフの不断の勉強を要望していた。[69] メディアに出たが慶應の恩師のように社会的使命を意識していた。

〈註〉

1 中村菊男「ヒューマニズムなき再軍備―服部構想批判―」『民主社会主義研究』一九四九年二月号、二一‐三頁

2 中村菊男・林修三編『自衛隊と憲法の解釈』（有信堂、一九六七年）六‐七頁

3 前掲書、七‐八頁

4　前掲書、一一頁

5　前掲書、一四－一五頁

6　前掲書、一六－一七頁

7　前掲書、二一－二三頁

8　前掲書、二〇－二一頁

9　前掲書、二三頁

10　前掲書、二五頁

11　前掲書、二四頁

12　前掲書、二八頁

13　篠田英朗『ほんとうの憲法──戦後日本憲法学批判』（ちくま新書、二〇一七年）、『憲法学の病』（新潮新書、二〇一九年）

14　中村菊男「自衛隊をどう考えるか」（現代史研究所、一九六三年）一八頁

15　前掲書、二〇－二一頁

16　中村菊男『国際情勢と憲法問題』（有信堂、一九六四年）一九三－一九四頁

17　前掲書、一〇七－一二六頁

18　前掲書、一二七－一三〇頁

19　前掲書、一三一－一五二頁

20　前掲書、一九七－二二〇頁

21 中村菊男「ヒューマニズムなき再軍備―服部構想批判―」『民主社会主義研究』一九五四年二月号、五頁

22 中村菊男「自衛隊をどう考えるか」三〇頁

23 利光三津夫・中村菊男「黙っておれぬ（7）平衡感覚に欠けた天才三島由紀夫」『改革者』一九七一年二月号、五五頁

24 中村菊男「国際情勢と日本の立ち場」（外交知識普及会、一九六六年六月）三四頁

25 前掲論文、一二－一三頁

26 梅澤昇平『〝革新〟と国防　民社党防衛論争史』（桜町書院、二〇一七年）二七－八頁

27 中村菊男「安保体制の基本問題」、中村菊男編著『日米安保肯定論』（有信堂、一九六七年）三－四頁

28 前掲論文、四－八頁

29 前掲論文、一六－一八頁

30 前掲論文、一八頁－二一頁

31 前掲論文、二五頁－三六頁

32 内山正熊「日本における中立主義の生長」『法学研究』一九六九年十月号、一－二五頁

33 内山正熊「「日本における中立主義の生長」について：中村菊男教授の批判に答える」『法学研究』一九七一年四月号、五四－七七頁

34 内山正熊「中村菊男君を憶う」『法学研究』一九七七年八月号、九五頁

35　中村菊男「有事駐留論は是か―民社党に問う―」『改革者』一九六六年年五月号、九頁
36　この全国会議前後の民社研と民社党との関係について、梅澤昇平『〝革新〟と国防』六四‐六五頁
37　民主社会主義研究会議編『1970年の選択　日本の安全保障をめぐって』（一九六九年）二八‐二九頁
38　前掲書、四五頁
39　前掲書、四五頁
40　前掲書、二九頁
41　編集部「各党の安全保障政策批判」『改革者』一九六九年三月号、三〇‐三一頁
42　中村菊男『核なき日本の進路』（日本教文社、一九六八年）二一三頁
43　「小選挙区案を答申　選挙制度調査会　九委員が無効声明」『読売新聞』昭和三十一年三月十三日
44　「すっかり怒った学者グループ」『読売新聞』一九五六年三月十三日
45　「第二十四回国会　衆議院　公職選挙法改正に関する調査特別委員会」昭和三十一年四月四日
46　「区制で二氏が私案　選挙制度審議会第一委」『読売新聞』昭和三十八年六月五日。「強い『比例代表加味論』選挙制度審第一委　区制具体案作成へ」『読売新聞』昭和三十八年六月十九日
47　「中選挙区制に傾く　審議会第一委『比例代表』加味は一致」『読売新聞』昭和三十八年十月三日
48　「社説：小選挙区制の再登場」『朝日新聞』昭和三十九年八月三十日
49　「答申尊重を迫る　第三次選挙制度審議会　委員に強い意見」『読売新聞』昭和三十九年九月十六日
50　選挙制度審議会「第三次選挙制度審議会において提案された小選挙区比例代表制に関する具体案比

51 較表」（昭和四十年四月二日現在）「矢部貞治関係文書」12－77
「中選挙区・二人連記　選挙制度審議会　宮澤提案めぐり論議」『読売新聞』昭和三十九年十二月二日
52 中村菊男「小選挙区制・比例配分採用理由についての私見」「矢部貞治関係文書」12－181
53 中村菊男「小選挙区比例代表制支持の理由」「矢部貞治関係文書」12－181
54 「社説：選挙制度改正の方向」『朝日新聞』昭和四十一年八月十八日
55 「第五次選挙制度審議会　委員30人を内定　新任は2人」『朝日新聞』一九六六年十一月十一日
56 中村菊男「核なき日本の針路」『核なき日本の針路』（日本教文社、一九六八年）二〇九頁
57 「参院運営を大幅改革　懇談会答申」『読売新聞』昭和四十六年九月二十四日
58 政治・社会運動史研究会「映像記録・上條末夫：民社党時代を語る　学者・研究者の立場から」二〇一六年七月十六日収録。吉村正、鍋山貞親も一緒に招かれていたという。
59 「機密漏えい事件をめぐる学者の意見（二）」一－八五頁。楠田實資料H－2－13
60 中村菊男「言論に負わされるもの」『核なき日本の針路』九六頁
61 「「沖縄基地問題研」が発足「核」含め形態検討　来春までに意見書」『読売新聞』昭和四十三年二月十八日
62 「二十八日から日米京都会議　沖縄基地など討議　ライシャワー氏らが出席」『読売新聞』昭和四十三年一月三日
63 中村菊男「沖縄の診断」『日本の良さ、外国の良さ』（池田書店、一九六一年）一六八－一八二頁

64 中村菊男「沖縄問題の焦点」『核なき日本の進路』一九八‐二〇七頁
65 梅澤昇平『民社烈烈　勇者たちの物語』（桜町書院、二〇二二年）二五頁
66 中村菊男「政治家を過信するな」『政治家の群像』一一二‐一一九頁
67 前掲論文、一二四‐一二六頁
68 中村菊男「格調高き政治の姿勢を」『核なき日本の進路』八〇頁
69 鹿内信隆「中村菊男先生を偲ぶ」『改革者』一九七七年七月号、八一頁

第九章

伊勢志摩と中村政治学

伊勢志摩と古代史解釈

中村菊男はたびたび赤福餅を持参し、故郷の伊勢志摩を話題にしていたという。この地は彼にとって追慕の対象であるばかりか、具体的な現実政治に向き合ってきた場でもあった。本章では歴史文化研究と政治分析の二つの点から、政治学者中村菊男における伊勢志摩との関係について探っていきたい。

中村はさまざまな本を出したが、亡くなる二年前に出した『伊勢志摩歴史紀行』(昭和五十年、一九七五年)は他と異なった著作である。専門の政治学でなく、一般向けの故郷の案内書である。いろいろな資料・文献を用いながら、伊勢志摩地域の歴史と文化を詳しく解説していて読みやすい。この本の執筆は前年の夏に鳥羽の学術研究に従事した演習卒業生と十五年ぶりに伊勢志摩の旅行をした時に始まった。旅行後も現地に残って取材作業に取り掛かり、帰京してからも執筆のために何度も足を運んだという。

この本の中でも自身の若き日の思い出を語り、故郷への愛情をうかがい知ることができる。巻末には、自身が推奨する観光コースをも挙げている。松阪の「和田金」のすき焼きを味わい、伊勢の外宮・内宮参拝の後、赤福を食べ、朝熊山《あさまやま》にドライブで鳥羽宿泊。箱田山、波切の大王崎から眺望を楽しみ、賢島《かしこじま》ホテルでウナギを食べ、「合歓《ねむ》の里」に泊まるなど具体的である。[1] 食べることが趣味と言われた美食家ならではである。世界の名所旧跡よりも郷里の観光コースが一番であると誇る。実際に東京からの訪問者をこのコースに何度も案内していた。若い時から地元の山河を愛でる気持ちは強かった。宇治山田中学では山岳部に入り、三年生の時の「山頂より」という作文では朝熊山からの光景を次のように描いた。

…遥に遠く北は飛騨三越の峻峯《しゅんぽう》より南は潮岬の辺迄渺《びょう》として端なし。まなじりを極めて正南を見渡せば紀路の遠山渺々《びょうびょう》として大海の怒濤《どとう》の如く前に翻り千波《せんぽ》後に立つ如し[2]…

いささか気負った美文調であるが、天下の絶景と評するこの山に少年時代、たびたび登り、山堂で一泊して濃い味の豆腐の味噌汁つきの朝食を食べたという（昔から食べ物にこだわっていた）[3]。伊勢神宮の背後にある聖地であり、昔は麓から山道を登ったが、今は彼の父が建設に尽力したハイウェー経由で行くことができる。美しい郷里についての少年時代から思い出が凝縮している。

中村はこの書を「ありきたりのガイドブックでもなく」、「学問的裏付けをもつよう心がけて書いた」という。故郷の歴史を通じ、日本の政治文化の原点を明らかにしようとした。専門は明治以降の政治史であるが、政治研究を通じて日本人論に関心をもつようになり、さらに日本の政治文化の研究に展開していた。文化を理解するために歴史をもっと「マクロ（巨視）的視角」から見なくてはならないと考え、古代・中世史の研究書に関心を抱いた。

中村が幼少期からなじんできた伊勢神宮は、古代史における重要な聖地であり、神道は日本人に影響を与え、その特徴を探る上で欠かせない。伊勢志摩という地を理解することは日本文化の探求につながっていた。故郷を題材にしたこの本において、政治を形づくった日本人の行動様式や社会・文化を検証しようとした。自身で「郷里と深いつながりをもつ一人の研究者の愛情をこめた書物」とさえ言っていた。中村は政治学のさまざまな分野を渉猟してきたが、最後にたどりついたのが故郷の歴史・文化であった。

伊勢志摩は、伊勢神宮に象徴されるように日本国の起源を知るにあたって重要な場所である。神宮の起源を探求することは国家の発祥を論じることになる。この地を具体的に検証するにあたり、同時代の古代史研究のあり方を問題にした。彼は日本政治史を研究するにあたって戦後の主流を占めた歴史研究に批判的であった。マルクス主義の影響を受け、社会法則や進歩史観にこだわり、個別の事象や具体的な人間の生き方に目を向けないことを問題視していた。古代史については門外漢であり、この本の論述の多くは他の研究に依拠しているが、故郷の歴史を解釈するにあたり、自身なりの視点を披露した。

記紀と津田歴史学

『伊勢志摩歴史紀行』が出されたのは古代史ブームの時期であった。昭和四十七年（一九七二年）に奈良県明日香村の高松塚古墳から壁画が発見され、古代史に世間の注目が集まった。作家の宮崎康平は『まぼろしの邪馬台国』（昭和四十二年、一九六七年）において邪馬台国九州説を展開し、一般にも邪馬台国の場所が議論されるようになった。松本清張などの著名作家もこの国の謎を解き明かすべく、著作を出していた。

　こうした古代史ブームは戦前からみると隔世の感があった。かつては政治的制約があった。『古事記』や『日本書紀』は疑うことができない歴史書とされ、神話を歴史的事実とみなさねばならない雰囲気が強かった。とくに中村が学生生活を開始した一九三〇年代は国家主義が高まっていた。早稲田大学教授の津田左右吉《つだそうきち》の事件は、この時期の歴史研究がおかれた状況を象徴する。津田は記紀の文献学考証から古代の天皇の実在性に疑念をもち『神代史の研究』などの著書を出した。すると国家主義団体から激しい批判を呼び、昭和十五年（一九四〇年）に津田は教授を辞任した。さらに出版法で起訴され、有罪となった。文献解釈による学問的研究でさえ、強い制約があったのである。

戦後はこうした桎梏《しっこく》から解放され、学問的な立場からの研究が進められるようになった。しかし、戦前の反動でマルクス主義の影響を受けた歴史学が入ってきた。古代史においても階級対立や権力支配・被支配の視点が強調されるようになった。主観的で精神主義的な国史学に対し、客観的な歴史科学と標榜した。

中村が問題にしたのは、古代史ブームの半面、『古事記』や『日本書紀』を否定することが学問的・進歩的・科学的とする風潮であった。[4] 記紀にこだわらない研究が進歩的であり、両書に依拠することは反動的とされた。中村は事実の探求であるはずの歴史研究にイデオロギーが入ることを拒絶する。進歩的とか反動的ということは歴史解釈の基準でないとした。[5]

このような風潮の象徴として挙げたのは津田左右吉の扱いである。津田は自身における記紀の分析を歴史研究でなく、物語の研究と位置づけていた。そのことが「右翼の狂信的学者やマスコミが騒ぎ出した」原因になった。記紀の記述のすべてを歴史的事実としなければならないのであり、天皇の実在性に疑念をもつのは許されないことであった。

戦後になると「左翼のものがこの問題をとり上げるようになった」という。国家主義による犠牲者として注目し、津田の主張をも越えた解釈を展開した。直木孝次郎（大阪市大教授）

によれば、津田の学問は「政治的圧迫のために十分発達できなかった」のが戦後「発展的に継承」され、後進学者の「すぐれた構想力によって」、「古代国家成立史を再構成する方法に確立された」と称賛された。[6]

家永三郎（東京教育大学教授）は継承を超え、津田が主張しなかった独自の解釈を付け加えた。この学者は文部省検定を違憲とした教科書裁判で知られている。記紀についての自説の根拠に法廷で津田の名前を出した。家永は、記紀の『神代』の物語はもちろんのこと、神武天皇以後数世代の間の記事に至るまで、すべて皇室が日本を統治するいわれを正当化するために構想された物語である」との記述が削除されたことを不当とした。「津田左右吉博士の著名な研究によって明確に立証されており、今日日本史を専攻するほとんどすべての学者が肯定している」と主張した。文部省による削除は「古事記、日本書紀の記述をそのまま史実と誤解せしめる」とし、「史実に基かない非科学的な歴史の学習を期待しているものというほかはない」とまで言明していた。[7] 津田は記紀が物語であるとしたものの、家永のように天皇支配のイデオロギーとまでは言ってはいない。戦後の「科学的」歴史研究が津田の主張を自説に引きつけたものであった。[8] 国家主義に弾圧された津田の名前をもって、記紀が皇室による統治を正当化するために、歴史を創作したとの主張を展開したのであった。

津田は戦前戦後を通じ、記紀を古典として研究してきた。それを戦前には右翼が攻撃し、戦後には左翼が称賛した。中村は「こういった問題にたいする世間の取り上げ方はいかにも騒々しく事実をよく突き止め、事の真実を確かめようとしないでとにかく自分勝手な解釈をこころみる傾向にある」と批判した。[9]

中村はこうした学問的態度を日本人の一般的傾向と結びつけた。「権力がもつ側が強大なときには一言も抵抗もおこなわない」のに「それが弱いとみたり、あるいは事がおさまってしまい権力をもつ側がやったことに対して批判がおこると、いっせいに騒ぎ立てるきらいがある」と指摘した。[10] 彼は学問研究をめぐるイデオロギー闘争を否定した。歴史解釈はあくまで事実に忠実であり、事実がどのように動いたかを明らかにすべきであるという。記紀に対しては、戦前の絶対化、戦後の全否定という態度でなく、歴史上の常識からある程度信頼できるものを取り上げ、解釈を加えていくべきとする。歴史の記述にあたって「あくまでも事実に忠実でなければならず、事実がどのように動いたか、それがどうであったかを明らかにすべきものである」という。[11]

邪馬台国は重要ではない

中村は、邪馬台国ブームにも記紀を排除した歴史解釈として疑念をもっていた。昭和四十年代以降、古代史家のみならず、一般の人々も邪馬台国の場所を論じていたが、この国の存在は記紀にはなかった。根拠は正史『三国志』のうち魏志における倭人についての記述である。これにさまざまな解釈を施し、邪馬台国の位置をいろいろと推理した。中国史の約二千字の文章にすぎなかったが『魏志倭人伝』とあたかも一冊の書物のように扱われ、岩波文庫にも収録されていた。

自国の古典をおろそかにして、外国の古典をもとに延々と議論を展開することに、中村は批判的であった。当時の中国が日本よりも文化水準が高かったとはいえ、海路遠く離れ、交通不便な外国から予備知識のないまま見聞をまとめたのであり、正確性に問題があるとした。中村はこのような性格の文献に対し、一字一句まで見逃さず検討しながら古代史を書くことに否定的である。原文の記述が誤っていたならば、それにもとづいて研究するのは間違いであり、「一種の想像による創作をやっていることになる」と批判する。古代史は「百人研究家がいると百人、それぞれ解釈がちがう」ものとなり、「ますますわからなくなってしまう」と断じた。[12] 一時は世間で非常に盛り上がった邪馬台国論争であるが、歴史学が発展した現在、あまり論じられることがなくなった。

当時の古代史ブームで邪馬台国とともに注目されたのが、江上波夫（東大教授）が唱えた「騎馬民族征服説」であった。日本人の祖先が大陸からの大規模な民族移動でやってきたというもので、当時すでに歴史学者から疑義が出ており、中村もまた賛成できないとした。日本民族の形成は、いくつかの経路から数世紀をかけ人間の移動がおこなわれ、だんだんと融合したものとする。大和地方に国家が形成され、それが広がって日本列島全体がヤマトになっていったという説を支持した。[13]

記紀の記述を無視する古代史学は、その後、大化の改新の否定などにも及んだ。歴史資料が少ないことから、イデオロギー的史観からの推測（直木は「構想力」と言い換えている）も入りやすく、中村の記紀のこだわりは歴史学における実証主義の危機を感じたことにある。戦前、戦後を通じたイデオロギー優位の歴史学を拒否したのである。

伊勢神宮の起源とは?

国家形成は伊勢神宮の起源とも関係する。『日本書紀』には神宮の記述が存在する。崇神《すじん》天皇(第十代)の時代に疫病や叛乱が起きたことから、宮殿に祀《まつ》っていた天照大神《あまてらすおおみかみ》の御神体を大和の笠縫邑《かさぬいむら》に祀り、さらに垂仁《すいにん》天皇(第十一代)の時に大神が「是の神風の伊勢国は、常世《とこよ》の浪の重浪《しきなみ》の記する国なり。傍国《かたくに》の可怜《うま》し国なり。是の国に居らむ」と、のたもうて伊勢に鎮座したとある。

これに対し、直木孝次郎が異説を展開した。古代史の新しい解釈を次々に提示し、ブームを牽引した一人である。家永裁判にも関わり、記紀の史料批判から独自の国家成立史論を展開した。直木は、伊勢神宮の起源を『日本書紀』における崇神・垂仁朝でなく、もっと後の五世紀後半の雄略朝《ゆうりやくちょう》(第二十一代)前後かそれ以後に下るとし、天皇の国家支配と連動させる。神宮はもともと伊勢土着の神社であり、皇室と結びつくことで昇格したという。皇室の政治支配を正当化するために伊勢における太陽神と結びつけたという解釈であった。

中村は直木の新説は実証性に欠けるとする。政治支配下に入った地域の土着神が昇格したことを他の例に照らして不自然とみた[14]。伊勢は大和と往来があり、太陽の昇る東方に位置したことで、この地に天照大神の御神体を奉遷したと推測した。創設は大和朝廷の権威が確立した時期であり、書紀のいうようにやはり崇神・垂仁朝の頃という。[15]農業国家であった大和国家において天気を支配する太陽は重要であり、太陽の昇る場所にあこがれたのでないかと推測した。[16]直木の土着社昇格説は政治支配に目を向けたユニークな解釈であったが、あくまでも仮説にすぎず、書紀の記述を否定するまでに至らず、現在でも定説とはなっていない。

伊勢神宮を語ることは、皇室の性格に目を向けることになる。なぜ神宮が「神様の王座をしめるようになった」のか。右派も左派も神宮の発展を国家権力と結びつけるが、中村は、伊勢信仰に皇室の政治支配をみることに懐疑的である。鎌倉幕府成立以降、権力は幕府に移り、天皇は権威の中心にすぎなくなった。それ以前も天皇親政は限定的であった。天皇は権力がなくても権威をもちつづけることで国民から尊崇を受けていた。天皇は天照大神の子孫とされ、祭祀をつかさどり、その権威と伊勢神宮が連関していた。[17]伊勢信仰は古代・中世において皇室、天皇制度と密接に結びついていたが、鎌倉時代以後、だんだんと庶民のものとなり、徳川時代、完全に庶民の信仰対象となった。[18]明治以降、「天皇制国家体制」の教育によって伊勢信仰が全国に普及したのでなく、すでにその前から一般庶民の間でつちかわれていた。[19]

中村によれば、伊勢信仰の普及・拡大は国家による直接の庇護や財政的援助でなく、一般庶民の間において信仰組織が全国的に拡大したからであった。そこには御師《おんし》と呼ばれる神官の積極的な活動があった。時代が下って皇室の力が落ちると、神宮は独自に運営せざるを得なくなり、御師が「伊勢暦」を手土産に全国行脚し、檀家を中心に参拝を勧奨した。暦は農業社会において貴重なものであった。日本各地において庶民は伊勢講をつくり、団体で参詣し、御師は伊勢で彼らを饗応した。伊勢信仰は御師の努力と受け入れる側の庶民の講によって拡大・発展し、江戸時代には半年で四百万を越える者を一時に動員する吸引力をもつまでにいたった[20]。

中村は、伊勢信仰に日本人の特性をみていた。参宮は信仰のみならず、物見遊山《ものみゆさん》の遊びがついており、庶民の間での人気につながった。伊勢には赤福餅や二軒茶屋餅などの銘菓に加え、さまざまな土産物があり、古市には日本有数の遊郭もあり、参拝の楽しみになった。伊勢参詣は地域でこぞって出かけたのであり、団体旅行の走りであった。日本において団体では「無礼講が行われ、不作法となり、酔っぱらいがでる」という。外国人と違って「心理的なものが一枚加わる」ものであり、「一種の雰囲気ができ、空気がかもし出され、無責任になる」という[21]。政治や組合運動などに通じる現象として考えたのであろう。また参拝の邪魔をすると祟りがあったり、参拝者に功徳があるなどの因果応報譚があり、「庶民の道徳」が伊勢信仰を通じて日本人の道徳的観念として形成されたことにも着目していた[22]。

さらに徳川時代における大規模なお蔭参りについて政治心理学的に注目した。中村は政治史において日本における「集団エクスタシー現象」にしばしば言及しているが、その原点であった。何度かピークがあり、半年の間に数百万人が伊勢に集結したこともある異常現象であった。社会経済的要因や政治的要因は理由として十分でなく、非合理的で理屈のつかない現象という。もっとも全国における御師の活動や講組織があり、伊勢参拝の地盤はできていた。その上で、地方相互のコミュニケーションが疎遠な環境にかかわらず、一時に人々がこぞって参拝したのは、伊勢神宮のもつ伝統的な吸引現象というほかなく、「日本人の体内に潜む民族的個性である集団エクスタシー現象」が噴出したという。社会経済的理由で絶対に説明がつかない「社会心理的ないし社会病理的な現象」であった。さらにこの現象に対応し、地元の人々が参拝者に奉仕をするという集団的な施行《せぎょう》が存在したことも日本人の民族的個性とみていた。「相互扶助的な意識のあらわれ」、「日本の〝むら〟社会の特徴」であるという。[23] 中村は「集団エクスタシー現象」を自由民権運動や国体明徴運動、そして安保騒動などで観察していた。お蔭参りの尋常でない熱狂の話を若い時から聞いて理屈で説明のつかない非合理的な集団現象もあることを理解できた。そして政治文化の研究の中で日本人の特性に結びつけた。

研究の原点としての本居宣長

伊勢志摩の土地柄はナショナリズムと親和的である。伊勢市には今も神都という別称がある。中村は出身者としてイデオロギー的視点でなく、地元の民俗文化を通し、地域の歴史を説明した。松阪出身の本居宣長についての記述もそうであった。宣長は国学者として戦前、称揚され、「しきしまの大和心を人問はば朝日に匂ふ山ざくら花」という和歌は広く知られた。彼は、この大和心の「こころ」が戦争中唱えられた勇武な心でなく、もっと女性的なものと解釈した。「ぱっと咲いてぱっと散るようなエネルギーが瞬間に爆発するようなもの」であり、それも散り際のみの美でなく、「もっと広く大きな、種々相を含んだ美」とし、「ものはかなく、めめしきこころ」という。[24] 国粋主義的な宣長でなく、松阪（当時は松坂）の商家に生まれ、京都で遊学した経験を重視した。そこでの見聞が平安朝文学の関心につながり、女性的な大和心の解釈が生まれたとした。上京して文学にふけった自己に重ねたかもしれない。生涯の大半を松阪で過ごした宣長は、郊外の山室《やまむろ》に墓所を自ら選定したが、山上にあって伊勢の海を臨むこの地の景色こそ、「物のあはれの説を述べ、詩歌の真意義をはじめて明らかに認められた」学者にふさわしいという詩人佐々木信綱の文章を紹介した。[25]

本居宣長は、中村の研究者としての出発点でもあった。慶應義塾の予科三年（昭和十六年、一九四一年）の頃は、対米戦争の時期とあって国家主義が高揚し、日本精神を唱道した本が多く出されていた。「それらを読んでも浅はかな気がして馴染めず」、「古典そのものを原文のままで読んでみよう」と考え、『古事記』、『日本書紀』から『万葉集』を読んだ。そして夏休みに「本居宣長の生涯と思想」を題材に論文を執筆した。鳥羽に生まれ、宇治山田中学校に通った彼に松阪や宣長はなじみ深かった。論文作成のため、旧居鈴屋《すずのや》や山室山の墓所を訪れ、関係者に話を聞き、松阪市図書館で宣長関係の著作をひも解いた。予科会（慶應義塾予科生の自治団体）の懸賞に応募し、入選した[26]。評者であった文芸評論家の河上徹太郎はこの論文を「引用文の巧妙さとやまと心の着実な究明とで特に推薦するに値する」と称賛した。この宣長研究の後、「平安朝文学のやわらかい調子がたまらなく好き」になり、歴史家の手塚豊の家に出入りし、歴史研究に取り組んだ[27]。

「本居宣長の生涯と思想」は十六頁の短い論文ながら、後年の研究者としての活躍を予感させる内容である。皇国史観全盛期に代表的国学者を取り上げたにもかかわらず、時代の雰囲気をあまり感じさせない。

この時代、皇国史観の原点ともいうべき国学者を論じる以上、天皇との関係について言及しないわけにはいかないが、中村は宣長が追求した「古道」の目的と研究を分け、後者に重点を置いている。宣長の「古道」には「古事記及び日本書紀の記述に対する絶対の信念」、「神話に対する情熱的な信仰」があるとした。この信念は「理性的な批判反省を加へず」、「究理作為の結果を交へるものではなかった」という。そして彼にとって記紀の記述が「天照大神の御後裔《こうえい》である萬世一系の皇室の御栄により絶対に真なりとし、一点の疑義をさしはさむべからずとした」と解釈した[28]。皇室との関係はこの程度の言及にとどめた。議論の中心は「古道」の内容でなく、研究者としての宣長の古典解釈であった。

中村は、政治学研究において人間に焦点を当てたが、この論文でも宣長の人間性に注目していた。京都遊学時代、平安朝文学を研究しながらも「青年血気の儒生生活として自由奔放の趣あり」という面に触れた。「観劇は最も嬉び、酒席の享楽も解し、喫煙も深く嗜《たしな》んだ」のであり、豊かでない家計にかかわらず、遊学に送り出した母から品行を戒められていたという[29]。当時、畏敬崇拝された国学者の遊蕩にも言及したことに人間観察者たる中村らしさがある。もっとも人間的側面と文学解釈の関係を示唆程度にとどめたのは時代的制約であろう[30]。

宣長が国学者として大成したのは「緻密な頭脳及び飽くなき研究心の宥和」に加え、「其の個性の特殊性に基く」とする。「文化都市松坂に生れ、洗練されたる文化人としての教養を体した」ことを評した[31]。

中村は、宣長が契沖の文献学研究と賀茂真淵《かものまぶち》の古学研究という「思想的潮流を良く取捨選擇し、攝取《せっしゅ》し、融和し大成し得た」と論じた。この総合にあたって文化人宣長の柔軟な発想に注目していた。「古道」の研究において「師の説を妄信する事なくあく迄も真理を重んじ、進歩的なれとの毅然たる態度」を唱道し、「在来の秘伝口授」を排斥したことを評価した。研究者としてさまざまな師をもち、門下生に自己の学問を強要しなかった自身の態度にも通じる。また宣長が温和な性格のため、その学問が実践的性格をもつにいたらなかったとして、実践的な平田篤胤《ひらたあつたね》の国学と分けて考えた。儒学を排斥しつつも契沖の文献学をも尊重し、古書の理解のために漢籍を読むことを勧めたことに「宣長の学問の寛容さと包容力を偉大さ」をみていた[32]。

「古道」については当時唱えられた国家主義的要素よりもその本質に着目した。「人間の性情に従って生ずるもの」、「人間の持つ自然の欲求や本能」として理解した。「儒学の主智主義や主観的成心」を排斥すべきとしたのは、その探求のためであると解釈した。宣長によれば、人間一般に自然にある普遍的な性質の認識を後来の儒教や仏教が妨げたという。外国発祥の人為的な人間理解が本来の人間に備わっているものを理解できなくさせると論じた点に注目していた。国家主義ゆえに外国文化を排斥したのではなく、学問的観点からのものであった。宣長にとって「富貴を願ひ、生を楽み、恋愛の情を現はす」ことが「人間の真情」とし、それにもとづいて行動すべきとした。中村はこの「真情」を「適当の自制心を持つ観念」と解釈した[33]。

宣長は文学解釈において「物のあはれ」を強調するが、中村によれば、これは「人間の喜怒哀楽の感情すべて」であり、「「理智」や「意志」を排して、「感情」は人生の根柢なり」と解釈するものであった。それは「単に自然的な感情ではなく、寧《むし》ろ或る程度自然の感情を克服した寛容な純粋なもの」である。この「物のあはれ」を理解することで「古人の高雅な性情を知り、古代文化の真髄を掴む」のである[34]。

以上のように、中村は宣長の文章を引用しながら、皇国中心主義や感情的なロマン主義を避けた筆致に徹した。河上が巧妙な引用を評価したのはこの点にあったのであろう。宣長解釈は思想研究として途上である。しかし松阪という地で活躍した先人をイデオロギーでなく、人間性に着目し、その学問的意義や概念の本質を探ろうとした研究は後の政治学研究に通じる。

中村菊男の皇室観

伊勢志摩の地は、中村の皇室観の形成に関わった。戦中、本居宣長や国学をイデオロギー的に解釈することなく、戦後の総選挙において天皇擁護を公言したのも、この地に生まれ育ち、自然に皇室に慣れ親しんだゆえであろう。皇室は理念的にとらえるのでなく、若き日から奉迎を通じて、人間としてなじみのある存在であった。

中村は積極的に自分の皇室観を表明し、『天皇制ファシズム論』、『嵐に耐えて—昭和史と天皇—』の著作を出した。前者は、天皇制が戦前日本の超国家主義をもたらしたとする丸山眞男などによる主張を実証的に批判したものであり、後者は天皇を軸として戦前の昭和政治史を描いたものである。

自身は、昭和三年（一九二八年）十一月二十日に新天皇（昭和天皇）の伊勢神宮御参拝の奉迎に参加していた。前日から宇治山田に泊まり、朝四時から参道に集まった。姿を目にしたのはほんの一瞬であったが、小学三年生にとって「荘厳華麗な盛儀で子供心にもその光景が強く印象づけられた」という。「なにか「大日本帝国の」極盛期を見たような気がしてならない」と振り返っていた。即位の大典に際し、伊勢では旗行列や提灯行列が毎日続き、「お祭りのような毎日たのしい日が続いた」という。伊勢神宮には皇族や有力政治家がよく参拝し、歓迎のために動員させられていた。[35]

政治学者として昭和天皇のことを書きたいと思ったのは、『原田日記』（原田熊雄述『西園寺公と政局』）を読み、天皇と大臣、軍人、政治家、財界人などのさまざまな人間模様が率直に描かれていることに関心をもったからであった。戦後になって天皇の動静は知られるようになったが、この本は、西園寺公望と側近の会話を通じて歴史的事件における天皇の具体的な判断や行動を明らかにしている。歴史をイデオロギーで解釈することなく、具体的な事実を重視した中村にとって、貴重な資料であった。『原田日記』を通じて臣下が「情勢分析や判断に、迷いやくるいがあり、はっきりしない場合が多い」のに対し、天皇だけが「その都度実に適切な判断を下されている」ことを発見した。このことから、今までの自身の政治史研究を土台にして、昭和天皇が昭和政治史の中でどのような役割を演じ、どんな人柄か、なぜ戦争を食い止めることができなかったかを「自分の角度で解いてみる」ことを試みた。[36]

中村は、天皇の理性を高く評価していた。「国の政治には理性が必要である」にもかかわらず、昭和の政治において「あまりに非理性的要素が強く、心情的なものが多く支配し、優先した」のであり、狂信と結びついて国家を破滅に追いやったという。その中で「ひとり天皇だけが理性の灯を最後まで持ち続けた」と評価し、この天皇が「終戦までどうしようもなかった」事情を明らかにした。[37] それは自身が注目した日本人の政治文化に翻弄される最高指導者の姿であった。「〝むら〟意識が強く、セクト的」で「〝むら〟内部の分裂をおそれる」という「日本人的なものの考え方」によって、望まぬ対米戦争を臣下が一致して合意することになり、立憲君主である天皇はそれを尊重せざるを得なかった事情を説明した。[38] 人間中心に政治史を分析するのが中村の政治学の特徴であるが、天皇をもその人間的分析の対象にした。

『嵐に耐えて』を執筆した当時さえ、民主主義と天皇が相容れないとか天皇の戦争責任を問う声は強かった。保守陣営でなく、社会主義政党のブレインがこうした天皇像を広く世間に訴えた意義は少なくない。民社党関係者や支持者は、自民党に比べ、天皇や皇室に親しみがあるとは言えない。西尾末広は議員として戦前、皇居での招宴に参加したことがあるが、労働運動家の中には伊藤卯四郎のように即位の大典の際に予備拘束された者さえいた。河合栄治郎の門下の社会思想研究会の人々をみても天皇を特別に評価していた者はあまりいない。中村のように戦中に青年期を送った世代はとくにそうである。民社党は社会主義政党であり、革新野党と世間に見られ、綱領に天皇についての記載はない。しかし昭和天皇の大喪の礼にあたって永末英一委員長参列など、皇室に対する畏敬の念を維持したのは、中村の啓発活動の貢献もあったのではないか。[39]

『伊勢志摩歴史紀行』は、地元にゆかりのさまざまな人物について触れている。先述の本居宣長、戦国武将の九鬼嘉隆《くきよしたか》、作家の江戸川乱歩、梶井基次郎、三島由紀夫、詩人の伊良子《いらこ》清白《せいはく》、真珠王の御木本幸吉などである。偉人の顕彰でなく、その人間性に言及している。宣長の京都での遊蕩の話や鳥羽水軍の名将九鬼嘉隆が朝鮮外征では負けていたことにも触れた。御木本幸吉は艱難辛苦《かんなんしんく》の末に真珠養殖に成功した立志伝よりも、直接会った印象から「ひとの意表に出る頭脳の持ち主」という面に着目していた。「機知というか、ユーモラスというか、他人の思ってもいない意表にでることがうまく、人を人とも思わない、いわゆる『人を喰った態度』」がその特徴であると評した。[40] さらに伊勢神宮に仕える皇女である斎王の任務から、伊勢にある遊郭の古市にいた女郎や志摩の船頭相手の「はしりがね」にまで言及するのは、人間に興味をもち続けた彼らしい内容である。[41]

中村は生涯にわたって地元にこだわった。地元出身の慶應生の保証人を引き受けていた。「赤福」の社長は学生時代に中村の自宅に下宿していた。その縁もあってか、「赤福」が提供した「伊勢路を語る」という名古屋の東海ラジオ番組で昭和四十一年（一九六六年）から一年間、毎週日曜日に三重県ゆかりの名士と対談していた。計五十二人と話し、後にそれを赤福本舗の創業二百六十年の記念品として出版した。地元と人間に関心を寄せた彼ならではの仕事であった。[42] さらにいとこの中村美智夫明治大学商学部教授（昭和四年生まれ）に研究者の道を勧めたのは中村であった。

学生との鳥羽市の政治調査研究

中村は、自身の政治評論が現実政治の経験の上に立つと自負していた。総選挙に出馬し、さらに鳥羽市長選挙で父の選挙参謀を務めた。昭和二十九年（一九五四年）十二月の父の初当選後、翌夏（一九五五年七月）から六年間にわたって慶應義塾大学法学部政治学科の学生を率いて鳥羽市で政治実態調査をおこなった。社会党統一をめぐり、多忙な時期であった。

当時は社会調査さえあまりなされておらず、これを政治に応用するというのはあまりなかった。実際の選挙において民主主義的制度がどのように機能しているか、その実態を検証した。抽象的に民主主義や国民主権を語る戦後知識人と違い、事実を重んじる彼ならではの試みであった。父が市長である鳥羽において地元の有力者とも面識があったという立場を活用した。選挙実態調査会で蠟山政道らと日本初の選挙調査の経験があり、政治学や社会学の社会調査の理論を導入して調査にあたった[43]。各集落で約三百名を抽出し、調査員（演習学生や助手など）が質問票による面接質問をおこない、聞き取り調査で補うものであった。学生は中村の実家近くの建物に泊まりこんで夏休みを利用して調査をおこなった。

調査は政治を地域社会の文化や社会構造との関連でとらえようとした。自身が選挙で体験した地域社会の実態を学問的に解明することが念頭にあったのであろう。研究では次の三つの問題を観察していこうとした。

第一に政治と家族、同輩集団、血縁・地縁集団といったローカルな社会集団との関連である。明治以来、近代化を進めるにあたって、地域の「自然村秩序」による支援を期待し、それを温存していたことに着目している。

第二に国家的規模で機能する公的制度が地域社会に浸透することにともなう地域社会の適応や抵抗の現状である。公的諸制度が封鎖性を保ってきた地域社会に導入された場合の影響を探索するのである。

第三は都市化にともなう急速な社会変動の政治に対する影響である。市町村合併で中心的都市を核心とする周辺地域の都市化、地域社会の統合をもたらした。日本全体において封鎖性の強い地域社会が次第に姿を消し、統合しているという変容が念頭にあった。[44]

この調査は自身の演習での活動であり、堀江湛、中村勝範（後に慶大教授）との共同研究であった。報告論文の執筆は主に彼らにゆだねられていた。各調査において著者の視点に若干の相違はある。研究における中村らしさは、地域の産業構造と社会構造を究明し、その中でも基本的人間関係の様式に焦点を当てたことである。調査対象は両構造の相違から選定された[45]。

鳥羽市は中心街（鳥羽町）が小規模で、島や山を隔てた多くの集落によって構成されていた。諸集落は散在しており、中村が選挙で廻った際、風俗や言語が各地で違っていることを実感していた。最初の二年はパイロット・スタディとして、答志島の桃取《ももとり》と伊勢神宮に供えるアワビの採集地の国崎《くざき》を調査した。その後、本格調査として安楽島《あらしま》、小浜《おはま》、松尾を選定した。安楽島は半農半漁、小浜は純漁村、松尾は純農村であったが、鳥羽町の通勤兼業地帯に転化しつつあった集落である。この三つは対照的な村落として選ばれた[46]。現地を訪問してみると、その選択が地域を知ってよく練られたものであるとわかる。同じ鳥羽であるが、事情はまったく異なっており、相互交流は皆無に近い。遠隔の孤立集落で面談調査が可能であったのは、選挙で地元を訪れ、地域事情や有力者を知っていた中村ならではのことであった。この三地域の結果を踏まえて、中心である鳥羽町の政治意識をも調査した。

毎回の調査終了後すぐに論文が公表された。第一回の昭和三十年（一九五五年）七月の調査後、九月には雑誌『都市研究』に掲載された。中村は鳥羽市での直近の選挙を概括的に分析した。とくに市長選や県議選では浮動票が増えたことに注目していた。地方には有力者の「顔」「地盤」「金力」がものをいう「古い伝統的な紐帯の残存とそれに伴う意識の停滞」があるが、それに反発する有権者の意識も芽生えていると指摘した。それは直前の市長選での実感でもあった[47]。もっとも市議選は「地もと」の利益を主張する「親戚選挙」であった。県議選では労働組合の委員長が予想外の一位当選を果たし、「大衆の素朴なレジスタンスのあらわれ」は存在したものの、「地もと」の熱心な支援によるものであり、革新のイデオロギーが支持されたわけでないという[48]。現地の実態調査はこうした選挙結果をもたらした政治構造や住民意識を探るものであり、都市化が進展する地域社会の変化の実態を明らかにした。

最初のパイロット・スタディでは、孤立的封鎖社会における住民の政治関心の薄さを実体験した。桃取では、無言で何も答えない者など調査不能者も目立ち、漁村の伝統的な政治的無関心に直面した[49]。国崎は所得が平均し、「えらい金持ちも貧乏人もない」地であり、「困ったことなし」との回答者が二〇%を占めた。政治的関心は薄く、政治の認識は「住民の意識の中における伝統的感情や流れ込む漠然とした風聞の中につかんでいる感情」であった[50]。両地域ともに伝統的産業の従事者がほとんどで工場通勤者が皆無の地であるのは後の調査地域と異なっていた。

調査全体の終了後、各地域の結果を総合して分析したわけでない。後に諸論文を著書にまとめた際も手を加えていない。それぞれの地域分析であり、その重点も違っている。この調査で各地に共通し、目立った点を挙げてみる。

第一に周辺地域では生活が表面的に都市化したようにみえて、伝統的社会構造が根強く残っていることである。集落内の血族結婚（安楽島[51]）、集落内で選挙投票を厳格に割り振りする「棟割り」（小浜[52]）、厳しい年輩序列の寄老会・中老・若者の三集団の存在（松尾[53]）である。

第二に政治的態度に「農漁民型」と「通勤型」という二つのタイプが確認できることである。前者は明確な政治意識をもった者が少なく、後者は社会党支持が圧倒的に多い。

第三に通勤者といえども伝統的社会構造の共同体的規制が根強いことである。労働組合が機関決定をしても組合員の投票に必ずしもつながらず、革新政党の伸び悩みとなっている[54]。鳥羽町でも有力労組の組織票が三分の一にしかならないとの証言もあった[55]。

以上のことから投票は社会構造と人間関係の影響が強く、イデオロギーの影響は限定的であった。左派社会党の衆院議員といえども、社会主義の支持ではなく、出身地の農家による人肥汲み取りの人間関係に依拠して他地域に支持を獲得していた（小浜[56]）。各地域における活動では、特定の候補者を強く支持するオピニオン・リーダーが信頼するサブ・リーダーを集め、彼らが地域社会の入り組んだ人間関係の網の目をたどって、各戸を説得するという方式（松尾）が有効であった[57]。

こうした分析に加え、小浜では年三回の調査で、地域の社会変動による権力移動の実態を詳細に分析していた。この地は明治の町村制実施以来、ずっと鳥羽町の一部であったが、市街から離れた半島にあり、一九三〇年代半ばまで海路か、狭い山道でしかつながっていなかった。戦前の零細沿岸漁業に依存する封鎖的孤立社会では、指導者は集落内を統制できる名家出身者であったのが、鳥羽町中心の地域圏に社会的・経済的に組み込まれた後は、対外折衝能力が求められ、個人的資質が重視されるようになった。この分析は小浜に限らず、農漁村地域の権力形態の変革過程を一般化する意図があり、「社会変動の実験室的な研究」と位置づけられていた[58]。

調査では、進歩的憲法と近代的議会制度が取り入れられたにもかかわらず、有権者が地域の社会構造や慣行に規定され、その非近代的意識の上に国会議員が選ばれる問題が指摘されていた（松尾）。中村は、民主的制度の背後にある人間を中心にした現実政治の探求を重視しており、現地調査はその一環であった。

地域調査研究は回数を重ねる中で方法を確立し、以後、門下によって学問的に精緻化された。鳥羽での調査経験は中村にとって革新の理念と日本社会の現実との距離を計る上で重要であった。民主社会主義を訴える中で、日本の政治文化や日本人の行動様式を冷静に観察していた。中村は政治の世界について「人間の非合理性が最もよくあらわれる」とし、「人間が矛盾に満ちた行動をする」と断言したが[59]、そこには選挙や調査の裏打ちがあった。実践活動が多忙であった時期の政治調査は、研究生活にとって思い出深いものであった。伊勢志摩は中村の政治学者としての成長の場を提供していた。

中村は父の選挙ばかりか、市政も支援していたと地元では取り沙汰されていた。市長となった父は上京するたびに県内情勢を話し、地元政治には詳しくなっていた。幸吉市長は鳥羽市の国際観光都市としての発展に貢献した。市長選の立候補には高齢と政治から長く離れていたことを懸念されていたが、三期十二年間に、公共事業の充実により鳥羽市を発展させた。伊勢の内宮から朝熊山を経て鳥羽に至るスカイラインや岬をめぐる志摩パールロードの建設によって観光都市鳥羽をつくりあげた。この建設に自衛隊を活用するなど工夫を凝らしていた。

「事業欲に生きた男」、「死ぬまで公共事業のために生きようとする執念があり」、それを貫いたと息子は評した[60]。渥美半島と神島、答志島から鳥羽にいたる三河湾口に架橋するという壮大な構想にも着手していた。

中村が調査に出かけた集落は、開発の恩恵を受け、様変わりした。地方の一市長では難しい事業も多く、中央政財界に人脈がある息子の影響力もあるのでないかと言われた。政治調査をはじめ、政治学者の中村にとって、現実政治の検証の場として地元の存在は大きかった。父の没後、香典返しの代わりに中村は立派な回想録を出していた。

〈註〉

1　中村菊男『伊勢志摩歴史紀行』二四八頁
2　『中村菊男先生』一一頁
3　『伊勢志摩歴史紀行』一三九－一四〇頁
4　前掲書、一二頁
5　前掲書、一六頁
6　直木孝次郎「井上光貞君を憶う」『歴史との出会い　追憶と随想』（社会思想社、一九八四年）一〇八頁
7　第一次裁判の訴状（一九六五年）による。
8　津田は左翼の天皇批判とは無縁であった。戦後、雑誌『世界』が皇室批判を期待して津田に論文執筆を依頼したものの、意に反する内容のため、編集部がわざわざ彼の見解に反駁《はんばく》する文を加えたことがあった。
9　中村菊男『伊勢志摩歴史紀行』二二頁
10　中村菊男『伊勢志摩歴史紀行』二二頁
11　前掲書、一六頁
12　前掲書、一二－一三頁
13　前掲書、一九頁
14　前掲書、二四－二五頁

15 前掲書、二八-三二頁
16 前掲書、一七-一八頁
17 前掲書、四九-五〇頁
18 前掲書、二四六頁
19 前掲書、八八頁
20 前掲書、五二-六一頁
21 前掲書、六二頁
22 前掲書、七八頁
23 前掲書、八六-八九頁
24 前掲書、一五二-一五三頁
25 前掲書、一六一-一六二頁
26 中村菊男『学生生活方法論』一五二頁
27 中村菊男『伊勢志摩歴史紀行』一五二頁
28 前掲書、二五頁
29 中村菊男「本居宣長の生涯と思想」『予科会誌』(慶應義塾予科会、一九四一年)第二十二号、一八頁
30 後年の記述では、宣長が「相当遊んだ」とか「好色の血が流れ」ていたとか、松坂での女中に対する所業の噂にも言及している。このエネルギーが膨大な著述に実を結んだともっと直截の記述である

る。『伊勢志摩歴史紀行』一五八－一五九頁。
31 前掲論文、二三頁
32 前掲論文、二四頁
33 前掲論文、二六頁
34 前掲論文、二八－二九頁
35 中村菊男『嵐に耐えて』一五－一八頁
36 前掲書、二一－四頁
37 前掲書、二五〇－二五一頁
38 前掲書、一四五－一六五頁
39 没後、門下の中村勝範は中村を「静かなる天皇敬愛者であった」と評している。中村勝範「中村菊男 人と思想（三）」『改革者』一九七八年四月号、一一四頁。
40 中村菊男『伊勢志摩歴史紀行』二二一－二二三頁。御木本と中村の父はそれほどの親交はなかった。他の県議に金を渡したが、彼にはくれなかったという。訪問して昼食を一緒にすることもあまりなかったという。『回想の中村幸吉』（私家版、一九六九年）六三－六四頁。
41 実家の海産物問屋の仕事の関係で小学生から船に乗り、女郎買いの青年の話を耳にしていた。母はそれを軽蔑していたこともあり、その方面の興味はなかったようである。前掲書、一一頁。
42 中村菊男『伊勢路を語る』（赤福、一九七一年）参照。赤福と中村は関係が深く、企業化した際の初代社長の濱田ますと親交があり、『赤福のこと』（赤福、一九七一年）でも社長の話をまとめている。『伊勢志摩歴史紀行』六六‐六九頁。孫の益嗣二代目社長は慶應在学時代に中村の家で世話になっていたという。浜田益嗣「弔辞」『中村菊男先生研究ノート』(慶應義塾大学法学部政治学科中村勝範研究会B、一九七七年)二八頁。

43 堀江湛「中村先生の政治的業績」『中村菊男先生研究ノート』二〇頁

44 中村菊男編『日本における政党と政治意識』(慶應義塾大学法学研究会、一九七一年)五‐七頁

45 前掲書、七頁

46 前掲書、七‐八頁

47 中村菊男「地方政治の構造と今後の課題」『都市問題』(東京市政調査会)第四六巻第九号(一九五五年)、五五頁

48 前掲論文、五六‐五七頁

49 前掲論文、五八‐六一頁

50 中村菊男・中村勝範「地方選挙人の政治意識―三重県鳥羽市國崎町における実態調査―」『法学研究』一九五六年十月号、一‐三二頁

51 中村菊男『日本における政党と政治意識』二九‐三一頁

52 前掲書、一〇五頁。この投票決定に従わないと厳しく糾弾されたという。戦前は票の予想はほぼ計算通りであったのが、だんだんと予想できなくなったという。前掲書、一〇六頁。

53 前掲書、一九〇‐一九一頁

54 前掲書、三二頁

55 前掲書、二六一頁。創価学会の動員力は労働組合を上回り、「驚くべきもの」と評している。

56 前掲書、一一九−一二二頁

57 前掲書、二一八頁

58 前掲書、九五頁

59 中村菊男『学生生活方法論』一〇〇頁

60 『回想の中村幸吉』八八頁

おわりに

中村菊男の人と思想

突然の最期と全力の生涯

中村菊男が逝去したのは、昭和五十二年（一九七七年）五月十七日であった。昭和四十年代後半になると、病気がちで体調を崩していたようである。しかし亡くなったのは急であり、驚きをもって受け取られた。

前年の三月に入院していたが、昭和五十二年度の講義は実施していた。二週間前の五月三日、四日に門下の政治史学者の寺崎修、藤井徳行、殿岡昭郎とともに箱根に泊まりがけの旅行に出かけた。学問や大学のこと、政治と知識人のことなど中村の話はつきなかった。[1]

五月十三日に大学の学科会議に出席し、十四日午後には大学院の合同演習を夕方までこなした。その時、話をした曽根泰教《そねやすのり》（慶大名誉教授、当時は講師）の健康を気づかうほどであった。帰宅後、体調不良で慶應病院に入院し、十七日に亡くなった。[2]

突然と思われたが、実は十四日の午前中（この日は土曜日）に大学正門前の郵便局で通帳を解約し、それが通夜、密葬を手伝った門下の飲食に充てられたという。[3] 死期を悟っていたかどうか定かでない（前年に入院した時に覚悟があったとの話もある）。規則正しい生活で、寸暇を惜しまず読書、執筆に励み、万全な体調維持のために徹夜を一度もしたことがない中村らしい用意周到な最期であった。

もうやりたいことをやりつくしたと、しばしば言っていたらしいが、自分がやりたいことを全力でおこなうということであり、仕事じまいという意味ではなかった。いつ死ぬかわからないので、その日その日を全力投球すると言っていた。亡くなった時も西村栄一伝の執筆という新しい仕事の途中であった。未完で終わったが、自分の力を尽くしたという満足感があったのではないか。仕事を長く手伝っていた上條末夫は彼の人生を次のように評した。

やりたいことは全部やったし、「もう思い残すことはない」と、非常に自己の人生に満足をされていたが、それでもなお、自己矛盾に悩み、語りつくせないことがあった。[4]

親しかった西村への「語りつくせない」思いがあり、体調が思わしくない状況でありながら、執筆のために録音機を抱え、インタヴューにも出かけていったのではないか。最後まで手を抜かずに仕事に取り組んでいた。

このような生き方は、河合栄治郎を彷彿させる。体調を崩しながらも、猛烈な勉強をやめず、五十三歳で読書中に亡くなった。学問に全力を尽くした自由主義者であった。中村は河合をあくが強いと評していたが、二人とも威圧感を与え、妥協しないところは似ている。中村は「人生は闘争の連続である」という言葉をよく使い、論争好きであった。

豊かな生活を送る

中村の生き方とは、自身がしばしば言っていた豊かな生活の実践であった。青年時代に死に直面しつつも、全力を尽くして生きた延長と思われる。学生生活は、卒業後、入営し、死が迫っていることを意識せざるを得なかった。「豊富な人生」を送ることを決意し、青春をエンジョイしようと考えた。何でも好きなことをやろうと選んだのが読書であった。誰にも負けないくらい本を読んだ。さらに「食うこと」に全力を注いだ。食糧事情が厳しくなる中で「あのとき食べておけばよかった、飲んでおけばよかった」との悔いを残さないように食うだけは十分食べた。とくに甘いものを求め、遠方まで出かけた。晩年、この時代を振り返り、死に直面し最初決意したことをやり通したことを「我が青春に悔いなし」と自負していた。[5]

青年期に形成された価値観やその体験は、その後の生涯の基礎となるものである。中村は

「豊富な人生」の決意を通し続けたのではなかろうか。読んで、食べる生活は同じであった。食べることにずっとこだわった（河合栄治郎も食にこだわっていた）。最後には体調不良もあり、ままならなくなっていたようであるが、勉強は無限であった。学問の興味は、太平洋の水を呑むように無尽蔵であると公言していた。「われわれ学問をする者にとって人生の目標は、より真実を発見することにあり、どのような悲しみもこの学問に対する情熱によって打ち消されてしまう」と言っていた。[6] 学問による真実探求は人生の目的であった。

何の真実を求めて学問し続けたのか。その一つの鍵を握るのが、マルクスの墓前での思いの表明であった。河合栄治郎がマルクスを超える思想体系の樹立を公言していたのと共通する。二人は人間を捨象した歴史法則によって社会を理解しようとする知的潮流の克服をめざした。どちらも同時代の知識人の間で少数派であり、大勢に抗する立場にあった。その困難が際限のない勉強に駆り立てた。河合は思想の構築をめざしたが、中村の場合、現実の生きた人間が営む政治を探求し、日本社会を対象とし、日本人の行動や文化に関心を広げていた。

マルクス主義と自由主義

中村は、戦中世代に顕著であるが、なぜ日本が無謀な戦争を起こし、多くの学友が若くして生命を落とさねばなかったかという問いを抱き続けていた。その思いが、猛勉強し、生き急ぐような行動にもつながっていたのであろう。自身の研究を通じて明らかにしたのは、熱狂的な国家主義が国民の間に支配的となり、立憲国家を破壊し、非合理的な戦争に駆り立てた現象であった。さらにこの熱狂的な国家主義とマルクス主義に同じ根があることを認識していた。資本家や私有財産批判、暴力革命などのマルクス主義の発想は、とくに革新右翼に影響していたと考えた。[7]

戦後、マルクス主義イデオロギーが復活し、大衆が熱狂する原動力になり、議会政治を脅かす事態に直面した。政党はもちろん、合理主義的なはずの知識人も動かされていた。河合と違って思想の対決でなく、革命イデオロギーを受容する国民や知識人の心理とともに、背景にある日本文化を解明しようとした。平和主義の大衆的熱狂は、戦前の国体明徴運動と共通し、さらに江戸時代に伊勢神宮のお蔭参りにいそしむ人々とも同じ政治文化の土壌があった。

中村が戦後知識人にマルクス主義の影響をみたのは、自己の正義を絶対視する不寛容と、法則や原理により人間の個性を否定する発想であった。彼の政治学の対象は、自由の主体である個別の人間であった。慶應でなじんだ福澤諭吉以来の自由主義の伝統と重なる。哲学的に自由主義を分析するのでなく、人間の豊かな生活を可能にする前提として概括的に理解した。自由主義においては、財産の自由や表現の自由、思想の自由などが確保され、各人の主張が政治に反映する民主主義制度をともなう。民主社会主義は個人の生活を豊かにする経済条件の整備のための手段であり、公有にこだわらず、企業の自由競争をも許容した。それは戦前、国民の経済的安定をないがしろにした結果、軍国主義の台頭を招いた自由主義や議会政治の反省でもあった。

中村のめざした学問とは？

中村の学問は、政治史、政治心理学や政治文化論などさまざまな分野に広がっていた。さらにその成果を現実政治の分析に生かした。もっとも学者としての限界をわきまえ、実務者の困難にも配慮した内容であった。また同時代の知識人が衒学的で難解な言葉を用いたのに対し、彼の文章は一般にわかりやすく読めるものであった。憲法や安全保障において閉鎖的で独特な言論空間が存在し続けている日本において、その言論活動はユニークなものであった。

このような中村の学問と実践を特徴づけるのは、具体的な人間についての関心である。マルクス主義に代表される社会科学万能の時代にあって貴重であった。歴史法則や理論によって人間を画一的に論じることを否定し、また戦前の教養主義のようにあるべき人間を抽象的・哲学的に語るものでもなかった。人間の感情や衝動など非合理性を踏まえながら、人間の営みとしての政治を語った[8]。

教育者としての中村

中村は、既存の社会主義やマルクス主義の影響をほとんど受けていなかった。新しい思想として民主社会主義の構築に取りかかることができた。歴史とは切り離された社会主義であり、理解できるのはとくに次世代と考えた。それもあって青年の育成に心を砕いた。中村と河合栄治郎は、後進の教育に熱心で門下に恵まれ、没後も慕われる点は共通している。後世に残る学問業績を残したわけでないが、ともに真摯《しんし》な姿勢で研究に取り組み、実践との関係がつねに念頭にあり、卒業生に優秀な実務家を生みだした。

社会思想研究会の人々と異なり、教養主義文化の影響、とくに哲学倫理の思索といったものは感じられない。同じように民主社会主義の啓蒙に務めながらも、関嘉彦が社会主義の歴史的使命を追求したのとは対照的であった。

もっとも河合栄治郎における教育の現実主義的側面と共通した点があった。この自由主義思想家は、戦中に学生叢書を出し、読むべき本やあるべき学生生活について具体的方法を語った。中村もまた『学生生活方法論』という本を出した。読書、レポート、試験、演習、旅行などの話が展開し、自己の学生生活の回顧もあった。河合の本に似ているが、中村の本は大衆化が進んだ大学のマスプロ教育の問題を踏まえていた。

中村は、河合と同様に演習教育を重視していた。卒業生のつながりも強く、師を偲んだ冊子を出していた。演習（研究会）は、年代でも違うが、四月の頃は六十〜七十人くらい集まり、授業での指導の中で、夏合宿の頃までに二十人くらいになったという。合宿は二泊以上で箱根や軽井沢などに出かけ、テーマを決めて討論する。規則正しく、午前中早く起きて体操をし、食事の後に勉強する。午後は自由時間で夕方からもう一度討論する。最後の夜はコンパであった。歓談の場でお互いに気質がよくわかり、うちとけるのに有効と考えていた。

かつては演習生と鳥羽市に出かけ、政治意識や投票行動を調査していた。

中村がどのような教師であったかは、語る者によってさまざまである。かなり親密に交際した者もいれば、あまり自分には関心がなかったのでないかと振り返る者もいる。その辺が合理主義的であり、政治心理学者らしく、個々の特性をみながら、対応を考えていたのではないかと思われる。[9] うちとけた関係でない学生にも、頼み事は親切に対応していた。ただ筋を通すことには厳格であり、演習最終日前に帰省し、欠席した学生には激怒したという。

民主社会主義のもとでの結集

政治学において人間を重視したように政治における人格攻撃や背信的行為を嫌悪していた。マルクス主義者の権力主義や機会主義を批判していたのもそのためであった。個人の自由な意思決定を集団が封殺する日本の文化にも否定的であった。西欧的個人主義を評価したのは進歩的文化人と同様であるが、彼らは人間をあるべき者として抽象的にみることで、結局は類型・法則に従属するものとした。中村は、個別の具体的人間に注目していた。

民主社会主義運動はイデオロギーがあったわけでなく、いろいろな思想をもつ者が結集していた。その中で、中村は自分の研究において実証主義を重視したように、現実政治において論理的で筋を通すことにこだわった。とくに安全保障政策の面ではそうであった。自分の意見に固執したとの人物評もあるが、理性的にものごとを判断し行動した結果であり、不寛容というわけではなかった。集団の調和を重んじて妥協的にふるまうことをよしとしなかった。そのことから民社連の理事長時代、既存の社会主義にこだわった政治家とは距離があり、（言うべきことは言っていたようではあるが）組織運営に苦労していたのではなかろうか。

民社研では、政治家のしがらみが少なくなり、自身の人脈を通じ、活動の内容を広げていった。伝統的な社会主義や労働運動の枠を越え、さまざまな知識人を加え、現実主義的安全保障政策や福祉国家論、自由主義経済論など民主主義社会における多元的選択肢を充実させた。

政治について統治を重要視し、結果に注目していた。世間一般に民社党のブレインとみられたが、政府の政策形成過程において積極的に提言していた。政治的立場を越えた国民全体への知的貢献を意識していた。とくに安全保障・外交はそうであった。小政党の枠内にとどまっていると、自己の経綸を生かせないという思いはあった。こうした活動がさらに人脈を広げ、知的ネットワークを形成していった。それは民主社会主義運動を超えていた。とにかくあらゆるところに知人がいると自負していた。多方面に顔出しし過ぎるという世評もあった。後世代が世に出るのに、自分が中継ぎの役割を果たせばそれで発展があるという考えがあり、他者の人間関係をも広めていった。

民主社会主義を越えて

現在、民主社会主義について語る者はほとんどいない。マルクス主義の唯物史観や階級闘争論が通用力を失い、関心をもたれなくなったのとは違い、福祉国家の政策として当然視されるようになったゆえであろう。

中村にとって民主社会主義はイデオロギーでなく、人間の自由を尊重する民主主義を確立するための手段であった。根底には自由主義があった。人間を単純一義的に規定できない、きわめて複雑な存在とし、学問はこの人間の複雑性を前提とすべきであった。民主主義は多元的価値を認め、人間の個性を尊重し、個人の自主性と自己主張を認めなければならなかった。彼は人間に関心をもつ自分の歴史観を「唯性史観」と名付け、次のように説明していた。

人間の性格は本来非常に複雑なもので、その複雑なものがいろいろに現われてくるのが歴史じゃないかと思います。やはり、人間の本体の性格の研究を社会科学のなかに導入しないと、社会科学は人間不在のひからびたものになってしまうと思います。[10]

生涯めざしたのは、人間中心の学問を定着させることであった。社会活動や大学教育、門下育成は知的世界の中で一貫していた。民主社会主義は、当初の社会主義的特徴を希薄にし、政治社会運動としては伸び悩んだ。かえって特定の思想や制度の実現でなく人間を基礎としている理念であるからこそ、現実的知識人の結節点となっていった。中村の知的活動はその場を構築するのに貢献した。

〈註〉

1 殿岡昭郎「最後の旅行」『改革者』一九七七年七月号、九一頁

2 曽根泰教「三田の山最後の中村先生」『改革者』一九七七年七月号、八四-八五頁

3 中村勝範「弟子育て」『改革者』一九七七年七月号、一〇八-一〇九頁

4 上條末夫「まだ生きている中村先生」『改革者』一九七七年七月号、一一五頁

5 中村菊男「我が青春に悔なし」『革新』一九七五年五月号、一一四-一一五頁

6　関嘉彦が家族を亡くした時にかけた慰めの言葉であった。関嘉彦「中村菊男氏の霊前に捧ぐ」『改革者』一九七七年七月号、五九頁

7　中村菊男『嵐に耐えて』六二‐六三頁

8　戦前に共産党から転向し、民主社会主義運動に加わった鍋山貞親は、中村の研究に人間の営みがあることをよくわかっており、次のように追悼していた。「制度や機構もさることながら、そのもとで政治に携わる具体的人間の、特色とか、演じた役割などに、すくなからぬ興味が向けられているように思われ、それだけ、活き活きとした感じを、受けるのである。つまり中村さんは、人間の行としての政治を、学問的資格から捉えようとしていたのではないかと…」鍋山貞親「〝人間臭い〟政治学」『改革者』一九七七年七月号、九二頁。

9　上條によれば、ただむやみに人の面倒をみたのでなく、効果的な方法によって選択的であった。それによって、それぞれの面で成功しているという。「まだ生きている中村先生」一一五頁。

10　江上照彦・中村菊男「黙っておれぬ（10）戦時抵抗の生涯」『改革者』一九七一年五月号、四八頁

あとがき

中村菊男の事績を調べるきっかけとなったのは、政策研究フォーラムの加藤秀治郎先生（東洋大学名誉教授）の勧めである。二〇一九年に生誕百年ということで、この人物を改めて振り返ってみては、とのことであった。筆者とは専門が異なる上に、門下が大勢おり、民主社会主義運動において直接面識がある方も健在であり、躊躇した。数年前に政治思想史研究の立場から河合栄治郎についての著書を上梓したが、その手法が中村には通じそうもなく、困難が予想された。純粋な学者であった河合と異なり、時事問題についての評論も膨大にあり、実践組織の運営にも携わっており、人物の全体像を把握するのは相当難しい。民主社会主義の運動家としてとらえるのも、学者の役割を自覚していた人物とあって中途半端になりかねなかった。さいわい自伝的文書をたくさん書いているので、研究者としての知的形成から追っていくと全体像がつかめるかもしれないと読み始めた。彼が愛した故郷の鳥羽を訪問し、地元関係者に話を伺い、中村が政治調査をした集落にも案内していただいた。彼は足で歴史を書くと言っていたが、私の場合はささやかなものであった。

その事績を追ううちに彼の学問に対する態度もわかってきた。「勉強の虫」（関嘉彦談）、「本職が学問で趣味も学問」（曽根泰教談）と評されるように寸暇を惜しんで勉強し、著作を次々に出したが、他方で現実の社会や人間に対する興味は尽きず、多くの者とつきあった。

中村の本当の絶筆は、早乙女光という筆名で書いた『つき・気力・かん　非合理は生きている』という本である。一般向けのエッセイであり、戦争や指導者の堅い話から相撲や野球、さらに女難の相にも話は及んでいる。共通するのは、人間の社会における現象をすべて合理的に説明することはできず、理性をもってとらえることのできない非合理なものが存在するという主張である。「勢い」や「つき」といった論理の法則外にあるものに彼は注目していた。そこには人間の感情の動きがからみあっている。中村の政治学とは、こうした人間とその社会を探究するものであった。

足で書くという研究者を取り上げながら、書いたものを中心にした（それも全部は把握できなかった）分析となってしまったのは心残りである。不十分な取り組みの中において、その人となりや魅力を読者に伝えられるか迷いながらの作業であった。

本書を執筆するにあたり、政策研究フォーラム、民社協会の関係者の皆様にいろいろとご教示やご助言をいただき、感謝したい。とくに梅澤昇平氏（尚美学園大学名誉教授）には資料の紹介や原稿の修正などお世話になり、深謝申し上げる。中村が学窓にありながらも実践活動にも積極的に取り組んだことがよくわかった。さらに二〇二〇年三月に地元の伊勢志摩で取材をし、伊勢文化舎の中村賢一氏にお世話になった。中村菊男と直接面識のあった赤福の濱田益嗣氏、糀屋の河村清隆氏、鳥羽水族館の中村幸昭氏に話を伺うことができた。さらに鳥羽では、市長の中村欣一郎氏（遠縁ということである）、市役所の山下正樹氏、商工会議所の清水清嗣氏、図書館の山本実氏（集落を案内していただいた）にお会いした。さらに子息の中村知好氏にも人となりなどを伺った。ご多忙の中、対応していただいた皆様に深く感謝申し上げたい。中村の進取の気性や積極性に敬服していたが、いろいろな方のお話から、これはこの地域の人々の気風に根ざしているのではないかと思った次第である。

本研究は科学研究費（課題番号22K01339「２０２２年度 基盤研究(C) 民主社会主義研究会議における学問知と実践政治」）の助成を受けたものである。
本書は令和四年度駒澤大学特別研究出版助成を受け刊行された。

令和五年二月

清滝仁志

◉中村菊男略歴

年	年齢	事　項
大正8（1919）	0	三重県志摩郡鳥羽町で出生（11月11日）
15（1926）	6	町立鳥羽尋常小学校入学
昭和7（1932）	13	県立宇治山田中学校入学
13（1938）	19	慶應義塾大学予科入学
18（1943）	24	慶應義塾大学法学部政治学科卒業 慶應義塾大学大学院特別研究生として進学
20（1945）	26	終戦 慶應義塾大学法学部助手就任
21（1946）	27	慶應義塾大学助教授就任 衆議院議員選挙に立候補、落選
26（1951）	32	社会党分裂（右社・左社） 民主社会主義連盟設立に参加、理事就任
27（1952）	33	慶應義塾大学教授就任
30（1955）	34	社会党再統一 第五次選挙制度調査会委員任命
33（1958）	39	欧米に留学（34年9月まで）

35（1960）	41	民主社会党設立 東京政治研究所創設（38年に現代史研究所と改称） 民主社会主義研究会議設立に参加、理事就任 『近代日本の法的形成』により博士号学位授与
39（1964）	45	第三次選挙制度審議会委員任命
40（1965）	46	大学設置審議会専門委員任命
41（1966）	47	日華協力委員会委員として台湾・香港訪問
43（1968）	49	春の園遊会に出席
44（1969）	50	韓国政治学会で報告
45（1970）	51	米中間選挙の調査のために出張
46（1971）	52	香港、タイ、シンガポール、台湾訪問
52（1977）	57	逝去（5月17日）

＊年齢は誕生日の満年齢

◉鳥羽市地図

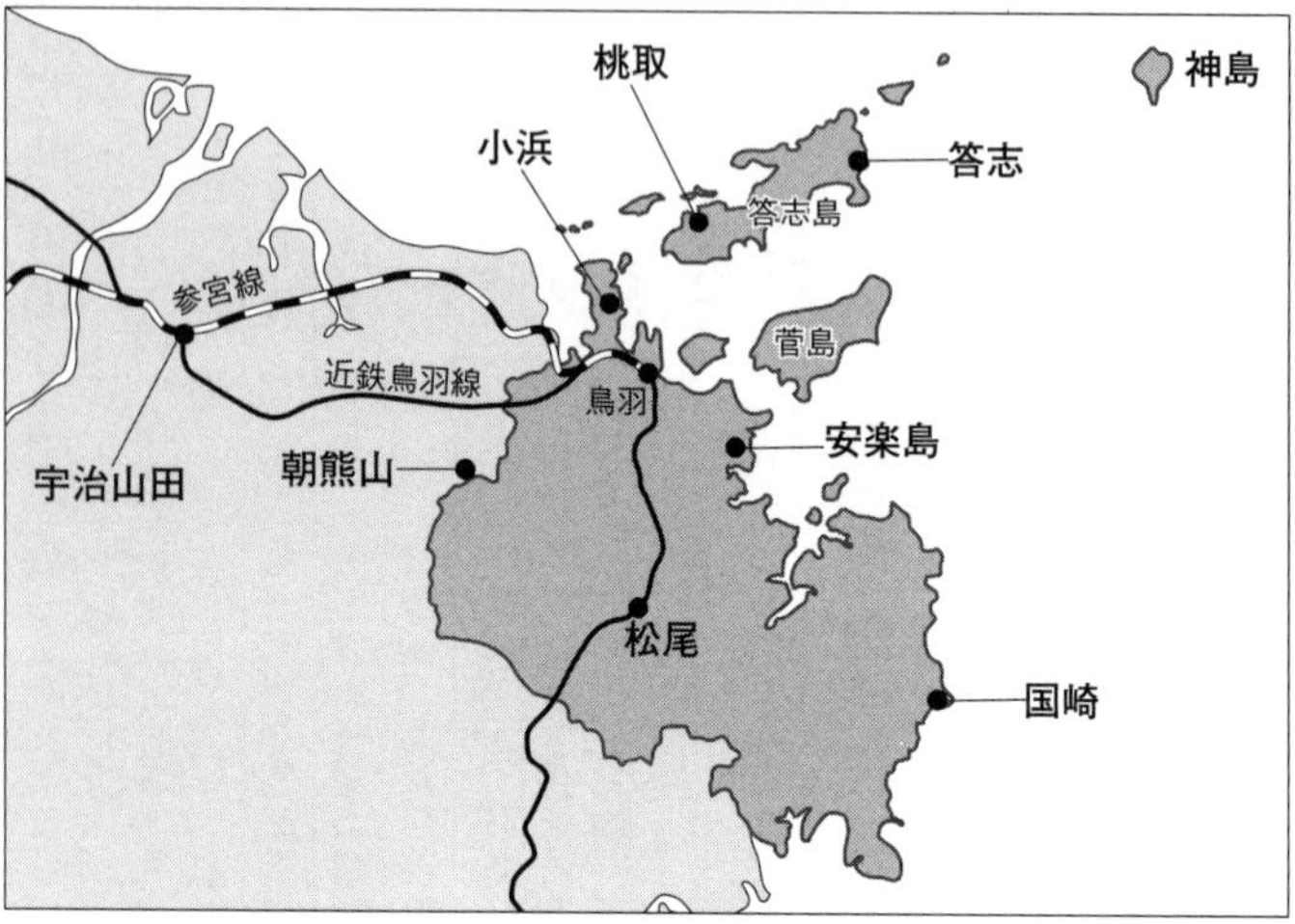

◉志摩地域広域地図

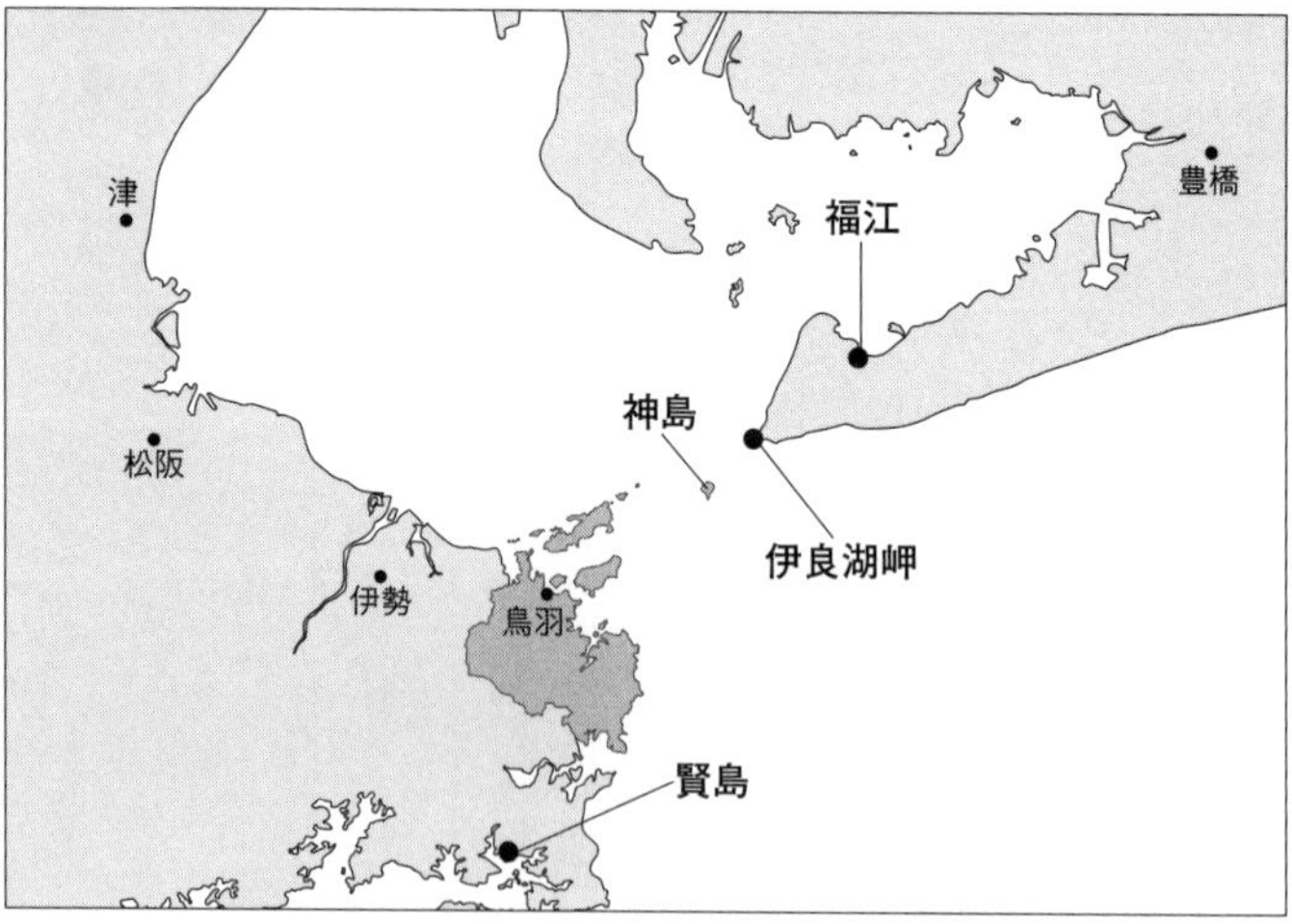

◉民主社会主義団体の変遷

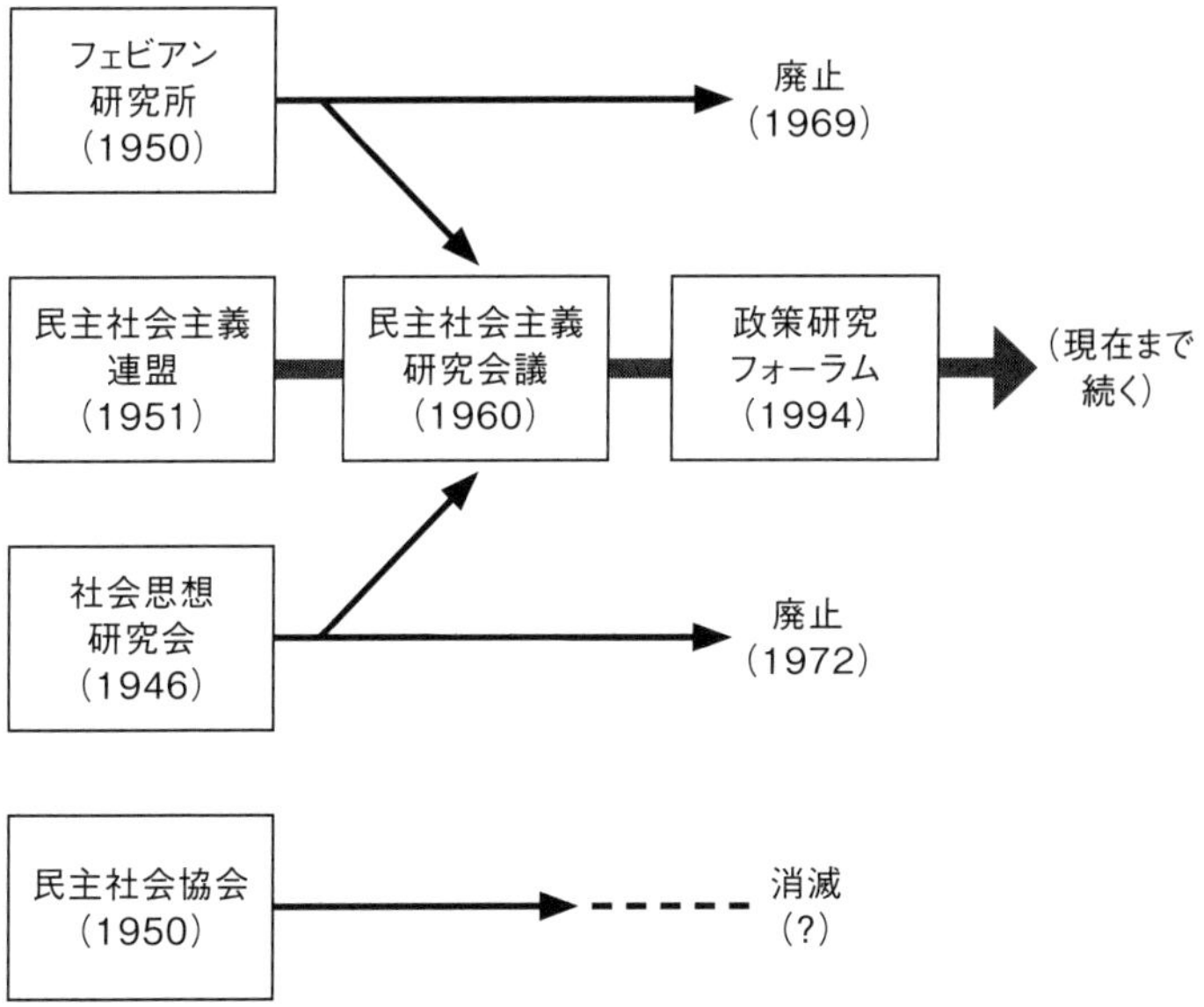

◉中村菊男の単著一覧（『中村菊男先生―その人と業績―』、『中村菊男先生研究ノート』参照）

『政治学』（世界書院、昭和二十三年・一九四八年）
＊改訂版・昭和二十五年、全訂版・昭和三十二年
『政治心理学』（世界書院、昭和二十四年・一九四九年）
＊改訂版・昭和三十二年、増補版・昭和三十七年
『日本近代化と福澤諭吉』（改造社、昭和二十四年・一九四九年）
＊改題『近代日本と福澤諭吉』（泉文堂、昭和二十八年・一九五三年）
『易しく読める政治学講座』（慶應出版社、昭和二十六年・一九五一年）
『民主社会主義の理論』（青山書院、昭和二七年・一九五二年）
『ソ連外交の解剖』（民主日本協会、昭和二十八年・一九五三年）
『近代日本の法的形成』（有信堂、昭和三十一年・一九五六年）
＊新版（昭和三十八年・一九六三年）
『明治的人間像』（慶應通信、昭和三十二年・一九五七年）
『政治学教材』（慶應通信、昭和三十二年・一九五七年）
＊新訂政治学（慶應通信、昭和三十八年・一九六三年）
『昭和政治史』（慶應通信、昭和三十三年・一九五八年）
『伊藤博文』（時事通信、昭和三十三年・一九五八年）

『現代政治の実態』（有信堂、昭和三十三年・一九五八年）
『現代思想としての民主社会主義』（有信堂、昭和三十五年・一九六〇年）
『政治家の群像』（池田書店、昭和三十五年・一九六〇年）
『議会政治と大衆行動』（有信堂、昭和三十五年・一九六〇年）
『外国の良さ日本の良さ』（池田書店、昭和三十六年・一九六一年）
『戦後日本政党史』（社会思潮社、昭和三十六年・一九六一年）
『診断・日本の政治体質』（論争社、昭和三十六年・一九六一年）
『日本の中立は可能か』（論争社、昭和三十七年・一九六二年）
『星亭』（吉川弘文社、昭和三十八年・一九六三年）
『松岡駒吉伝』（経済往来社、昭和三十八年・一九六三年）
『戦後民主的労働運動史』（日刊労働運動通信社、昭和三十九年・一九六四年）
『労働運動の思想的背景』（有信堂、昭和三十九年・一九六四年）
『国際情勢と憲法問題』（有信堂、昭和三十九年・一九六四年）
『満州事変』（日本教文社、昭和四十年・一九六五年）
『入門政治学』（東洋経済新報社、昭和四十年・一九六五年）
『選挙戦―勝つ選挙・負ける選挙―』（講談社、昭和四十年・一九六五年）
『国際政治読本―戦争と平和のみかた―』（野田経済社、昭和四十年・一九六五年）
『日本政治史読本』（東洋経済新報社、昭和四十一年・一九六六年）

『NHK大学講座　政治学』（NHKサービスセンター、一九六六年）
＊『政治学の基礎』（有信堂、昭和四十二年・一九六七年）
『権謀　家康とスターリン』（人物往来社、昭和四十二年・一九六七年）
『若い思想の旅路―美砂の青春―』（根っこ文庫太陽社、昭和四十二年・一九六七年）
『天皇制ファシズム論』（原書房、昭和四十二年・一九六七年）
『中村菊男集・日本の政党（シリーズ私の講義5）』（大門出版、昭和四十三年・一九六八年）
『核なき日本の進路』（日本教文社、昭和四十三年・一九六八年）
『安保なぜなぜならば』（有信堂、昭和四十四年・一九六九年）
『近代日本政治史の展開』（慶應義塾大学法学研究会、昭和四十五年・一九七〇年）
『体制の選択』（原書房、昭和四十五年・一九七〇年）
『国家への視座』（自由社、昭和四十六年・一九七一年）
『日本政治史』（慶應通信、昭和四十七年・一九七二年）
『嵐に耐えて―昭和史と天皇―』（PHP研究所、昭和四十七年・一九七二年）
『日本国益論』（自由社、昭和四十七年・一九七二年）
『日本人を動かすもの』（日本教文社、昭和四十八年・一九七三年）
『政治学を学ぶために』（有信堂、昭和四十九年・一九七四年）
『学生生活方法論』（慶應通信、昭和四十九年・一九七四年）
『日本的リーダーの条件』（PHP研究所、昭和五十年・一九七五年）

『伊勢志摩歴史紀行』（秋田書店、昭和五十年・一九七五年）
『政治文化論―政治的個性の研究―』（東洋経済新報社、昭和五十一年・一九七六年）
『宰相の条件』（ＰＨＰ研究所、昭和五十一年・一九七六年）
『つき、気力、かん』（池田書店、昭和五十二年・一九七七年）

仙頭寿顕　198
曾禰益　226・231
曽根泰教　346・360

た行

平貞蔵　202・209
高橋正則　129・234・300
高柳賢三　106・271
瀧川政次郎　111
辻清明　79・211
津田左右吉　313・314・315
土屋清　209・211・215・218・222・226・232・237
手塚豊　34・35・36・43・46・96・101・109・160・324
寺崎修　158・159・160・161・300・346
戸澤鉄彦　47・48・50・51・53・55

な行

直木孝次郎　314・319・320
中江兆民　118
中村勝範　20・215・333
中村幸吉　23・63・79・80・81・83・86
南原繁　261
西尾末広　211・212・216・219・220・222・227・228・230・231・233・256・276・330
西春彦　274
西村栄一　129・130・131・216・217・218・233・300・347
沼田政次　210・226
野田福雄　99・223・226
野村秀雄　208

は行

長谷川如是閑　207
秦野章　238
波多野鼎　209・210・211・213・223
馬場恒吾　207
浜地文平　62・63・64・65・73・75・81
林毅陸　27・33・40・125
原豊　232
平野義太郎　108・109
福澤諭吉　31・33・38・47・108・114・115・116・117・121・125・148・251・260・351
星亨　117・118・123・124・125・126・127・128・143・148
星野通　109・111・112
穂積陳重　108
堀江湛　45・166・171・333

ま行

松岡駒吉　77・212
松前重義　213
松本七郎　75・76・77・78・209・210・211・212・275
丸尾直美　232
丸山眞男　51・52・53・100・116・138・145・146・147・148・149・151・153・154・155・156・158・159・166・184・185・214・328

人名索引

あ行

青山道夫　111
浅沼稲次郎　230・231
芦田均　33・199
麻生久　129
麻生良方　213・219・223・226
家永三郎　315・319
石井光次郎　68
石坂洋次郎　29
石原莞記　213
板倉卓造　27・33・39・65・76・124・125・146・176
伊藤卯四郎　76・78・234・330
伊藤博文　31・100・117・119・120・126・143
伊藤好道　220
猪木正道　4・202・207・209・211・223・232・237・239・252・292
岩井章　222・228・229
潮田江次　47・48・49・50・52・53・54・56・240
内山正熊　284・285
梅澤昇平　281・360
江田三郎　78・189・235・255・257
江藤淳　296・297
大内啓伍　300
大隈重信　31・115・121・125・126
太田薫　222・228・229
大野伴睦　69・303
尾崎行雄　24・26・28・67・71・72・73・74・75・118・207
小野田政　198・207

か行

加田哲二　33・36・55・207・211・215・223・224・226・234・251
門野幾之進　22・34
亀井貫一郎　129
上條末夫　234・300・347
河合栄治郎　3・4・30・75・187・208・209・211・232・238・251・252・258・330・347・349・350・352・353・359
河上丈太郎　231・233
河上徹太郎　32・324・327
川喜田半泥子　25
気賀健三　218・223・232
黒澤博道　234
小泉信三　4・22・27・33・34・43・114・207・209・251・253
河野謙三　295
河野密　76・216・219・220・222・233
香山健一　296・297

さ行

向坂逸郎　34・216・221・228・253・258
佐藤栄作　291・294・295・296・298
佐藤春夫　28・29
佐野学　208
鈴木茂三郎　229
関嘉彦　1・209・211・215・222・231・237・258

御木本幸吉　23・207・331
三島由紀夫　16・80・279・331
水谷長三郎　217
宮澤俊義　292・294
三輪寿壮　209・216・227
武藤光朗　223・227・235
本居宣長　32・206・323・324・328・331
森嶋通夫　1・240

や行

八木秀次　213
山浦貫一　205・208
吉村正　289・292
米山桂三　44・45・46・90・206

ら行

蝋山政道　52・79・116・209・228・235

わ行

若泉敬　298・300
和田耕作　214・223・227・231・232
和田春生　25・215・226

〈著者略歴〉
清滝仁志（きよたき・ひとし）
駒澤大学法学部教授・博士（法学）
1966年、北九州市生まれ、九州大学法学部卒。農林水産省勤務を経て、九州大学大学院法学研究科博士課程修了。
専門は西洋政治思想史。トロント大学客員研究員（2011-2013）、政策研究フォーラム常務理事（2021-）、シドニー大学客員研究員（2023-）。イギリスの近代化における宗教と国民統合の関係についての研究を手始めに、アングロサクソン諸国や日本の自由主義政治思想を考究。他方で月刊誌『改革者』で時事評論を執筆。「宗教は政治に必要ないのか？ ―政治思想から政教分離を考える―」、「日本復活は見果てぬ夢に終わるのか？ ―先進民主主義国で暗殺はなぜ起きた―」、「日本はなぜウクライナを支持するのか？ ―自由の精神を求めた関嘉彦の国防論を再評価する―」、「知の改革者は出現するのか？ ―今こそ真の学術振興が必要である―」（いずれも2022年）を発表。著書に『近代化と国民統合　イギリス政治の伝統と改革』（木鐸社）、『純理自由主義者　河合栄治郎　改革者の使命と実践』（啓文社書房）等がある。

中村菊男　政治の非合理性に挑んだ改革者

■発行日　令和5年3月20日　初版第一刷発行
■著者　清滝仁志
■発行者　漆原亮太
■発行所　啓文社書房
〒160-0022　東京都新宿区新宿5-7-8　ランザン5ビル5階
電話03-6709-8872
■発売所　啓文社
■印刷・製本　光邦

ISBN 978-4-89992-084-7　C3031　Printed in Japan